Paul Haydn:
Pluto im Aufstieg

Über die astrologische Bedeutung von Pluto

Aus dem Englischen von Bettine Braun

Esoterik

Herausgegeben von Gerhard Riemann

Pluto ist der erdfernste und kleinste Planet unseres Systems. Als äußerst lichtschwaches Gestirn wurde er erst 1930 im Sternbild Zwillinge entdeckt, und zwar etwa an der Stelle, die bereits 15 Jahre zuvor Percival Lowell berechnet hatte. Pluto, auch Hades genannt, war in der griechischen Mythologie der Herr der Unterwelt. Er verfügte über enorme Schätze und regierte das Reich der Finsternis nach unumstößlichen Gesetzen. Obwohl Pluto weniger Ansehen verliehen war als seinem himmlischen Bruder Zeus, besaß er die größere Macht; denn sein Gesetz galt als unwiderruflich.

Auf psychologischer Ebene steht Pluto für Endgültigkeit. Alte Strukturen sterben und Neues entsteht. Ob wir diesen Vorgang als schmerzhafte aber positive Wandlung erfahren oder als Zwang, dem wir mit möglichst großem Widerstand begegnen, liegt an uns. Plutos Kräfte sind radikal und bei entsprechender Konstellation gewalttätig. Nicht umsonst wurde auch das chemische Element mit dem größten Zerstörungspotential »Plutonium« genannt.

Paul Haydn beschreibt im vorliegenden Buch alle Aspekte der transformierenden Kraft Plutos. Hierdurch gewinnen wir Verständnis für seine individuelle wie kollektive Wirkung, die besonders fürs 20. Jahrhundert von überragender Bedeutung ist.

Deutsche Erstausgabe 1990
© 1990 Droemersche Verlagsanstalt Th. Knaur Nachf., München
Das Werk einschließlich aller seiner Teile ist urheberrechtlich geschützt.
Jede Verwertung außerhalb der engen Grenzen des Urheberrechts-
gesetzes ist ohne Zustimmung des Verlages unzulässig und strafbar.
Das gilt insbesondere für Vervielfältigungen, Übersetzungen,
Mikroverfilmungen und die Einspeicherung und Verarbeitung
in elektronischen Systemen.
Titel der Originalausgabe »Phoenix Rising«
Copyright © 1988 by Paul Haydn
Umschlaggestaltung Dieter Bonhorst
Gesamtherstellung Ebner Ulm
Printed in Germany 5 4 3 2 1
ISBN 3-426-04227-4

INHALT

Einführung 7

1. Die Mythen um Pluto 11

2. Die Gesichter des astrologischen Pluto 19

3. Gott der Unterwelt 37
   Ganzheit 39
   Die Archetypen und das Unbewußte 47
   Der innere Schatten 54
   Leben in der Gemeinschaft 63
   Die verborgenen inneren Gegensätze:
   Anima und Animus 67

4. Pluto und seine Aspekte 79
   Die wichtigsten Aspekte 80
   Sonne-Pluto-Aspekte 86
   Mond-Pluto-Aspekte 99
   Merkur-Pluto-Aspekte 110
   Venus-Pluto-Aspekte 121

	Mars-Pluto-Aspekte	132
	Jupiter-Pluto-Aspekte	143
	Saturn-Pluto-Aspekte	153
	Uranus-Pluto-Aspekte	163
	Neptun-Pluto-Aspekte	173
	Rückläufiger Pluto	175
	Erhöhter Pluto im Löwen	177
	Horoskopbeispiele	179
5.	Pluto in den Häusern	185
6.	Transite durch die Zeichen und Häuser	211
	Pluto-Transite	211
	Pluto-Transite durch die Zeichen	220
	Pluto-Transite durch die Häuser	246
7.	Der esoterische Pluto	271
	Pluto, Gott des Todes	271
	Pluto und das System der sieben Strahlen	279
8.	Die transpersonale Vision als Herausforderung	287
Nachwort		303

EINFÜHRUNG

Im Jahre 1905 kam der amerikanische Astronom Percival Lowell zu der Überzeugung, daß es jenseits von Uranus und Neptun in unserem Sonnensystem noch einen unentdeckten Planeten geben müsse. Er bemühte sich, mit Hilfe seiner aus heutiger Sicht primitiven Teleskopkamera und seiner mathematischen Fähigkeiten zu beweisen, daß die Unregelmäßigkeiten in der Umlaufbahn der beiden Planeten durch diesen »Planeten X« verursacht würden. Seine intensiven Bemühungen, die Existenz von »X« zu beweisen, scheiterten jedoch. Er starb 1916, bitter enttäuscht über das Mißlingen seines Versuches, diesen verborgenen Planeten aufzuspüren, der seiner Meinung nach die Umlaufbahnen von Uranus und Neptun beeinflußte. Erst im Jahre 1930 gelang es einem seiner Nachfolger, Clyde Tombaugh, klare und wissenschaftlich fundierte Daten über die Position dieses mächtigen »Planeten X« vorzulegen, und zwar während der Phase, in der der Planet sich im Transit durch das Zeichen Krebs befand.

Der geheimnisvolle Planet erhielt in der astronomischen und wissenschaftlichen Welt bald darauf einen neuen Namen:

Aus »X« wurde Pluto, ein wiederentdeckter innerer Gott, der seinen Platz am Himmel gefunden hatte.

Bis in unser Jahrhundert hinein hatte Pluto fast nur im Dunkel des menschlichen Unterbewußten gelebt und war nur in der Mythologie in Erscheinung getreten, vor allem im abendländischen Pantheon der Griechen und Römer. Auch wenn er im Verborgenen lebte, hatte Pluto immer einen tiefgreifenden Einfluß auf das Leben der Menschen. Erst heute jedoch sind wir in der Lage, uns mit dieser Energie auseinanderzusetzen; denn jetzt stehen wir vor der Wahl, uns für eine Erneuerung des Lebens oder für einen möglichen Untergang zu entscheiden, je nachdem, welchen Weg der Transformation wir gehen wollen. Wir stehen vor einem Ende – oder vor einem neuen Anfang.

Daß Pluto 1930 ins Bewußtsein trat, zeigt uns, daß die Zeit für die Menschheit reif ist, eine neue Dimension des Lebens zu erforschen, da eine starke neue Energie mit ihren ganz besonderen Eigenschaften und Charakteristika unmittelbar auf die Menschen zu wirken beginnt.

Pluto ist gleichsam eine Zusammenfassung der Herausforderungen, denen sich unsere Welt im 20. Jahrhundert und darüber hinaus stellen muß. Er weist uns die Richtung und führt uns durch diese Endphase des Fische-Zeitalters in das heraufkommende Wassermann-Zeitalter. Und wie könnte es auch anders sein, da Pluto Ende und Anfang symbolisiert, Tod und Wiedergeburt in ein neues Leben.

In der wissenschaftlichen Welt assoziierte man den Namen Pluto mit der Nuklearindustrie und den Atomwaffen, bei denen Plutonium eine Rolle spielt, das bei der Erzeugung von Energie oder von Waffen eine ungeheuer starke Wirkung hat. Es sendet Strahlung aus und kann sich für den Menschen vernichtend auswirken. Anfangs standen diese eher negativen Assoziationen im Vordergrund. Sie gingen einher mit der Abwehr der Menschen gegen die Eigenschaften Plutos, die zu Veränderungen führen, und mit einem Mangel an Verständnis für die Prozesse, die Pluto in Gang setzt. Um unserer Möglichkeit entgegenzuwirken, weltweite Zerstörung zu verursachen, gibt uns Pluto die Chance zu einer Verwandlung des ganzen Planeten, zur Entwicklung einer überpersönlichen Dimension. Diese Zukunftsvision bildet den eigentlichen Hintergrund unserer Auseinandersetzung mit Pluto. Eine Endphase, ein »Tod« in irgendeiner Form, scheinen unvermeidlich. Nun geht es darum, welche Art von neuem Leben daraus hervorgehen kann, ob es ein triumphaler Aufstieg des Phoenix, eine Auferstehung, eine Verherrlichung des Lebens sein wird oder nur Asche, die vom Wind über eine kahle Welt gefegt wird.

Die Entscheidung liegt bei uns, bei jedem einzelnen wie bei der ganzen Menschengemeinschaft. Das Leben wird von unseren persönlichen Entscheidungen in allen Situationen bestimmt, und wir haben die Fähigkeit, eine bewußte Wahl zu treffen. Das ist eine schwere Verantwortung, und wir werden nur dann zu den richtigen Entscheidungen gelangen, wenn wir unser Bewußtsein so erweitern und erleuchten lassen, daß wir uns unserer selbst wie der Welt wirklich gewahr werden. Um diesen Bewußtseinswandel geht es bei Pluto; er fordert viel von jedem einzelnen wie von der ganzen Menschheit.

Dieses Buch ist ein Versuch, Pluto ins Licht des Bewußtseins der Allgemeinheit zu heben. Es wurde geschrieben, um für den notwendigen Sinneswandel eine Basis zu bereiten und um es dem einzelnen möglich zu machen, bewußt an dem weltweiten Erneuerungs- und Erlösungsprozeß teilzunehmen.

KAPITEL 1

Die Mythen um Pluto

Es gibt einige sehr eindrucksvolle Mythen in Zusammenhang mit Pluto, die zu einem Anhaltspunkt für ein vertieftes Verständnis vom Wesen des astrologischen Pluto werden können.
Pluto ist die römische Bezeichnung für die früher bei den Griechen Hades genannte Gestalt; beide Namen meinen den Gott der Unterwelt. Ursprünglich verband man damit das Bild verborgener Schätze und Reichtümer, die über jede Vorstellung hinausgingen und die unter der Erdoberfläche verborgen lagen. Zu ihnen konnte man nur durch geheime Gänge und Höhlen gelangen, die einen allmählich ins Erdinnere führten, weg vom Licht der vertrauten Erdoberfläche. Das ist – in der Interpretation der Jungschen oder humanistischen Astrologie – ein Hinweis darauf, daß das verborgene Königreich mit dem persönlichen oder kollektiven Unbewußten zu tun hat, einem Bereich, in den der unerschrockene Reisende und Abenteurer nur allein eindringen kann, wenn er geheimes Wissen und unermeßlichen Reichtum gewinnen möchte. Vielleicht ist dort die Perle der Perlen, das Juwel des Selbst, zu finden, für das man alles auf den Opferaltar legen

und für das man alles aufs Spiel setzen muß, um damit aber auch alles gewonnen zu haben.

Den Namen Hades verbindet man heute, nachdem jahrhundertelang die christliche Vorstellungswelt geherrscht hat, mit dem Begriff der Hölle, was bedauerlich ist, da durch die negative Interpretation dieses Begriffes eine psychologische Barriere für die Menschen entstanden ist. Hades, die Hölle und das Reich der Unterwelt wurden mit dem Bösen und der biblischen Vorstellung des Satans in Zusammenhang gebracht, und die christliche Lehre warnt stets davor, sich mit den geheimnisvoll-unergründlichen Bereichen des Lebens einzulassen.

So will man vermeiden, daß die Menschen durch den Weg in ihr eigenes Unbewußtes mit den alten Göttern in Berührung kommen. Es soll verhindert werden, daß der einzelne Erkenntnis und Einsicht gewinnt, denn damit wäre die Vorherrschaft Christi und der zwischen ihm und den Menschen vermittelnden Priesterschaft gefährdet. Gerade in der tiefsten Finsternis jedoch leuchtet ein nie verlöschendes Licht, und in Wahrheit führt der Weg zum Himmel durch die Hölle.

Der Tradition nach ist Hades das Land, in dem die Schatten des Todes auf eine Wiedergeburt und Auferstehung warten; das Fegefeuer, in dem sie durch einen Reinigungsprozeß für den nächsten Schritt ihrer Reise vorbereitet werden. Es ist ein Zwischenreich, weder diesseitig noch ganz jenseitig. Das steht in einem Bezug zu jenen spirituellen Lehren, nach denen der Mensch ein Schlafender ist, der halb träumend durchs Leben geht, aber glaubt, er sei wach. Bei den meisten Menschen leuchtet das wahre Licht im Unbewußten. So kann man also sagen, daß unser oberflächliches Alltagsbewußtsein im Grunde unbewußt ist und daß wir das Licht gerade dort finden, wo wir den unbewußten Bereich vermuten. Wie Buddha sagt, ist die Welt auf den Kopf gestellt – oder: »Das Licht scheint in die Finsternis, aber die Finsternis hat es nicht begriffen.« Wären wir nicht so in unserer Egozentrik befangen, würden wir unseren Verstand (der nur ein Teil unseres Bewußtseins ist) als das unbewußte Dunkel sehen, da wir doch so wenig Erkenntnis über uns selbst haben.

In vielen Mythen steigen die Lichtbringer in den Hades oder die Unterwelt hinab, um durch ihr erlösendes Licht die gequälten Seelen im Fegefeuer zu retten. So beispielsweise Christus in den drei Tagen zwischen seinem Tod und seiner Auferstehung. Das bedeutet vielleicht in Wirklichkeit, daß sie zu ihrer eigenen Wiedergeburt ihr inneres Licht in diesem Bereich entdecken müssen. Orpheus begab sich in Plutos Reich, um seine verlorene Seele zu suchen, er stieg in die Tiefen seines eigenen Wesens hinab. Pluto empfängt seine Gäste immer sehr bereitwillig; es sind nicht viele Suchende, die ihm begegnen, und meist ist er damit beschäftigt zu versuchen, jene Unzahl schlafender Schatten aufzustören; doch wenn die Reise zu ihm auch Mühsal und Schmerzen bedeutet – er empfängt alle mit einem herzhaften Willkommenstrunk.

Natürlich sind solche Mythen nur allegorisch zu verstehen. Gurdjieff lehrte seine Schüler, daß der Mensch nicht von Natur aus eine Seele habe, sondern daß er sie erst erschaffen oder finden müsse. Damit will der Meister eigentlich sagen, daß der Schüler beträchtliche Mühe aufwenden muß, um die spirituelle Dimension des Lebens zu erfahren. Damit ist auch angedeutet, daß Lehren, die die Seele zur faktischen Realität erklären, möglicherweise falsch sind und den Sucher in Versuchung führen, sich erst gar nicht um das Entdecken der persönlichen Wahrheit zu bemühen. Auch was

Gurdjieff sagt, stimmt so nicht unbedingt, es geht bei ihm mehr um eine bestimmte Lehrmethode. Wo ist diese flüchtige Seele nun zu finden? In den Tiefen des inneren Selbst: in Plutos Welt.

Der Mythos der Persephone zeigt, daß Pluto (der Gott des Unbewußten) nicht immer in der Verborgenheit seines Reiches lebt, sondern von Zeit zu Zeit einen »Tagesausflug« in die sichtbare Welt macht, um sich mehr oder weniger deutlich in Erinnerung zu bringen. Er tut dies, astrologisch betrachtet, durch Transite und Progressionen.

Das ist Pluto, der Entführer und Vergewaltiger, eine symbolische Gestalt, die höchst unangenehme Assoziationen weckt, vor allem bei den Frauen, die unter dem Anwachsen von Sexualverbrechen in der westlichen Gesellschaft leiden. Und tatsächlich kann man das Ansteigen von Verbrechen im Sexualbereich gegen Frauen und Kinder mit dem Auftauchen von Pluto in diesem Jahrhundert und seinem gegenwärtigen Transit durch das Zeichen Skorpion in Verbindung bringen. Der Mythos vom Raub der Persephone aber ist wohl eher als symbolische Veranschaulichung eines Prozesses zu verstehen, der im eigenen Bewußtsein stattfindet. In dieser Geschichte wird berichtet, wie Pluto sein Reich verläßt und der jungfräulichen Persephone, der Tochter der Naturgöttin Demeter/Ceres, begegnet. Pluto ist so bezaubert von der unschuldigen Schönheit der Persephone, daß er sie raubt und mit in die Unterwelt nimmt, wo sie durch diese »Vergewaltigung« die Initiation erfährt und zur Herrscherin über Plutos Reich ernannt wird. Pluto schenkt Persephone zwar nach einer Weile die Freiheit, jedoch nur unter der Bedingung, daß sie nach einem Wiedersehen mit ihrer verzweifelten Mutter wieder als Plutos Gefährtin in die Unterwelt zurückkehrt. In manchen Varianten dieses Mythos muß Demeter

ihren Platz im Hades einnehmen, während Persephone das Reich der Toten für eine Weile verlassen darf; damit stehen Fruchtbarkeitsriten und mythologische Bilder für jahreszeitliche Rhythmen und Wachstumszyklen in Verbindung.
Im Grunde soll hier ein psychologischer Prozeß symbolisiert werden. Das Eindringen Plutos (des Unbewußten) in das Bewußtsein wird beim Mann wie bei der Frau als etwas erfahren, das einem innerlich Gewalt antut, dem man sich nicht widersetzen oder entziehen kann. Das wird oft als erschrekkender und überraschender Einbruch erlebt, auf den man nicht vorbereitet und der einem keineswegs willkommen ist. Die »Entführung« findet jedoch genau zu dem Zeitpunkt statt, an dem eine Veränderung in Gang gesetzt werden muß, in dem ein Anstoß gegeben werden muß für einen individuellen Entwicklungsschritt, wie er im Geburtshoroskop als Möglichkeit angelegt ist – als Beginn eines neuen Zyklus der Bewußtheit und Verwirklichung, einer Begegnung mit dem »Schicksal«.
Für Persephone ist es der richtige Augenblick, in das Frausein eingeführt zu werden, ein unabänderliches Verlassen ihrer bisherigen Wirklichkeit, aus der sie nun herausgewachsen ist, ein unausweichlicher Schritt in die Erfahrung einer neuen Welt, die sie zur Veränderung zwingt. Schon vom Zeitpunkt ihrer Geburt an lag unabänderlich fest, daß dieser Prozeß einmal in Gang gesetzt würde, und wie immer übernimmt Pluto die Rolle des Initiators, der unerbittlich an den richtigen Zeitpunkt in ihrem Leben erinnert. Ohne solch eine Erfahrung kann keine Entwicklung stattfinden, in ihr ist das Geheimnis beschlossen, daß das Eindringen des Unbewußten zu Klärung und Einsicht führt und letztlich Integration und Selbstentfaltung bedeutet. Persephone geht aus ihrer schmerzhaften Erfahrung als reifere und bewußtere Frau

hervor. Das Stadium des naiven jungen Mädchens ist überwunden, und sie kann ihrer Mutter nun auf einer ganz anderen Stufe begegnen. Es ist, als hätte eine Wiedergeburt stattgefunden. Dieser Prozeß setzt sich immer weiter fort, denn sie kehrt jedes Jahr in Plutos Reich zurück. Wirkliche Initiation ist ein unaufhörlicher Prozeß. Man kann zwar erkennen, wo er beginnt, als abgeschlossen kann man ihn jedoch nie betrachten.

Madame Blavatskys Buch *Die Geheimlehre* (1888) bringt Pluto mit den Eigenschaften der göttlichen Schlange in Verbindung, des Caduceus, des Heilers und der Schlange am Baum der Erkenntnis des Guten und Bösen. Die Weltenschlange, der Uroboros, wird ebenfalls mit der »Hölle« in Verbindung gebracht, mit dem Urchaos, aus dem das Leben auftaucht, oder dem kollektiven Unbewußten, aus dem das einzelne Bewußtsein hervorgeht. In diesem Zusammenhang ist es interessant, daß das ursprüngliche Symbol für das Zeichen Skorpion – das der modernen Astrologie zufolge von Pluto beherrscht wird – die Schlange war. Das Bild der Schlange, die ihre alte Haut abwerfen kann, scheint mir ein viel passenderes Symbol für ein Zeichen zu sein, bei dem es um Wiedergeburt und Erneuerung geht.

Pluto ist ein geheimnisvoller und mächtiger Gott, der oft in einen Schleier der Dunkelheit gehüllt auftritt, mit dem er jene abhalten kann, die noch nicht bereit sind, mit ihm in Berührung zu kommen, die vor seinem durchdringenden Blick zurückschrecken würden. Hinter dem Schleier verbirgt sich jedoch die Wahrheit, daß im Innersten der Dunkelheit die blendende Helle seines Lichtes leuchtet. Pluto ist ein unorthodoxer, aber mächtiger Heiler der Seele und Führer auf dem Weg zur Erleuchtung, er vereinigt die widersprüchlichen und sich ergänzenden Gegensätze.

Der Mythos des legendären Vogels Phoenix ist ein Bild der sichtbaren Welt für die verborgene Realität von Pluto. Es ist ein archetypisches Symbol der Unsterblichkeit, des Lebens, das jeder äußeren Gestalt und Form innewohnt. Es ist der Vogel, der immer wieder aus dem Feuer und der Asche seines alten abgelegten Selbst in ein neues Leben wiedergeboren zu werden vermag. Hier haben wir den Schlüssel für so manches menschliche Dilemma und für viel unnötiges Leiden. Mit diesem Buch soll der Versuch gemacht werden, diesen Dingen auf den Grund zu gehen und Licht auf den inneren Prozeß zu werfen, in dem man mit Pluto umzugehen und ihm zu vertrauen lernt. Wenn das gelingt, werden wir alle unseren Nutzen daraus ziehen. Wählen wir den Phoenix als ein Symbol, das uns führt und hilft, und vertrauen wir auf die Auferstehung des Phoenix.

KAPITEL 2

Die Gesichter des astrologischen Pluto

Pluto ist neben Uranus und Neptun einer der wichtigsten transpersonalen Planeten; alle drei haben transzendente Eigenschaften und erfüllen sowohl individuelle wie auch kollektive Funktionen. Man kann sie als symbolische Veranschaulichung des Prozesses interpretieren, der durch ein Eintreten in überpersönliche Lebensbereiche in Gang gesetzt wird. Mit diesen Planeten gehen wir den Weg von der blitzartigen Erkenntnis (Uranus) über das mystische seelische Verschmelzen mit dem Leben (Neptun) zur Verwandlung und Wiedergeburt, zum selbstlosen Dienen und den damit verbundenen grundlegenden Transformationen (Pluto).

Diese transsaturnischen Planeten symbolisieren die universellen Aspekte des Bewußtseins, eine Ebene, auf der der Geist der Dualität transzendiert und von deren Existenz die meisten Menschen noch gar nichts wissen. Das heißt, daß ein großer Teil der Menschheit noch gar nicht in der Lage ist, auf diese Energien zu reagieren, daß sie sich also auf der Ebene des kollektiven Unbewußten auswirken – ein Grund dafür, warum ihre »negativeren« Aspekte zu dominieren scheinen. Die damit zusammenhängenden Energien oder inneren Impulse werden einfach noch nicht verstanden oder kommen auf falsche Weise zur Auswirkung. Häufig scheinen sich diese Energien als etwas Schicksalhaftes auszuwirken, das blinde und unbewußte Menschen in Krisensituationen treibt, in denen sie das Gefühl haben, ihre Entscheidungen hätten etwas Unentrinnbares, oder sich dazu getrieben fühlen, auf eine bestimmte Weise zu handeln. Die Unwissenheit, die daraus entsteht, daß man sich seines innersten Selbst unbewußt ist, führt selten zu etwas Gutem im Leben, sondern bringt nur zu oft noch mehr Leid mit sich.

Nun kommen aber immer mehr Menschen auf der Welt unter den direkten Einfluß dieser Planeten, besonders der Pluto-Energie, die über die kollektiven Massen herrscht, aber auch über »Eingeweihte«. Die spirituell ausgerichteten Schüler sehen die Handlungsprozesse, die geschehen, in einem weltweiten Zusammenhang, nicht nur als etwas, das der persönlichen Erlösung und Heilung dient; für sie sind es gemeinschaftliche Prozesse, die sich auf den unterschiedlichsten Ebenen abspielen. Je klarer sie das Wesen und die Wirkung dieser Energien erkennen, desto eher haben solche Menschen die Möglichkeit, sie auf kreative und positive Weise zu nutzen.

Die wichtigsten Fragen in Zusammenhang mit Pluto kreisen um Wiedergeburt und Erneuerung, um die Lebenszyklen, Tod und Auferstehung, Wandlung und Verlust im Leben und die Energie der von innen kommenden Veränderungen. Das sind entscheidende Lebensthemen, die auf vielerlei Weise die Gedanken und Träume der Menschheit beeinflussen. Die gesellschaftlichen Entwicklungen auf politischer, religiöser und kultureller Ebene sind Reaktionen auf die Wirkung dieser Lebensphasen. Die politische Führungsschicht jedoch zieht eine reaktionäre Haltung vor; sie versucht, die ihr anvertrauten Menschen in eine eher statische soziale Ordnung zu zwingen, die die Illusion der Dauerhaftigkeit aufrechterhält, aber oft nur alles Beunruhigende, Chaotische und Geheimnisvolle überlagert.

Die Erneuerung, die mit Pluto einhergeht, wirkt sich vor allem auf der emotionalen sowie geistig-seelischen und der Identitätsebene, das heißt in bezug auf das Selbstbild, aus. Der Tod und der allmähliche Zerfall der physischen Erscheinungsform wird als unvermeidlich hingenommen. Pluto jedoch will das persönliche Bewußtsein von innen heraus verwandeln. Der natürliche Daseinszyklus allen Lebens auf der Erde ist gebunden an das Vergehen der Zeit und durch die schöpferische Kraft des Universums bedingt. Diese Kraft bringt immerzu neue Schöpfungen und sich wiederholende Einzigartigkeiten hervor in einem Kreislauf schöpferischer Urmuster von Formen und Gestalten.

Da die Pluto-Energie auf Ausdehnung und Erweiterung hinzielt, gerät sie in Konflikt mit den reaktionären Kräften innerhalb des einzelnen und der Gesellschaft, denen es darum geht, die scheinbare Stabilität des Bekannten und Vertrauten zu erhalten. Die Menschen stehen im allgemeinen jeder Veränderung mißtrauisch und voller Vorbehalte gegenüber. Das Trägheitsgesetz und ein gewisses Beharrungsvermögen können sich nur insofern konstruktiv auswirken, als sie die Heftigkeit eines Veränderungsimpulses dämpfen können und einem etwas mehr Zeit lassen zur Anpassung an das Unvermeidliche. Letztlich jedoch ist es sinnlos, sich einem universellen Prozeß zu widersetzen.

Wir sind fast alle Gewohnheitsmenschen, die sich auf den altbekannten Bahnen vorhersehbarer Reaktionen bewegen. Wenn Pluto in unser Leben einbricht, ist es wie ein Schock, er wühlt auf, bringt Verwirrung und Zerstörung mit sich und fordert, daß wir uns verändern oder die unvermeidlichen Folgen unserer Handlungen und Entscheidungen auf uns nehmen. Unser altes Selbstbild wird von Grund auf erschüttert, nichts steht mehr fest; und die Dinge, an die wir uns geklammert haben, um uns sicher zu fühlen, werden zerstört. Die Stunde der Wiedergeburt ist gekommen. Sind wir bereit und in der Lage, positiv darauf zu reagieren? Nein, das sind wir selten, und unsere erste Reaktion besteht meist in dem Versuch, uns wieder an unsere vertrauten Stützen zu klammern, um uns gegen die unbekannte Welt zu schützen, die sich vor uns auftut.

Veränderungen, die uns »aufgezwungen« werden und denen wir nicht entgehen können, rühren oft an unsere Angst vor dem Tod, sie lösen die verstörende Erkenntnis aus, daß wir sterblich sind. Der Einfluß eines herannahenden Pluto stimuliert dieses Unbehagen. Niemand möchte sterben, und in us macht sich dann das unangenehme Gefühl breit, etwas Drohendes, Tödliches wolle uns zwingen, ihm klar in die Augen zu sehen. Pluto hält nichts davon, »neuen Wein in alte Schläuche« zu gießen; unaufhaltsam zerstört er das Alte, um alles zu erneuern und eine geeignetere Form zu schaffen, durch die er sich ausdrücken kann, sei es bei einem einzelnen Menschen oder bei einer ganzen Zivilisation.

Oft treten Synchronizitätsphänomene auf, wenn es im Unbewußten rumort, wenn äußere Ereignisse, Menschen und Erfahrungen (vielleicht auch erst nachträglich) in geheimnisvoller Beziehung zu innerseelischen Veränderungen gesehen werden. Vielleicht öffnen sich ein paar neue Türen, während andere, alte, verschlossen werden; Beziehungen können zerbrechen, Ideologien entlarvt, Ziele zerschlagen oder in unerreichbare Ferne gerückt werden. Man kann dieser inneren Beunruhigung nicht entrinnen, man muß altvertraute Gewohnheitsmuster, Verhaltensweisen, Wertvorstellungen, Ideale und Selbstbilder aufgeben, die uns auszumachen schienen, von denen wir wie hypnotisiert waren. Auf einmal lösen sie sich auf. All das, an was wir uns geklammert haben, will Pluto verwandeln. Er macht es uns so bewußt, daß wir uns einer Konfrontation damit nicht mehr entziehen können. All das steigt so deutlich ins Bewußtsein auf, daß uns immer klarer wird, wie stark uns diese Vorstellungen und Bilder geprägt haben. Meist sind sie von egozentrischen Tendenzen geprägt, was zu Konflikten mit anderen Menschen, zu mangelndem Respekt ihnen gegenüber und zu negativen Beziehungen führt. Diese Einstellungen wirken nach außen und schaffen letztlich weltweite Probleme.

Man kann zwar versuchen, diesem Prozeß Widerstand entgegenzusetzen oder ihn zu verhindern, aber das wird wahrscheinlich nur noch mehr Kummer und Leiden bewirken. Wenn er einmal in Aktion ist, verfolgt Pluto sein Ziel recht rücksichtslos und kümmert sich nicht um diese menschlichen Ängste, die er als notwendigen Schmerz auf dem Weg zu einem höheren Bewußtsein betrachtet. Gerät das kleine Ich in Panik, so werden die inneren Spannungen nur noch stärker, und damit wird entweder der Durchbruch oder der Zusammenbruch nur schneller heraufbeschworen.

Pluto hat eine gründlich kathartische Wirkung, er reinigt das Selbst von allem, was es nicht mehr braucht, damit eine Erneuerung stattfinden kann. Eine Geburt verläuft nie ohne Schmerzen, und in diesem Fall ist der Betroffene zugleich der Träger neuen Lebens und die Hebamme, die den Geburtsvorgang unterstützt. Das neue Leben aber birgt neue Erkenntnisse in sich, eine neue Erfahrungsebene, die das alltägliche Leben und die Weltanschauung dauerhaft verändert.

Je nachdem, auf welcher Ebene dieser Durchbruch geschieht, kann die Veränderung plötzlich und traumatisch verlaufen, so als hätte man über Nacht eine neue Welt entdeckt. Sie kann aber auch allmählich vor sich gehen, bis nach einer persönlichen Zeit der Krise allmählich klar wird, was die inneren Veränderungen wirklich bedeuten. Während der Krise kann man das Gefühl haben, daß es nirgends mehr im Leben einen festen Halt gibt, daß man sich gleichsam physisch oder psychisch auflöst, daß man den Grund, in dem man sein Identitäts- und Wirklichkeitsgefühl verankert hat, verliert und keinerlei festen Boden mehr unter den Füßen spürt.

Man weiß dann nicht mehr ein noch aus, man begreift gar nicht, was geschieht, aber man muß ausharren, bis einem klar wird, daß es im Grunde ein positiver Prozeß ist. Beim ersten Mal ist es am schlimmsten, weil man noch nicht weiß, was eigentlich vor sich geht, da der verborgene Sinn dieses Prozesses sich dem Bewußtsein nicht erschließt, bevor der Höhepunkt der Krise erreicht ist. Danach wird man einen ganz persönlichen Zugang zum Mythos des Phoenix gewonnen haben, einem Symbol für den Weg der Menschheit.

Soziale und persönliche Beziehungen sind ein bevorzugter Einflußbereich Plutos. Hier wirkt er sich vor allem auf der emotionalen Ebene aus, wobei es meist um sehr grundlegende egozentrische Interessen geht. Emotionen sind oft die realsten Erfahrungen unseres Innenlebens, und ihre manchmal verborgene Macht, unsere Lebensentscheidungen zu beeinflussen, wird oft unterschätzt. Das ist eine Dimension unserer selbst, die wir nur sehr wenig verstehen; das Ungreifbare entzieht sich dem analytischen Denken. Im emotionalen Bereich sind wir sehr verletzlich, und Verletztheit kann sich auf allen Seinsebenen auswirken. Die meisten Menschen haben die Tendenz, im Inneren oder Äußeren schützende Barrieren um ihre Emotionen zu errichten, um nicht verletzt werden zu können und nicht leiden zu müssen. Dadurch leugnen und unterdrücken sie die Möglichkeit ganzheitlicher Lebenserfahrung, und es fällt ihnen schwer, einen befreienden Ausdruck ihrer Emotionen zu finden. So entsteht im Inneren ein gärendes Gift, das sie zu emotionalen Krüppeln oder zu für die Gesellschaft gefährlichen Neurotikern werden läßt.

Intimität und das Durchbrechen schützender Mauern läßt einen verletzlicher werden. Ist man beispielsweise ergriffen von jenem Phänomen, das Verliebtsein genannt wird, so gerät im Inneren alles durcheinander in einem ekstatischen Gefühl, in dem sich Schmerz und Lust mischen. Damit bricht etwas ins Leben ein, das ausgedrückt, akzeptiert und integriert werden will – starke Wünsche, Leidenschaften, Besitzansprüche, die Lust, den anderen mit Haut und Haar zu besitzen, Besessenheit von dem geliebten Menschen, vielleicht auch sexuelle Konflikte, Eifersucht, ja Haß auf den anderen, da man durch ihn so sehr die Kontrolle über sich selbst verloren hat, vor allem wenn jener andere gar so selbstbeherrscht und dominierend wirkt.

Gerade hier sieht Pluto die ideale Möglichkeit, unbewußte Aktivitäten zu stimulieren, Transformationen zu bewirken in seelischen Bereichen, die im dunkeln liegen. Es ist wie ein Weg durch die Hölle, eine Feuerprobe, die zur Reinigung und Klärung und zu höherer Weisheit führt. Das ist zumindest das Ziel und das Ideal eines positiv verlaufenden Wachstumsprozesses. Natürlich wühlt die Liebe mit ihrer Intensität vieles auf, und es können Persönlichkeitsaspekte zutage treten, die den Betroffenen zuweilen sehr schockieren.

Pluto scheint die Energie einer emotionalen Krise zu absorbieren, um damit das Feuer nur noch stärker anzufachen. Gerade durch ein Erfahren der eher destruktiven Emotionen gibt er die Möglichkeit zu emotionalem Wachstum und zur Integration. Ein Mensch, der dem Einfluß Plutos hilflos ausgeliefert ist, weil er diese Energie noch nicht integriert hat, ist oft von Leidenschaft, Besessenheit und Zwanghaftigkeit beherrscht, die ihn in ein unausweichliches Schicksal hineinzutreiben scheinen. Der Betreffende fühlt sich dieser Entwicklung oft vollkommen machtlos ausgeliefert, ja, er hat nicht die geringste Möglichkeit, dem Lauf der Dinge noch irgendeine Richtung zu geben.

Das kann manchmal Erlebnisse mit sich bringen, die mit sozialen Tabus belegt sind und bei denen der Betreffende einen starken emotionalen Sog zu zwanghaften Wünschen und Phantasien spürt, von denen er sich zugleich abgestoßen fühlt. Das könnte zu einem positiven Weg werden, auf dem Licht in Bereiche innerer Dunkelheit fällt. Oft ist das jedoch nicht möglich, da der Betreffende sich schuldig fühlt, soziale oder moralische Gesetze überschritten zu haben. Aber ungeachtet aller Schuldgefühle hat Pluto die Tendenz, die Menschen in solch eine Richtung zu drängen, wobei er oft eine befreiende Funktion für derartige Gefühle hat. In solchen Fällen muß sich die aufgestaute, unterdrückte Energie auf irgendeine Weise äußern; alles Leugnen und alle Verbote steigern sie nur noch. Versteht man das Wesen dieser Impulse und Zwänge allmählich besser, kann einem das helfen, den inneren Druck allmählich zu mildern und die Energie in gesündere Bahnen zu lenken. Häufiger jedoch bricht sich diese Energie in äußeren Aktivitäten ihre Bahn und kann in einem vorübergehenden Wahnzustand sogar zu Mord, Vergewaltigung und anderen Gewalttaten führen.

Man darf nicht vergessen, daß Pluto in den Mythen recht gewalttätig in Erscheinung tritt. Das ist natürlich keine Rechtfertigung für solches Verhalten. Die Gewalttaten sind aber in Zusammenhang mit dem menschlichen Bedürfnis zu herrschen zu sehen (auch dies eine negative Eigenschaft Plutos). Sie zeigen den Mangel an Einfühlung und Integration im entfremdeten Bewußtsein des Gewalttäters wie der Gesellschaft. Wenn der einzelne geheilt und gereinigt wird, so wird sich das auch heilend auf die Gesellschaft auswirken.

Damit ein Mensch von seinen Obsessionen frei werden kann, muß er einen inneren Tod sterben, ein Opfer bringen. Wie bei Persephone ist damit immer ein Element der Trennung und des Verlustes verbunden. Und ob es sich nun um die Liebe zu einem Menschen, einem Ideal oder einer Überzeugung handelt, die aufgegeben werden muß – es muß ein tief empfundenes Opfer sein, um dem Verwandlungsprozeß die nötige Kraft zu verleihen. In einem arachaischen Sinn ist es wie ein Opfer des eigenen Blutes auf dem Altar.

Die Position von Pluto im Geburtshoroskop ist ein Schlüssel dafür, wo diese archetypische Wiedergeburt nun geschehen kann. In diesem Bereich trennt ein sehr dünner Schleier das Bewußte vom Unbewußten, hier findet Pluto leichten Zugang. Der durch das betreffende Haus symbolisierte Lebensbereich wird für das Leben des einzelnen Menschen sehr entscheidend sein, vor allem weil er dort vermutlich irgendeine Art von Transformation anstrebt, die aber nicht recht in Gang kommen will. Es müssen erst grundlegende Veränderungen eintreten, bevor diese Hindernisse aus dem Weg geräumt werden können. Ob das möglich ist oder nicht, hängt von den Notwendigkeiten ab und von der Fähigkeit des Individuums, diese Notwendigkeiten zu erfüllen. Das wird sich mit ziemlicher Sicherheit schwierig gestalten, doch wenn der Durchbruch einmal geschehen ist, wird sich das Leben von diesem Zeitpunkt an grundlegend gewandelt haben. Pluto ist bereit, in diesem Lebensbereich eine Gabe zur Integration zu verleihen, doch wie alles andere im Leben hat auch das seinen Preis.

Die Menschen in der westlichen Gesellschaft, vor allem die Männer, haben ein gestörtes Verhältnis zu ihrem Gefühlsleben. Emotionen werden oft als minderwertig betrachtet, und es wird den Menschen meist nicht leichtgemacht, ihre Gefühle zu zeigen, da man das oft als Zeichen von Schwäche deutet, es sei denn, sie äußerten sich in einem sozial akzeptablen Rahmen. Die Entwicklung von Gefühlen und der Umgang mit ihnen in verschiedenen Lebensstadien wird im Zusammenleben nicht geübt und gelernt. Aber gerade auf dieser Ebene entstehen die meisten individuellen und gesellschaftlichen Probleme. Die Überbetonung des analytischen Verstandes, der immer von der Tendenz zum Trennenden geprägt ist, kann soziale Probleme schaffen, wenn er nicht durch emotionale Einfühlung in andere Menschen gemäßigt wird. Viele Regierungen und Bürokratien, die ja vor allem von männlichem Denken geprägt sind, treffen einseitige analytische Entscheidungen und ermangeln des Mitgefühls und der Einfühlungsgabe. Die emotionale Energie zu unterdrücken ist gefährlich, sowohl individuell wie auch kollektiv. Soziale Beziehungen sind oft vieldeutiger Natur. In sozialen oder politischen Zusammenhängen können Tendenzen zur Machtausübung und zum Herrschen die Oberhand gewinnen, da sie hier nicht durch die Grenzen einer engeren Familiengemeinschaft modifiziert werden. Die negativen Pluto-Energien manifestieren sich häufig da, wo solche unbewußten Dominanzbestrebungen zur Manipulation anderer aus rein persönlichen Bedürfnissen entstehen. Der Drang, anderen gegenüber eine Machtposition einzunehmen, um ein

Überlegenheitsgefühl zu gewinnen oder zu rechtfertigen, ist sehr verbreitet, und sicher haben wir alle schon damit zu tun gehabt. Menschen, die von solchen Bedürfnissen beherrscht werden, sind egozentrisch, oft unfähig, Kompromisse zu schließen oder mit Kollegen zusammenzuarbeiten, da sie immerzu nach einer Machtposition schielen. Es sind Getriebene, ja beinahe Besessene, die immerzu versuchen, Menschen und Situationen zu manipulieren, um auf Kosten der anderen einen persönlichen Vorteil herauszuschlagen.

Im 20. Jahrhundert empfinden viele Menschen einen Mangel an persönlicher Sinnhaftigkeit und Zielgerichtetheit. Oft wird versucht, dieses Bedürfnis durch ein Übernehmen religiöser oder politischer Doktrinen zu erfüllen, die einem aber nur als »Krücke« dienen und die einem äußerlich eine Richtung geben sollen. Das bedeutet oft ein blindes Akzeptieren charismatischer religiöser oder politischer Führer, es läßt die Menschen zu ergebenen Anhängern werden, worin sich oft das Bedürfnis nach Zugehörigkeit ausdrückt. Das kann manchmal auch positive Auswirkungen haben. Solche äußeren Stützen sind aber meist nicht sehr tragfähig, vor allem wenn der Anhänger einmal herausfindet, daß seine Führer oder Lehrer gar nicht geeignet sind, die Probleme zu lösen, die aus der Welt zu schaffen sie sich anheischig machen. Die dann eintretende Desillusionierung ist ein hoher Preis und kann sich auf jene Menschen sehr negativ auswirken, die in ihrem Irrtum und in ihrem Bedürfnis, ihre Rolle als Anhänger zu spielen, zuviel von sich aufgegeben haben und nun erleben, daß ihre Welt zusammenbricht – die Welt, an die sie einen so naiven Glauben hatten und der ihr ganzes Vertrauen galt.

Die humanistische und transpersonale Astrologie beschäftigt sich mit der Suche des einzelnen nach Sinn für sein Leben, konzentriert sich aber vor allem darauf, diesen Sinn im eigenen Selbst zu finden, ohne an äußeren Dingen Halt zu suchen, den man dort doch nie finden wird. Dieser innere Sinn, der als Stärke, als ein Gefühl der Sicherheit und Stabilität, als Intuition und unmittelbares Wissen erlebt wird, ist eine intensiv persönliche Welt, in der ganz eigene Gesetze und Prinzipien herrschen. Es ist die Welt, in der man erwacht, wenn man die Schwelle zum Überpersönlichen überschritten hat.

Pluto gilt zwar als der Herrscher der Unterwelt; es scheint ihm vor allem darum zu gehen, sein Reich zu leeren, die Inhalte des Unbewußten ins Licht des Bewußtseins zu entlassen. Das ist eine nie endende, immer sich erneuernde Aufgabe, ähnlich den vergeblichen Bemühungen des Sisyphus, den Felsbrocken den Berg hinaufzuwälzen, der dann doch immer nur wieder herunterrollt. Aber Pluto weiß, daß seine Bemühungen Früchte tragen, daß seine Mühe nicht vergeblich ist und daß eine stetige Entwicklung in Gang gesetzt wird.

Um den Sinn dieser Geschehnisse zu erfassen, braucht man Glauben und Vertrauen in die gute Absicht des universellen Lebens. Leider haben die meisten Menschen nicht genug Vertrauen, selbst jene, die behaupten, an einen gütigen Gott zu glauben. Im höchsten Sinn eröffnet einem Pluto die Möglichkeit, die Einheit mit »Gott« zu erleben. Die meisten Menschen schrecken davor instinktiv zurück. Sie wehren sich gegen die Aufforderung, die darin liegt; sie meinen, sie hätten dringendere Aufgaben zu erfüllen. Dazu gehören manchmal sogar Vorträge über spirituelle Lehren, die sie selber halten oder denen sie bei Wochenendkursen lauschen. Ja, man muß eben Prioritäten setzen.

Pluto nimmt Einfluß auf äußere Ereignisse, um einen Menschen dazu anzuregen oder gar zu zwingen, sich mit seiner eigenen Natur auseinanderzusetzen, sei es nun ein verborgener Teil seines Selbst oder die Art, wie er sich in sozialen Zusammenhängen oder in intimen Beziehungen ausdrückt. Bildet Pluto einen Aspekt zu einem persönlichen Planeten, sei es im Geburtshoroskop oder durch Transit, so weist das darauf hin, daß in dem mit diesem Planeten verbundenen Lebensbereich mehr Klarheit gefunden werden muß. Eine Erneuerung ist nötig, ein Teil des Unbewußten muß erlöst werden oder eine verborgene Fähigkeit zum Ausdruck gebracht werden. In diesen Bereichen liegt der Schlüssel zu einer Erweiterung und Vertiefung des Lebenssinnes. Hier ist eine gründliche Auseinandersetzung gefordert. Das ist das Ziel einer positiven Reaktion auf.die Einwirkung von Pluto. Pluto hat die Tendenz, die Entstehung eines besonders schwierigen Problems für den Betreffenden, einer großen Herausforderung, zu bewirken. Das kann die Form eines Hindernisses annehmen, einer Hemmung der Weiterentwicklung, ist zugleich aber auch ein Ergebnis der Entwicklung des einzelnen bis zu diesem Punkt. Die Gestalt, die dieses Hindernis annimmt, hat mit der Hausposition von Pluto im Geburtshoroskop zu tun. Es ist die Konfrontation mit einem unerfüllbaren Wunsch, der ein hohes Maß an Bewußtseinsenergie auf sich zieht. Im Grunde liegt es zwar im Bereich der Möglichkeiten des Betreffenden, dieses Ziel zu erreichen, er stößt jedoch immer wieder auf Hindernisse, beispielsweise äußere Einschränkungen familiärer oder ökonomischer Art. Das stachelt ihn nur noch mehr an, die Frustration wächst, neue Hindernisse türmen sich auf. Es ist manchmal, als stünde man vor einer Mauer. Man kann nicht anders, als sich mit diesen Zwängen und unerfüllten Leidenschaften unmittelbar auseinanderzusetzen, man muß erkennen, daß es schier unmöglich ist, die Realität zu leugnen. Obwohl es sich um eine Energieblockierung handelt, scheint es einem manchmal wie ein schwarzes Loch, das alle Ziele aufsaugt, alles kreist auf der Suche nach einer Antwort, nach einer Möglichkeit, die quälende Wunde im eigenen Innersten zu heilen. Das erinnert an die Wunde des gelähmten Königs des wüsten Landes der Gralstradition, der erst geheilt werden kann, wenn ein tapferer Gralsritter die erlösenden Worte spricht. Der Betreffende ist zum eigenen Gralsritter geworden. Die Erneuerung des Individuums (oder des wüsten Landes) durch eine Befreiung der Lebenskräfte setzt erst den Prozeß der Heilung in Gang.

Man wird auch an die Technik des Koan im Zen-Buddhismus erinnert. Der Meister stellt dem Schüler eine Frage, durch die er zur Erkenntnis kommen soll. Das Problem ist dabei, daß diese Frage mit dem analytischen Bewußtsein nicht gelöst oder beantwortet werden kann. Der Meister versucht, im Schüler eine unmittelbare Erfahrung auszulösen, die aus der intensiven Bemühung um die Beantwortung der Frage hervorgeht. Im Grunde muß in diesem meditativen Prozeß, in dem das Koan (Hindernis) zu einer Art Besessenheit wird, der Verstand gebrochen bzw. transzendiert werden. Ein typisches Koan lautet: »Wenn du in diesem Leben nicht erleuchtet wirst, in welchem Leben wirst du es dann?« Das Hindernis ist gleichsam ein Tor zu einem neuen fruchtbaren Land, aber Pluto verlangt als Entlohnung des Torhüters eine Art inneren Tod und Opfer – eine hohe Forderung, die jedoch reichlich belohnt wird. Natürlich muß man, wenn das Hindernis eine gewisse Größe erreicht hat, versuchen, es zu verkleinern oder aufzulösen, denn sonst könnte es über das ganze Leben einen langen Schatten werfen, vergiftend und zersetzend wirken. Das Tor ist da, es ist immer offen, aber vielleicht steht man davor und betrachtet seinen eigenen Schatten, der soviel größer als das Tor zu sein scheint, und glaubt, nicht hindurchgehen zu können durch diesen Ausgang, der zugleich der Eingang zu etwas Neuem ist. Vielleicht ist das Tor aber auch verschlossen, und man zieht und rüttelt daran und übersieht das Schild, auf dem »Drücken« steht . . .

In der Astrologie wird Pluto in der Regel gewöhnlich als weiblicher Planet betrachtet, und wenn das auch nicht grundsätzlich falsch ist, halte ich es doch für eine allzu einengende Vorstellung, vor allem, wenn man das Wort weiblich auf die herkömmliche Weise interpretiert. Aber auch wenn man ihn als bisexuell, androgyn oder sogar männlich bezeichnet, trifft das sein wahres Wesen nicht; denn je nachdem, von welcher Seite man ihn betrachtet, kann er von all diesen Facetten etwas zeigen. Im Grunde stellt er einen Archetypus der Einheit dar, die hinter all diesen Ausdrucksformen des sexuellen Dualismus und der Gegensätze, wie wir sie auf der Erde erleben, steht. Bei Pluto geht es um transzendente oder kosmische Sexualität, den Punkt der ekstatischen Auflösung oder einen Samen des Allgemeinmenschlichen, der weder männlich noch weiblich ist. Das östliche Symbol des Tao umfaßt das, was die Menschheit von der speziellen Energie Plutos wahrnimmt. Im Tao ist die innere Dualität des Yin und Yang als Symbole der Welt der Gegensätze enthalten und in der umfassenden Ganzheit aufgelöst.

Auf den einzelnen jedoch kann Pluto männlich, aggressiv, eindringend wirken und eine weiblich-empfängliche Reaktion fordern, gleichgültig, welchem physischen Geschlecht der Betreffende angehört. Man hat Pluto mit dem Weiblich-Göttlichen in Verbindung gebracht, mit den Bildern der Großen Mutter, der Göttin oder Kali, was aber nicht notwendigerweise bedeutet, daß er eine Wiedergeburt der archaisch-femininen Kraft ist, die einem neuen Zeitalter der Frau vorausginge. Gewiß wirkt sich Pluto vor allem im Emotionalen aus, um ein Gegengewicht zu der im Abendland verbreiteten Vorherrschaft des analytischen Denkens zu bilden; sein Einfluß kann jedoch auf allen Ebenen sehr stark sein. Ich glaube, er kündigt den Beginn eines Zeitalters der Humanität an, in dem der Mensch ein holistisches Wesen ist und in dem die Trennung nach den geschlechtlichen Erscheinungsformen keine Rolle mehr spielt. In diesem Sinn werden wir uns allmählich über das Yin und das Yang hinausbewegen zu einer bewußten Erfahrung des Tao.

Dieses Entstehen eines einheitlichen Weltempfindens wird zu intuitiver Einfühlung und zu einer Vereinigung von Geist und Gefühl in einem neuen, integrierten Wesen führen. Jetzt geht es um Ausgleich, denn polare Gegensätze können gefährliche Extreme sein. Das Aufkommen der Frauenbewegungen und der Emanzipation in der westlichen Welt ist ein Zeichen dafür, daß das Gleichgewicht wiederhergestellt wird, eine Vorbereitung für eine Weiterentwicklung. Die Geburt des neuen Bewußtseins muß von der Einsicht in die Notwendigkeit von Einheit und Synthese getragen werden. Die Zeit ist vorbei, sich mit Versuchen herumzuschlagen, den Widerstreit der Gegensätze dadurch zu lösen, daß man einer der beiden Seiten wieder zur Vorherrschaft verhilft.

Pluto stellt sich nicht mehr gegen patriarchalische Strukturen und Systeme als gegen matriarchale. Er stürzt sie alle, wenn der Zyklus zu einem natürlichen Ende gekommen ist, denn all diese Systeme sind gescheitert, wo es darum ging, sinnvolle Ausdrucksformen des Evolutionsprozesses zu finden. Was wir brauchen, ist eine neue Grundlage und Struktur, die der Zukunft angemessen ist (wir werden uns in Kapitel 8 damit beschäftigen).

Man assoziiert Pluto mit der Trinität der Hindugötter Brahma, Vishnu und Shiva, die die drei wichtigsten Kräfte der Schöpfung, Erhaltung und Zerstörung verkörpern. Oft tritt er in Gestalt von Shiva, dem Gott des Tanzes und Weltenzerstörer, auf, dessen Aufgabe es ist, der schöpferischen Fruchtbarkeit Brahmas Raum zu geben für die Hervorbringung noch überwältigender Universen. Pluto ist wie ein großer kosmischer Same, in dem immer die Möglichkeit zu neuem, erweitertem Leben liegt. Die Empfänglichkeit für diese Energie und ein bewußtes Mit-ihr-in-Beziehung-Treten gibt dem einzelnen Kraft zu immerwährender Erneuerung.

KAPITEL 3

Gott der Unterwelt

Die zeitgenössische humanistische Astrologie hat in den letzten Jahren an Bedeutung für die moderne Welt gewonnen, da sie eine Verbindung schafft zwischen der Psychologie des 20. Jahrhunderts und den großen Mythen und Bildern der astrologischen Tradition. Eine neue, auf die Persönlichkeit zentrierte Astrologie entstand aus dem Zusammentreffen Jungscher Psychologie mit astrologischer Symbolik und dem wachsenden Bedürfnis der Menschen, ihre eigene innere Beziehung zu Sinn und Ziel ihres Lebens zu schaffen. Diese Form »objektiven« Reflektierens auf der Basis des Geburtshoroskops kann neue Möglichkeiten der Selbstwahrnehmung eröffnen und auf jene inneren Muster hinweisen, die die Entwicklung der persönlichen Potentiale ermöglichen. Oder sie wird Wege zeigen, mit Problembereichen umzugehen, außerdem zu der Einsicht verhelfen, wie der Mensch seine Lebensenergien auf verantwortliche und sinnvolle Weise einsetzen kann.

Entscheidend ist das Bedürfnis nach persönlicher Ganzwerdung und Integration von Körper, Emotionen, Geist und Seele, um zu einem Zustand inneren Gleichgewichts und

Wohlbefindens zu gelangen. Da die Welt den Zustand der Menschheit widerspiegelt, so muß, wie Jung sagt, mit dem Zustand des einzelnen etwas nicht stimmen, wenn etwas mit dem Zustand der Gesellschaft nicht stimmt. Jeder von uns trägt etwas in die Welt und nimmt etwas von ihr; durch unsere Handlungen, Taten, Gedanken und Gefühle haben wir einen realen Einfluß im begrenzten wie im kollektiven Bereich. So können wir unseren Anteil an der Weltverantwortung nicht leugnen; wir alle sind mit verantwortlich.

Die meisten Menschen würden am liebsten die äußere Welt so verändern, daß sie sich ihren persönlichen Vorlieben und Vorurteilen anpaßt, aber so einfach ist das freilich nicht. Es scheint, als gäbe es eine Grundstruktur, die die Gesamtevolution der Welt leitet, ein umfassendes planetarisches Bewußtsein, dem man in jüngster Zeit den Namen Gaia gegeben hat und das in esoterischen Kreisen Sanat Kumara genannt wird. Auch wenn es scheint, daß einzelne Mächtige großen Einfluß auf die Weltentwicklung nehmen können, müssen sie doch scheitern, wenn ihre Versuche, die Entwicklungsrichtung zu bestimmen, mit dem verborgenen Plan nicht in Einklang stehen. Die Menschen können in ihrer Arroganz sehr anmaßend sein und die Götter durch ihre Hybris herausfordern.

Eine wirkliche Veränderung kann nämlich nur vor sich gehen, wenn sie in Harmonie mit dem inneren Wesen der Dinge steht, ob es nun um Menschen oder Planeten geht; und zur Integration gehört das wandlungsfähige Annehmen der Dinge, wie sie sind, mit der ihnen innewohnenden Zielgerichtetheit. Um die Möglichkeit zu einer weltweiten Veränderung zu schaffen, muß jeder von uns verwandelt werden, damit wir beginnen, unser eigenes,

einzigartiges Seinsmuster zu verkörpern, das in seinem Wesen der verborgenen Zielsetzung unseres Planeten entspricht.
Die Jungsche Psychologie wie die humanistische Astrologie sind Versuche, die Menschen zu persönlicher Integration und Ganzheit zu führen. Durch sie kann man mehr Einsicht in die verborgenen inneren Prozesse gewinnen und sich innerlich in Einklang bringen mit den Entwicklungen, die zu einer Veränderung führen. Bevor wir uns näher mit den Aspekten der Jungschen Vorstellungen befassen, die für ein Verständnis der Wirksamkeit Plutos vor allem von Bedeutung sind, wird es sinnvoll sein, sich mit dem Wesen der Ganzheit zu befassen.

GANZHEIT

Der Mensch ist ein ganzheitlicher Organismus; der Selbstregulationsmechanismus des physischen Körpers ist ein Wunder, und dieser Körper ist der Tempel unseres Geistes. Wir manifestieren uns auf der Erde auf der physikalisch-ätherischen, auf der emotionalen, der mentalen und der spirituellen Ebene. In den wichtigsten zeitgenössischen Richtungen der Psychologie wird die Realität der transpersonalen Dimension (das Spirituelle) als wesentlicher Aspekt des Menschen ernst genommen. Ein Problem für uns alle ist die unübersehbare Tatsache, daß wir in unserem Bewußtsein alle auf gewisse Weise zersplittert, nicht vollständig zentriert und oft nicht im Gleichgewicht sind; und ich spreche hier nur von dem Zustand, den man gewöhnlich von einem normalen, gesunden, angepaßten Mitglied der Gesellschaft erwartet. Wenn man sich umsieht, was auf der Welt geschieht, muß man sich dann nicht fragen, ob nicht vieles vom gesunden Menschenverstand weit entfernt ist?

Hoffen wir, daß genug Menschen es sich zum Ziel setzen, zu wirklicher Gesundheit und Ausgeglichenheit zu kommen, zu individueller Ganzheit, denn unsere Gesellschaft kann nicht ganzheitlich und gesund sein, wenn wir es nicht sind. Aber dieses Streben nach persönlicher Integration ist wahrhaftig nicht leicht. Wie C. G. Jung sagt, geht es nie ohne Schmerzen ab, wenn man zu mehr Bewußtheit gelangen will. Es kann ein harter, langjähriger, schmerzhafter Weg der Selbsterforschung sein, auf dem man scheinbar nie ans Ziel kommt und oft Phasen der Untätigkeit erlebt; schließlich aber wird man zu sich selbst gelangen, und die glühende, freudige Intensität des Selbst wird das ganze Leben durchdringen wie ein Gnadengeschenk, wie ein Segen.

Natürlich wird der Weg zur Ganzheit bei jedem ein anderer sein; bestimmte Aspekte des Entwicklungsprozesses aber sind allen gemeinsam. Von der Geburt an werden wir durch die Gesellschaft, die Eltern, die Schule, die Religionszugehörigkeit und durch die politischen Verhältnisse stark konditioniert, damit wir zu Mitgliedern der Gesellschaft werden, die auf möglichst vorhersehbare Weise denken, fühlen und handeln. Konformität ist das Ziel und wird von denen, die das soziale Leben bestimmen, belohnt; Nonkonformität wird auf verschiedene Weise bestraft, was von der Einstellung der jeweiligen Gesellschaft abhängt. Manche dieser Vorgaben können für den heranwachsenden Menschen notwendig und produktiv sein, viele aber laufen der Entwicklung der Persönlichkeit zuwider oder wirken sogar zerstörerisch auf sie. Geist und Herz eines Kindes sind allen Einflüssen gegenüber offen,

und was in sie eindringt, wirkt wie eine lebenslängliche Programmierung und produziert manchmal fast roboterhafte Reaktionen.
Die Beziehung zu den Eltern hat, soweit wir wissen, einen starken Einfluß auf die zukünftigen Beziehungen des Erwachsenen zum anderen oder zum eigenen Geschlecht. Menschen, die lange Zeit an ihrer Selbstentwicklung gearbeitet haben, entdecken häufig, wie viele versteckte Konditionierungen in ihren unbewußten und automatischen Reaktionen auf Alltagssituationen lagen, in denen sie glaubten, ihr wirkliches Selbst habe sich geäußert. Solch eine Konditionierung kann in der Übernahme religiöser Dogmen bestehen, die man nicht durch persönliche Erfahrung überprüft hat, in Lebenseinstellungen oder Zielen (eine gute Stellung, viel Geld, ein großes Haus, ein großes Auto etc.) oder in Moralvorstellungen (»Du mußt so und so leben«, »Ein braves Kind tut so etwas nicht«, »Homosexualität ist böse und krank«).
Glaubt man all dies wirklich? Sind es tatsächlich die eigenen Gedanken und Gefühle, oder wurde man durch die Dauerberieselung der »sozialen Programmierung« geradezu hypnotisiert, das Leben auf eine ganz bestimmte Weise zu sehen?
Oft beginnt die Suche nach dem wirklichen Selbst, wenn ein Mensch zu erkennen anfängt, daß er eigentlich nicht weiß, wer er ist, und sich fragen muß, ob er überhaupt weiterexistiert, wenn die dauernde innere Programmierung entfällt. Wie wir die Welt erleben und sehen, ist meist von Vorurteilen beeinflußt und getrübt, so als wären über unserem Kopf tausend andere Köpfe, die bei jeder Gelegenheit durch uns sprechen. Es geschieht oft, daß Menschen erwachen und in diesem Augenblick erkennen, daß ihr Leben, das sie gelebt

haben, nichts war als das Ergebnis eines Versuchs, den Wunsch der Eltern oder der Gesellschaft zu erfüllen.

Im Zen gibt es die Erfahrung des Satori, eines Zustands der geistigen Offenheit und Unkonditioniertheit, bei dem einem wie ein Blitz die bewußte Erfahrung des Selbst und der Welt ohne jede Verschleierung oder Programmierung durchfährt. Ein Zen-Koan versucht diesen Knoten der Konditionierung mit einem Streich zu durchschneiden: »Wie war dein wirkliches Gesicht, bevor deine Eltern geboren wurden?« Das heißt etwa: »Wessen Leben lebst du, und wie stark bist du beeinflußt? Ist dein Leben frei?«

Ganzheit ist nicht Perfektion. Des Menschen Bestimmung ist es, eine Verbindung zwischen dem Animalischen und dem Göttlichen zu sein. Und so, wie es nicht *nur* Licht oder Dunkelheit gibt, sondern eine lebendige Wechselbeziehung zwischen beiden besteht, ist es auch bei uns: Integration ist das Ergebnis eines Erlösungs- und Reinigungsprozesses, bei dem wir von all dem inneren Unrat frei werden, der das Bewußtsein unseres eigenen inneren Lichtes trübt.

Aber wir wollen nicht werden wie solche »Heilige«, die all ihre niedrigen Gelüste als unrein unterdrücken und als dem selbstgeschaffenen Bild von Spiritualität fremd betrachten, die dann aber in ewiger Angst leben, die Dämme könnten brechen, und deren Heiligkeit deshalb nur auf tönernen Füßen steht. Ein ganzer Mensch zu sein heißt eher, ein Weiser zu sein, der die Totalität der eigenen Natur akzeptiert, das Leben liebt, wie es ist, manchmal schmerzhaft, manchmal schön, der die Unvermeidlichkeit des Todes akzeptiert und der, vom eigenen Licht erhellt, das Leben in seiner Fülle genießt.

Um das verborgene Selbst zu finden, muß man die Vielzahl der unvollständigen oder falschen Selbstbilder abstreifen und die Krücken wegwerfen, um sein natürliches Wesen zu befreien. Auf der psychischen Ebene sind viele Erwachsene immer noch Kinder, die sich weigern, die Lektionen des Lebens zu lernen, und lieber an augenblicklichen Problemen herumflicken, um sie für eine Weile los zu sein – in dem irrigen Glauben, sie hätten sie nun gelöst und könnten so weitermachen. Aber dann tauchen die gleichen Probleme wieder auf, und sie können von vorn beginnen. Wenn wir immer wieder auf dieselben Probleme stoßen, so könnte das ein Hinweis darauf sein, daß wir sie nie völlig gelöst haben, als es Zeit dazu war.

Es ist besser, sich solchen Problemen zu stellen, ins Dunkel einzudringen, ins Innerste des Schmerzes, bis dann im richtigen Augenblick die Dunkelheit zu Licht verwandelt wird und der Problembereich befreit und erlöst ist, so daß das Problem zumindest auf dieser Ebene der Lebensspirale nicht mehr wiederkehren muß. Es ist ähnlich wie die Reise des Orpheus in die Unterwelt, in das Reich Plutos, auf der Suche nach seiner verlorenen Seele.

Grundlegende Probleme, die oft sehr stark emotional gefärbt sind, können nicht auf der Ebene, auf der sie auftauchen, gelöst werden. Herkules merkte, daß er die Hydra nicht mit ihren eigenen Mitteln und auf ihrer Ebene bekämpfen konnte. Indem er das Problem jedoch auf eine höhere Ebene erhob (als er die Hydra aus dem Sumpf emporstemmte), wurde das Problem sofort lösbar. Alle dualistischen Konfliktbeziehungen müssen auf diese Weise auf eine nichtdualistische Ebene gehoben werden, damit wir die Lösung erkennen können.

Die meisten Menschen haben es mit sich selbst nicht einfach; in ihrem Inneren kämpfen bruchstückhafte und widersprüchliche Stimmen um Macht und Einfluß, denn abgesehen von dem sozialen Ich mit seinen vielen Erscheinungsformen ist kein wirkliches stabiles inneres Zentrum vorhanden. Die Menschen können sich nicht akzeptieren und lieben, einfach so, wie sie sind, in der Vollständigkeit ihrer eigenen Natur. Die meisten mögen Teile von sich selbst und lehnen andere Teile ab, weichen ihnen aus oder wollen sie nicht wahrhaben, da sie nicht in ein idealisiertes Selbstbild passen, nach dem sie sich zu sehen belieben, und so laufen sie mit der selbstgeschaffenen Maske herum. Das aber führt bestimmt zu inneren Schwierigkeiten, da es den Menschen von der ihm möglichen Harmonie und Ganzheit entfernt und zu seelischem Unbehagen oder gar Krankheit führt. Niemand ist vollkommen, aber wir scheinen oft Schuldgefühle zu haben, wenn wir es nicht sind, und verdammen uns selbst und andere dafür, einfach menschlich zu sein.

Unsere Illusionen über andere und unsere Erwartungen an sie sind ein Problem, und aus dem Ärger und der Enttäuschung über zerbrochene Illusionen entstehen so manche Konflikte. Es ist wichtig zu lernen, wie man sich selbst liebt und sich selbst in jedem Aspekt akzeptiert; durch die Macht solch wirklicher Akzeptanz können sich auch die negativen Aspekte verändern, weil wir dann unseren eigenen Augiasstall von altem Schmutz und Abgelehntem gereinigt haben. Und wenn einem das gelingt, wird man auch in der Lage sein, die anderen bereitwilliger zu akzeptieren, befriedigendere Beziehungen zu haben und entscheidende Schritte in Richtung Integration zu tun.

Es ist sehr wichtig, für unser eigenes Leben die volle Verantwortung zu übernehmen; es scheint ein natürlicher Prozeß zu sein, daß alles, was wir erleben, von uns selbst angezogen wird und daß nicht die Ereignisse einem Menschen einfach so widerfahren, sondern daß er in einer Wechselbeziehung zu ihnen steht. Er stellt sich ihnen und legt seinen eigenen Sinn in jede Erfahrung. Es geschehen oft Dinge, die im Augenblick schwer zu verstehen sind, deren verborgenen Sinn und Zweck man aber nachträglich erkennen kann. Wir können es uns also zu unserer Lebenseinstellung machen, für alles, was uns widerfährt, die volle Verantwortung zu übernehmen. Unser äußeres Leben entwickelt sich aus unseren Reaktionen, Handlungen, Gedanken, Gefühlen, Emotionen und der Wechselwirkung zwischen unseren inneren Prozessen (die oft gerade nicht durch eine bewußte Entscheidung oder durch einen Willensakt in Gang gesetzt werden) und der äußeren Welt. Wie Madame Blavatsky in der *Geheimlehre* sagt, wird das Universum von innen heraus geführt und entfaltet; und ebenso ist es mit unserem Lebensweg; die anderen beeinflussen uns wohl und wirken auf uns ein, unsere Reaktionen auf äußere Stimuli müssen wir jedoch selbst verantworten.

In jeder Situation und bei jeder Erfahrung in unserer dualistischen Welt geschieht ein dynamischer Prozeß, bei dem die Gegensätze einander durchdringen und verwandeln. Wie auch die Planeten ein Janusgesicht haben, also eine sowohl positive als auch negative Energie verkörpern, ist keine Erfahrung ausschließlich gut oder schlecht, konstruktiv oder destruktiv, hell oder dunkel. Alles durchdringt sich gegenseitig und bildet eine fließende wesensmäßige Einheit. Für den Suchenden ist es sicher gut, einen Bewußtseinszustand zu kultivieren, in dem er Veränderungen nur als das Verhältnis wahrnimmt, das die Gegensätze zueinander haben, ein »Mehr oder Weniger« anstatt des analytischen »Entweder-Oder«. Jede Erfahrung, die verstandesmäßig als gut oder schlecht erlebt wird, kann zu einer tiefen Spaltung und damit zu inneren Konflikten führen, da sich der Verstand auf das

willkürliche Gute konzentriert und das Schlechte leugnet, das dann ins Unbewußte absinkt. Es wäre klüger und positiver, Erfahrungen als eine Verbindung von mehr Licht und weniger Dunkelheit oder umgekehrt zu sehen: So gelangt man zu einer Wahrnehmung, die eine umfassendere Sicht der miteinander interagierenden Kräfte innerhalb einer bestimmten Erfahrung schafft und so dem Leben mehr Sinn gibt, da Sinnhaftigkeit nur ins Licht des Bewußtseins tritt, wenn man der Gesamtstruktur holistischer Existenz gewahr wird.
Ganzheitliches Bewußtsein ist ein Weg zur Freiheit von einem begrenzenden, falschen, eingeschränkten Selbst, einem Selbst, aus dem man herausgewachsen ist. Wir müssen erkennen, daß unser psychologischer Zustand individuell wie kollektiv wirklich einer tiefen Reinigung und Heilung bedarf. Wir müssen den Widerspruch lösen, den wir zwischen Kopf und Herz, Verstand und Gefühl erleben. Wenn wir das erreichen, werden wir zu einer tiefen inneren Einheit geführt, die für jeden lebensnotwendig ist, und zu einem Bewußtseinszustand, wie er in der esoterischen Wahrheit »Wie jemand in seinem Herzen denkt, so ist er« zum Ausdruck kommt. Zu diesem ganzheitlichen Bewußtsein gehört psychische Vollständigkeit, konzentrierte Wesensganzheit, in welcher der einzelne zu Integration und Klarheit gelangt ist und das ihm innewohnende Schicksalsmuster erfüllen kann, das sich im Geburtshoroskop ankündigt.
Das ist der geheime Sinn von Pluto: bei der Schaffung einer Weltganzheit durch das Individuum und die Gesellschaft teilzunehmen. In aller Nüchternheit läßt er das, was unrein ist, im einzelnen wie in der Gesellschaft, zutage treten, um die Möglichkeit eines bewußten Annehmens und einer Reinigung der inneren Schlacken durch das Feuer der Verwand-

lung zu schaffen. Es liegt ihm nicht daran, zu richten, ihm geht es nur darum, alles, was da ans Licht gehoben wird, zu akzeptieren als einen ersten Schritt zum individuellen Wachstum, das wiederum Teil des Heilungsprozesses unseres Planeten ist.

Die Archetypen und das Unbewußte

Der menschliche Geist hat eine ganze Reihe hinderlicher Filter oder Schleier, von denen manche entwicklungsgeschichtlich, andere nur sozial bedingt sind und die bestimmen, in welchem Maß das Gehirn über das Nervensystem oder die physischen Sinne Informationen aufnehmen kann. Diese Informationen werden zu persönlicher Erfahrung von uns selbst, von Welt und Realität, umgewandelt. Das Potential eines einzelnen Lebens wird durch diese Filter begrenzt, die durch die besondere Art sozialer Konditionierung und Programmierung in der Zeit des Heranwachsens und Lernens geschaffen oder verstärkt wurden. Daraus entsteht die grundlegende Weltanschauung, die zur übereinstimmenden sozialen Realität wird und von der man erwartet, daß alle Mitglieder einer bestimmten Gesellschaft sie kontinuierlich weitertragen und erhalten.
Offenbar erleben wir bewußt nur Fragmente der Realität, jene Teile, mit denen wir zurechtkommen und auf die wir eine stabile menschliche Lebenswirklichkeit aufbauen können. Es heißt, zuviel Realität sei zuviel für den menschlichen Geist; und das ist auch wahr, vor allem wenn der menschliche Geist versucht, an seiner begrenzten Weltsicht einer partiellen Realität festzuhalten, wenn er mit einer wesentlich umfassenderen Wirklichkeitserfahrung konfrontiert wird.

Daraus entsteht eine gefährliche und erschütternde Erfahrung; ein Geist, der mit dieser neuen Dimension, die sich ihm eröffnet, nicht zurechtkommt, kann in Wahnsinn verfallen. Kann man sich von der geistigen Programmierung jedoch lösen, sie vollständig auflösen, dann ist ein erweitertes Bewußtsein die Folge, das in der Lage ist, eine erweiterte Realität dauerhaft zu erfassen und zugleich innerhalb der Wirklichkeit des sozialen Konsensus zu funktionieren. Das ist der Initiierte, der die innere Tür geöffnet hat und sein Unbewußtes mit Licht durchdringt, so daß es bewußt werden kann.

Das Unbewußte ist das Gefäß für alle Dinge, deren wir uns nicht vollständig bewußt sind, seien es nun persönliche Erinnerungen oder artspezifische Prägungen, Aspekte des Selbst, die wir aus persönlichen oder sozialen Gründen zu unterdrücken belieben, wobei es aber keineswegs nur eine Art Schuttabladeplatz ist. Der unbewußte geistige Raum umfaßt das persönliche Unbewußte, das kollektive Unbewußte und das, was man ein Überbewußtsein nennen könnte. Das Unbewußte ist der innere Bereich der Archetypen und Götter; wir sollten nicht vergessen, daß die Planeten Götter und starke archetypische Energien sind, mit denen wir in Berührung kommen und zu denen wir eine tiefere Beziehung eingehen können. Wenn man ein ganzer, integrierter und spiritueller Mensch werden will, so gehört dazu das Auflösen der inneren Trennungen und Grenzen, durch das diese unbewußte Welt in eine Welt des Lichtes und der Bewußtheit verwandelt wird; es ist ein erlösender Prozeß innerer Heilung und Reinigung. Der Gott Pluto als der Herr der Unterwelt, des Jenseits, des dunklen Unbewußten hat seinen Platz am Rande des vollständigen Potentials des menschlichen Bewußtseins. Das wird durch die Planetenposition von Pluto im Sonnensystem symbolisiert, da er im physikalischen Weltenraum am weitesten von Sonne und Erde entfernt ist; entsprechend ist er im geistigen Innenraum, im tiefsten Innersten verborgen. Das hermetische Gesetz sagt über die Beziehung der Dinge zueinander: »Wie oben, so unten« und »Wie innen, so außen«. Das ist eine zentrale Erfahrung für jene, die eine wirkliche Initiation erleben, denn für sie löst sich das bisher vorgestellte Gebäude physischer Realität auf, und an seine Stelle tritt das unmittelbare Wissen, daß das Universum eine Schöpfung des Geistes ist, der sich kreativ und imaginativ ausdrückt.

Das persönliche Unbewußte umfaßt Erfahrungen der eigenen Existenz, Kindheitserlebnisse, Erinnerungen, in ihm sammeln sich alte Gedanken, Emotionen, Wahrnehmungen, frühere Verhaltensmuster, Zwänge, Träume, Unterdrücktes. All das wirkt sich noch auf unser bewußtes Leben aus und ist oft ein Schlüssel zu Problembereichen; indem man damit in der Therapie arbeitet, kann man solche Probleme oft durch Integration von Aspekten des Unbewußten ins Bewußte lösen. Im kollektiven Unbewußten finden sich Elemente rassischer und sozialer Programmierung, aber auch allgemeinmenschliche Grundmotive. Dazu gehören mythologische Assoziationen, Bilder und Symbole, die im Laufe der Zeiten im kollektiven Bewußtsein und in der Gesellschaft auftauchen und Schwerpunkte der Gruppenmotivation und Entwicklungsrichtung bilden. Seltsamerweise scheinen sie nicht aus historischen Traditionen und Stammeszusammenhängen herzurühren, sondern der gesamten Verfassung von Psyche und Geist anzugehören und beinahe spontan aufzutauchen oder dann ins Bewußtsein zu treten, wenn die Gesellschaft ein inneres Bedürfnis nach einem einigenden und leitenden symbolischen Inhalt hat, durch den eine Gruppensolidarität entsteht. Das ist das Reich der Archety-

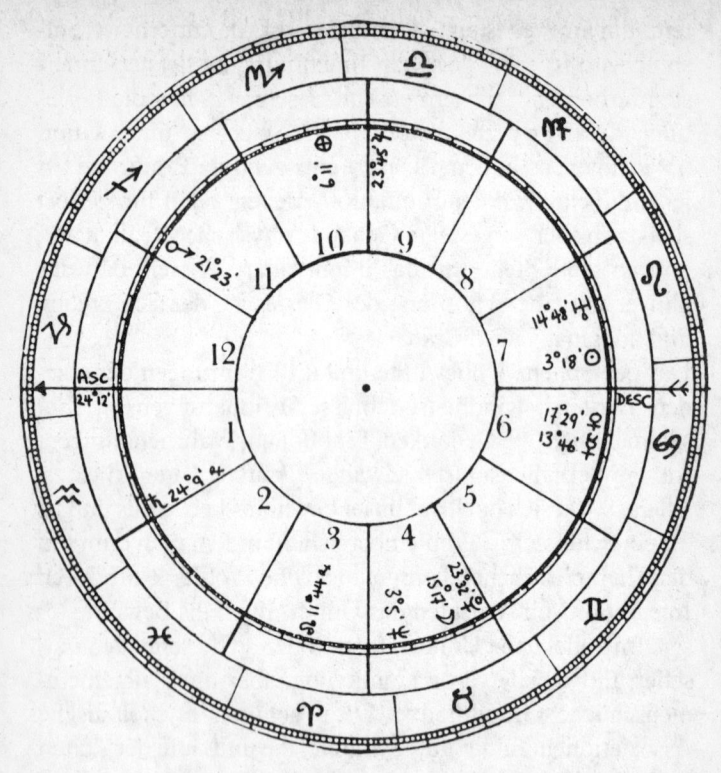

Abb.1:
Horoskop von C. G. Jung (1875–1961),
Schweizer Psychoanalytiker,
Erforscher des Unbewußten.
Pluto Quadrat Saturn;
Radix-Pluto im 4. Haus.

pen, der »Bausteine« der menschlichen Seele, die Welt der Götter, Planeten und mythologischen Geschöpfe wie Phoenix, das Einhorn oder die Zeichen des Tierkreises.
Wenn der Sucher mit der Selbsterforschung beginnt, wird er zunächst sein persönliches Bewußtsein und sein Unbewußtes zu ergründen versuchen. Heute gibt es viele Möglichkeiten, um diese Selbsterforschung zu vertiefen, etwa Visualisierungen, Pathworkings, Seelenreisen, Traumforschung, Astrologie, Meditation usw. Dabei ist jedoch etwas Wichtiges zu beachten: daß es nämlich durchaus möglich ist, diese Erforschung über das rein persönliche Unbewußte hinaus bis ins kollektive Unbewußte zu erweitern. Das kann förderlich und heilsam sein, der Sucher muß jedoch erkennen, wann die Grenzlinie zwischen dem Persönlichen und dem Kollektiven erreicht oder überschritten ist. Der unbewußte Gruppengeist der Menschheit umfaßt alle menschlichen Ausdrucksmöglichkeiten, und so kann er sein Leben damit verbringen, diesen Bereich zu erforschen, und dabei in seiner Individualität Schaden leiden, weil er das Gefühl der Zentriertheit verliert. Es ist notwendig, diese dauernde innere Erforschung irgendwann hinter sich zu lassen, um auf einer umfassenderen, höheren Ebene wiedergeboren zu werden, auf der das Bewußtsein erweitert ist und das persönliche Entwicklungspotential wieder klar erkannt wird. Es ist sicherer, mit dem kollektiven Unbewußten erst dann zu arbeiten, wenn diese höhere Integrationsebene schon erreicht ist und man durch Erfahrung zu einem vertieften Realitätssinn gelangt ist.
Es scheint, als sei der Evolutionspunkt in Zeit und Raum das langsame progressive Aufsteigen des Bewußtseins aus den Tiefen des Unbewußten. Das Bibelwort aus der Genesis »Es werde Licht« ist ein Hinweis darauf; wir alle nehmen teil an

einem Drama, in dem es um das universelle Erwachen geht. Unser Leben spiegelt diesen uns innewohnenden Drang zur Bewußtwerdung wider – sowohl in unserer Kindheitsentwicklung als auch täglich beim Erwachen aus dem Schlaf. Zwischen beiden geistigen Sphären findet ein fließender Austausch statt; die bewußten Inhalte des vielfach verschleierten Verstandes lösen sich wieder im Unbewußten auf, während unsere grundlegenden Persönlichkeitsmuster und die uns bestimmenden Ideen und Gedanken aus dem Unbewußten aufsteigen.

Das nichtintegrierte Bewußtsein, das noch immer von seinem unbewußten Zwillingsbruder getrennt ist, hat die Tendenz, zu analysieren und zu begrenzen, während das Unbewußte dazu neigt, Verbindungen zu schaffen und eine Synthese und Erweiterung zu vollständigerem Leben zu bewirken. Das Unbewußte tendiert eher zu nichtsozialer Konditionierung; da das Bewußtsein aber eher auf soziale Zusammenhänge und Konformität ausgerichtet ist, können leicht innere Konflikte entstehen. Das richtige Gleichgewicht wird durch eine Integration der beiden »Zwillinge« erreicht, durch eine bewußte gegenseitige Durchdringung beider Bereiche. Die Arbeit mit dem Unbewußten stimuliert Veränderung und Verwandlung, und der Akt der Selbsterforschung und der Durchdringung unbewußter Inhalte wird den Beobachter allmählich verändern.

Archetypische Muster sind offensichtlich eine Quelle für schöpferische Sozialisierungsprozesse der Menschheit und bilden wohl oft die Grundlage für gesellschaftliche Vorstellungsinhalte und prägende Ideen, wenn sie auch manchmal nur partiell und selektiv zum Ausdruck kommen. Sie zeigen, daß der manifesten Welt offensichtlich immer die Dualität zugrunde liegt – durch Archetypen des männlich oder weiblich Göttlichen, des Guten und Bösen, des Lichtes und der Dunkelheit, die miteinander verbunden und in wechselseitiger Beziehung sind, ähnlich dem östlichen Symbol des Tao bzw. des Yin und Yang. In der magischen Dimension dieser inneren Welt finden wir die Planetengötter der Astrologie, die Götter der alten Kulturen und Zivilisationen, starke Elementargeister der Natur, innere Führer, Reiche der Mythen und Legenden. Es ist eine fruchtbare, geheimnisvolle, stets sich verändernde Welt, Quelle starker Phantasievorstellungen und lebensbereichernder Vitalität. Es kann aber auch das Reich der Dämonen, der Schatten sein, wo hinter jeder Ecke Gefahr lauert und in dem sich im Laufe der Geschichte viele verirrt haben, weil sie Opfer ihrer selbstgeschaffenen Trugbilder wurden. Es ist eine Ebene, auf der schwer festumrissene Definitionen gemacht werden können, ein bewegliches, immer neu sich bildendes Land, in dem die Dinge miteinander verschmelzen die Grenzen der Widersprüche und Gegensätze sich auflösen.

Im kollektiven Bewußtsein der Menschheit scheinen die Archetypen als individuelle und soziale »Bausteine«, als Grundmuster zu wirken, die dem Menschen der Frühzeit die Möglichkeit gaben, eine Beziehung zur äußeren Realität herzustellen, und die sozusagen die Basis für das Innenleben und für das soziale Leben bildeten. Im Laufe der Zeit entwickelten sich daraus historisch festlegbare Kulturen und Zivilisationen, und die Geschichte bietet uns die Möglichkeit, längst vergangene Kulturen durch das Medium ihrer weitervererbten Symbole und Bilder zu erkennen, durch die wir Zugang zu den Inhalten ihres Gruppengeistes bekommen können. Und wir können feststellen, daß die archetypischen Ausdrucksformen früherer Zivilisationen noch bis in unsere gegenwärtige Zivilisation hineinwirken. Sie sind ihrem Wesen nach universell, nicht zeitgebunden und werden von der gesamten Menschheit durch das Medium des kollektiven Unbewußten geteilt. Es sind lebendige psychische Kräfte, die durch das gemeinsame geistige Erbe der Menschheit wirksam werden und so stark sind, daß sie das Schicksal des Menschen entscheidend mitbestimmen. Viele dieser archetypischen Bilder und Symbole wurden in einer Vielfalt von Varianten übernommen und flossen dann durch den Sozialisierungsprozeß in Wissenschaft, Philosophie, Erziehung, Religion und Moralgesetze ein.

Niemand weiß, woher diese Archetypen ursprünglich stammen. Sie sind eine Art von »geistigen Genen«, also Teil unseres genetischen Bewußtseinserbes, das wir parallel zu den von unseren Eltern geerbten physischen Genen übernehmen, und bilden vorgeformte psychische Fiktionen, die unbewußt bleiben. Es heißt, die Natur könne die Leere nicht ertragen; vielleicht also tauchten die Archetypen als Reaktion auf einen »leeren« Geist auf.

DER INNERE SCHATTEN

Meditation ist dazu bestimmt, die Konditionierung des Suchenden aufzulösen, den Geist leer und frei zu machen, ihn ganz von seinen alltäglichen Inhalten zu befreien und dadurch den Bann begrenzender und unfrei machender sozialer Prägungen und Illusionen zu brechen. Sobald man aber mit der Arbeit an sich selbst diese Fortschritte macht, begegnet man unvermeidlich dem, was man den Schatten oder in okkulten Kreisen den Hüter der Schwelle nennt.

Der Hades, das Reich Plutos, ist wie ein Fegefeuer, und so wird auch die Pluto-Energie, die auf unser Leben einwirkt, mit diesem Reinigungs- und Heilungsprozeß in Zusammenhang gebracht. Der Planet Saturn hängt zwar auch mit dem Schatten und dem Hüter der Schwelle zusammen, ich glaube jedoch, daß Saturn als Lehrer eher den Weg weist und einen zum Überpersönlichen hinlenkt. Saturn hat vornehmlich die Aufgabe, den Schüler an die erste Schwelle des dunklen Abgrundes zu führen, während Pluto den vereinzelten Menschen durch die Nacht des Todes hindurch zur Wiedergeburt ins Transpersonale führt. So weist Saturn also auf die Grenze des rein persönlichen Lebens hin. Er lehrt uns und führt uns zu dem Punkt, an dem die verwandelnde Krise eintritt und Pluto mächtig zu wirken beginnt. Pluto ist zudem ein Symbol für den kollektiven Schatten (oder Hüter der Schwelle), der erlöst werden muß, und zeigt uns, wie schon seine Position im Sonnensystem deutlich macht, ein überpersönliches Entwicklungsziel, das die Menschheit erreichen muß, bevor wir als »verantwortliche neue Götter« über die Schwelle schreiten können und bewußt unseren Platz in einem erweiterten Universum einnehmen können, das sich dann erst eröffnet.

Da Pluto auf seiner niedrigeren Ausdrucksebene mit verborgenen Leidenschaften, Tabubereichen, emotionaler Intensität, kämpferischer Wildheit, Macht und Dominanz zu tun hat, ist es nötig, sich mit dem Wesen des persönlichen und des kollektiven Schattens zu befassen. Die Integration des verborgenen inneren Teufels, das Akzeptieren und Erkennen der dunklen Seite der eigenen Natur, ist ein Akt der Selbstheilung und für das Weiterbestehen unserer Spezies lebensnotwendig. Jeder muß zunächst versuchen, mit seiner eigenen dunklen Seite umzugehen – was für viele schon schwierig genug sein mag –, und wenn das gelungen ist, können wir uns vielleicht mit anderen zusammentun und versuchen, zu einer Klärung und Reinigung des kollektiven Schattens zu kommen. Der erste Schritt ist, unser eigenes unterdrücktes Selbst zu akzeptieren und zu erkennen; die Interpretationen der Pluto-Aspekte und -Transite können hierbei Hinweise geben, wo gewisse zwanghafte Muster vorhanden sein könnten und wie sie sich im Leben äußern. Auch wenn damit nicht die Gesamtheit des individuellen Schattens erfaßt ist, so zeigen sich doch bestimmende Momente dieses Schattens, die auf einer tiefen Ebene der Psyche motivierend wirken.

Der Schatten wird im allgemeinen als etwas Negatives betrachtet, etwas, vor dem man sich hüten muß, dem man aus dem Weg gehen muß. Natürlich verstärkt diese Einstellung den Widerwillen der Menschen, sich ihrer eigenen inneren Natur zuzuwenden. Viele fürchten – oft als Folge der christlichen Erziehung –, im Inneren lauere ein Dämon, der nur darauf warte, zum Ausbruch kommen zu können. Unsere einseitig auf das Äußere ausgerichtete Gesellschaft hält nicht viel davon, sich innerem Wissen zuzuwenden, und macht sich über Menschen, die sich offen zu solchem Bemühen bekennen, oft lustig und bestraft sie oder sondert sie ab. Im Grunde ist die Gesellschaft wohl gar nicht davon überzeugt, daß der Sozialisierungs- und Zivilisierungsprozeß tief genug gewirkt habe, um ihre einzelnen Mitglieder verläßlich zu programmieren.

Tatsache ist jedenfalls, daß der Schatten den Dualismus der Natur und der Welt der Erscheinungen widerspiegelt und durchaus nicht nur schwarz und negativ ist. Er ist ein archetypisches Prinzip und vereint so in sich die widersprüchlichen Charakteristika von Gut und Böse, Hell und Dunkel, Chaos und Ordnung etc. Der Schatten vereint Unerlöstes wie Unausgedrücktes. Abgesehen davon, wie heilsam sich eine Erlösung der negativen Aspekte auswirken kann, bedürfen oft auch positive, unausgedrückte Aspekte des Individuums der Befreiung, was zu einem erfüllteren Leben beitragen könnte.

Bei den meisten Menschen heißt das persönliche Bewußtseinszentrum »Ich«; es ist das separate Ego, mit dem man sich identifiziert und das mit Namen, Gestalt und Gedächtnis verbunden ist. Von diesem selbstgeschaffenen Zentrum aus leben wir, den Entscheidungen unseres bewußten Verstandes folgend. Das aber ist ein falsches Zentrum, es besteht nur aus sozialer Übereinkunft, ist eine illusionäre Schöpfung, die das Gefühl der Abgetrenntheit noch verstärkt, durch das wir uns wie unabhängige Bewußtseinsinseln in der Welt fühlen; dennoch ist bis zu einem bestimmten Punkt der Entwicklung solch ein Bewußtseinszentrum notwendig.

Jeder bemerkt, daß in ihm widerstreitende Tendenzen leben, die sich in Gefühlen, im Denken und im Körper ausdrücken. Die Menschen haben eine sehr paradoxe Natur und sind oft nicht in der Lage, einen Zustand der inneren Versöhntheit zu erreichen. Eines der Probleme der modernen Gesellschaft liegt darin, daß die soziale Erziehung die innere Erlebniswelt und vor allem innere Konflikte weitgehend ignoriert. Das hat zur Folge, daß der heranwachsende Mensch überhaupt nicht weiß, wie er mit solchen Konflikten zurechtkommen soll, die durch seinen einsamen, führungslosen Kampf mit sich selbst nur noch verstärkt werden.

Häufig werden jene Aspekte, die sich nicht widerstandslos in die akzeptablen Verhaltensmuster und Vorstellungsbilder von Selbst und Gesellschaft einfügen, unterdrückt und schließlich verdrängt, ins Unbewußte verbannt durch einen Akt willentlicher Leugnung. Dort aber hören sie nicht auf zu existieren, selbst wenn der oberflächlich sichtbare Konflikt

bereinigt erscheint. Solche inneren Kämpfe verstärken die scheinbare Macht und Dominanz des egoistischen Ichs, das sich immer mehr die Rolle des Richters darüber anmaßt, was es als zu seinem Selbstbild passend erklärt; dieses Bild wird natürlich vor allem von der sozialen Konditionierung bestimmt, wodurch ein Kreislauf der Unterdrückung über die Zeiten und Generationen hin in Gang gesetzt wird.
Das führt zu innerseelischen Spaltungen, entstanden durch die Forderungen der Sozialisation. Das ist zwar einsichtig, der modernen Welt ist jedoch die Möglichkeit verlorengegangen, diese inneren Spaltungen zu heilen, oder sie leugnet sie. Pluto sucht mit Hilfe des Schattens Wege zu einer Erlösung und Erneuerung.
So haben wir mindestens diese drei Seiten: das bewußte Ich, die Persona, also die soziale Maske, und den verborgenen Schatten im Unbewußten. Daß wir in unserem Inneren so gespalten sind, sehen wir an den inneren Streitgesprächen, an dem Gegensatz zwischen Kopf und Herz, an moralischen Dilemmas, an der Schwierigkeit, eine Lebensrichtung zu finden oder sich zu entscheiden.
Der Schatten kann von seinem Träger oft nicht bewußt gesehen werden; er scheint sich der Wahrnehmung zu entziehen wie etwas, das man manchmal im Augenwinkel wahrnimmt, was aber sofort verschwindet, wenn man genauer hinsehen möchte, wobei immer ein irritierendes Gefühl von etwas Unbegreifbarem bleibt. Dabei entwickelt er durchaus ein Eigenleben und läßt sich manchmal in Träumen oder geführten Meditationen, in Symbolen oder Bildvorstellungen erahnen. Oft verdunkelt er Leben und Beziehungen, wenn die Elemente des Unterdrückten, Verleugneten in Zeiten von Krisen hervorbrechen und die Persönlichkeitsstruktur zu zerfallen beginnt, weil das, was man für ihr Zentrum hielt, mit dem,

was sich da plötzlich äußert, nicht zurechtkommt. Gerade solche Zeiten aber bieten die Möglichkeit zur Selbstheilung. Der Schatten hat mit dem Bild des schwarzen Mannes zu tun, eine Gestalt, vor der man sich fürchtet, und ein Symbol, das die Wurzel für viele rassistische Probleme in der Welt ist, der »unbekannte andere«, der immer eine Bedrohung zu sein scheint.

Eine Möglichkeit herauszufinden, wo der Schatten das eigene Leben beeinflußt, ist die Beschäftigung mit dem Phänomen der Projektion. Ohne daß es einem bewußt ist, projiziert man aus dem Unbewußten Aspekte des eigenen verleugneten Selbst auf Menschen oder Dinge in der äußeren Welt. Man tritt dann gleichsam in Beziehung zu diesen Spiegelbildern, die die eigene Wahrnehmung und die reale Erfahrung dieser Menschen überlagern, und merkt gar nicht, daß die Wahrnehmung durch die eigene Projektion verleugneter Aspekte des Selbst verzerrt ist und man deshalb mit dem realen anderen gar nicht in Bezug tritt. Diese überlagernden Projektionen sind oft emotional stark besetzt, so daß man in bezug auf den Menschen, der die Schattenprojektion auf sich zieht, nicht neutral sein kann. Man hat extreme und widersprüchliche Emotionen ihm gegenüber, meist recht negativ gefärbt, vor allem wenn der andere Tendenzen verkörpert, die man lieber nicht als Teil seines Selbstbildes akzeptieren möchte. Geht es um nicht gelebte Qualitäten, äußert sich die Projektion in Bewunderung für jemanden, der all das zu verkörpern scheint, was man im Grunde gerne selbst wäre. Die Schattenprojektion kann zudem mit Anima und Animus verflochten sein, was die Sache noch komplizierter macht (darüber später mehr).

Meist richtet sich die Schattenprojektion auf Menschen des gleichen Geschlechtes, weil sich dadurch gleichsam ein Teil der eigenen Psyche bemerkbar machen will. Gerade wenn ein starker Widerstand gegen andere Frauen oder Männer auftritt, sollte man der Sache aufrichtig auf den Grund gehen, ebenso wenn ein einzelner in einer Gruppensituation den Gruppenschatten auf sich zieht, isoliert wird oder Ziel von Spott und Witzen ist etc. Bei persönlichen Begegnungen kann man Projektionen manchmal daran erkennen, daß der andere Behauptungen oder Forderungen heftig ablehnt (natürlich kann es auch sein, daß der andere dadurch selbst etwas zu verleugnen versucht, weshalb man später versuchen sollte, so sachlich und aufrichtig wie möglich zu überprüfen, was daran richtig sein könnte, um möglicherweise den Grad der Projektion zu bestimmen).

Obwohl der Schatten auch in die Welt, auf Menschen oder Rassen, die man nicht persönlich kennt, projiziert werden kann, spielt er meist in der unmittelbaren Umgebung, vor allem in der intimen Nähe von Heim und Familie, eine Rolle. Das kann Spannungen in der Familie verursachen und im Extremfall dazu führen, daß einer zum schwarzen Schaf abgestempelt wird, zu dem, der nicht dazu paßt, den alle kritisieren und ablehnen. Die Intensität dieser Schattenprojektion kann das Verhalten des Betreffenden unbewußt beeinflussen, so daß er sich fast gezwungen fühlt, auf eine Weise zu handeln, die die Erwartungen der anderen erfüllt. Beschäftigt man sich ungewöhnlich stark mit dem Verhalten anderer und werden starke Emotionen wach oder zeigt sich emotionale Instabilität, wenn man in unmittelbare Berührung mit ihnen kommt, kann in der Beziehung eine psychische Projektion stattfinden. Natürlich ist es besonders in diesem Bereich schwer, die Dinge objektiv zu sehen, da die Familie ja gerade auf diesem Gefühl seelischer Verbundenheit basiert, doch sollte man sich mit den genannten Möglichkeiten beschäftigen.

Der Schatten ist ein blinder Fleck in der realistischen Selbsteinschätzung eines Menschen, er verdeckt eine Vielzahl von Illusionen, Selbstbildern und jene Selbstgerechtigkeit, die sinnvolle Kooperation und gute Beziehungen verhindert. Vielen Menschen verursacht er Schuldgefühle und das Gefühl der Eingeengtheit durch negative soziale Programmierung, vor allem bei Menschen, die stark religiös geprägt sind. In Beziehungen wird er oft unterschwellig spürbar, wenn man das, was ausgesprochen wird, als unaufrichtig empfindet, da die Worte dem widersprechen, was deutlich fühlbar ist.

Die andere Seite des Schattens ist die des Opponenten zum falschen Ego-Zentrum und zur restriktiven sozialen Konditionierung; hier übernimmt er die Aufgabe, eine wirkliche Weiterentwicklung der einzigartigen inneren Möglichkeiten des Menschen (wie sie sich im Geburtshoroskop abzeichnen) in Gang zu setzen, bei der der einzelne sich von äußeren Zwängen befreit und allmählich in die Lage versetzt wird, als bewußtes und unabhängiges Wesen zur sozialen Weiterentwicklung und Heilung beizutragen. Solch ein Mensch ist nicht mehr an die übernommenen sozialen Verhaltensmuster gebunden und sieht, obwohl er gewöhnlich die Gesetze seines Staates respektiert, seine wirkliche Verantwortung darin, seinem eigenen Selbst gegenüber treu zu sein und sich der eigenen Bestimmung entsprechend frei zu entfalten.

Wenn man diese Schattenseite zulassen will, muß man erst jene Aspekte des Selbst akzeptieren, die man bisher geleugnet hat, und dann versuchen, sie ins Bewußtsein zu integrieren. Dadurch wird eine harmonisierende und ausgleichende seelische Energie frei, die einem hilft, mehr Toleranz und Verständnis in sozialen Beziehungen zu entwickeln. Diese latenten Eigenschaften und Begabungen können sich dann im Leben entfalten und in der Welt zum Ausdruck gebracht werden, wenn sie nicht mehr durch dauernde Verleugnung blockiert sind.

Solange der einzelne noch nicht das Licht, das sich in seinem inneren Schatten verbirgt, befreit hat, bleibt der kollektive Schatten ein gefährlicher Dämon, der sich durch Krisen und Schmerzen Bahn zu brechen versucht. Wenn wir der Welt dienen wollen, müssen wir bei uns selbst anfangen; an uns selbst zu arbeiten und in unserem persönlichen Einflußbereich etwas zu verändern ist der radikalste revolutionäre Akt, der sich denken läßt. Man darf nicht vergessen, daß eine Gesellschaft, die die äußerliche Identifikation des Individuums mit sozialen Ideologien (Politik, Religion, Nationalismus) fördert, eine Gesellschaft ist, die die individuelle Freiheit leugnet und dadurch Lebensbereiche abgrenzt, die, ideologisch nicht akzeptiert, der Verdrängung ins Unbewußte anheimfallen. Das ist eine Gesellschaft, die Selbsttäuschung und Illusionen hervorbringt. Gruppenbewußtsein und Konformität können allerdings sowohl negativ als auch positiv sein. Wenn sich das Selbst durch Bestrafung und Ausschluß gewisser Dinge in ideologische Konformität »verlagert«, sind sie negativ. Wird jedoch Individualität und Freiheit gefördert, während man auf Gemeinschaftlichkeit und Einmütigkeit zum Nutzen aller hinarbeitet, sind sie positiv; dann entwickelt sich auch der Schatten nicht übermäßig.

Man kann im Geburtshoroskop Schattenprojektionen feststellen; oft haben sie mit dem Zeichen und Haus zu tun, in dem Saturn steht. Den Einfluß des kollektiven Schattens auf das individuelle Leben und Horoskop kann man am Zeichen und Haus Plutos ablesen. Man darf nicht vergessen, daß viele Eigenschaften und Charakteristika von Pluto im allgemeinen von den Menschen unterdrückt werden oder sich in verschiedenem Ausmaß zwanghaft auswirken und so zur Vergrößerung der Macht des Schattens beitragen können. Die Affinität Plutos zu Themen und Aktivitäten, die als tabu gelten, ist, wo er zur Wirkung kommt, Grund zur Leugnung und zu einem Gefühl des Unbehagens. Das Angezogensein von verschiedenen sexuellen Ausdrucksformen kann bei bestimmten Persönlichkeitstypen zu Schuldgefühlen oder Selbstverachtung führen, vor allem wenn sie durch religiöse und moralische Lehren stark beeinflußt wurden oder sich vor der Mißachtung oder Zurückweisung von Eltern oder Gleichaltrigen fürchten. Unleugbar hat Pluto mit diesen Aspekten des menschlichen Lebens, die immer wieder einmal zutage treten können, zu tun; viele von ihnen werden von der Gesellschaft verurteilt (in manchen Fällen vielleicht zu Recht), führen aber doch ihr unheimliches Eigenleben als unbewältigte Antriebe. Werden sie nach außen hin geleugnet, so verschlimmern sie sich nur; es könnte sich vieles lösen, wenn die Existenz solcher tabuisierter Neigungen als Teil der menschlichen Komplexität erkannt würde und die Bereitschaft bestünde, den Menschen bei der Lösung ihrer Probleme zu helfen (wobei es natürlich keine gesellschaftliche Verurteilung oder Stigmatisierung mehr geben dürfte).

LEBEN IN DER GEMEINSCHAFT

Pluto ist Herrscher der Masse, der kollektiven Gruppe, mit der sich zu identifizieren man nicht nur als Heranwachsender, sondern auch als Erwachsener immer wieder ermutigt wird. Die Gruppe als etwas Umgreifendes, Aufnehmendes – wie ein Mutterleib – bedingt einen gewissen kollektiven Lebensstil und beeinflußt die Art und Weise, in der der einzelne sich selbst und die Welt wahrzunehmen hat. Sie schafft ein geistiges Muster, eine Weltanschauung, die im Grund nicht angetastet werden darf, solange genug Menschen ihre richtungsgebenden Aussagen für sich als gültig ansehen.

Dafür, daß er ein Sicherheits- und Zugehörigkeitsgefühl, Unterstützung und eine sozial akzeptierte Lebensphilosophie bekommt, vernachlässigt der Mensch die spontane Freiheit des Denkens und Handelns und läßt sich von der Gesellschaft, in die er geboren wurde, formen. Solche eine Konditionierung ist außerordentlich wirksam, der Sozialisierungsprozeß führt zu schwer veränderbaren Zuständen, und die Trägheit der Masse widersetzt sich gewöhnlich jedem Versuch der Neuerung, es sei denn, es gelänge diesen Kräften mit der Zeit, die Fundamente zu untergraben.

Man weiß zwar, daß durch kleine, aber mächtige Elitegruppen soziale Manipulation geschieht, dennoch wehren sich die meisten Menschen dagegen zu akzeptieren, daß sie im Grunde eingeschläfert sind, ein programmiertes Leben, vorhersehbare soziale Reaktionsweisen und Gedanken haben und nur über sehr wenig wirkliche Unabhängigkeit verfügen. Der erste Schritt zur Befreiung besteht darin, diese Tatsache zu erkennen. Leider ist unübersehbar, daß die meisten Menschen unter dem Einfluß verschiedenartiger geistiger und seelischer Manipulationen immer noch im Bann der Gruppe leben.

Gruppen bilden sich aus Familien, Rassen, Stämmen und Nationen, und diese Gemeinschaften werden zusammengehalten von dem Bedürfnis aller Beteiligten, eine gemeinsame Lebensweise zu finden, die jedem einzelnen zugute kommt. Das kann zwar sehr nützlich sein, aber Plutos Einfluß auf solche Gruppierungen führt jedoch vor allem bei ihren Führern zu einem Bestehen auf konformen Lebensweisen und Einstellungen, wobei jede Abweichung von der Norm stark bestraft wird. Dadurch entsteht eine Gesellschaftsordnung, die durch die Macht von Drohung und Strafe beherrscht wird und deren Haltung anderen Gesellschaften und ihren Weltanschauungen gegenüber leicht in Feindseligkeit umschlägt – was internationale Konflikte zur Folge hat.

Der Niedergang einer Gesellschaft setzt meist an der Spitze ein, die Wahrnehmungen und das Verhalten der Führenden werden verzerrt durch die berauschende Wirkung von Macht und Einfluß. Dem gewöhnlichen Sterblichen genügt es meistens, sein Überleben zu sichern und sich um das Wohlergehen seiner nächsten Angehörigen zu kümmern. Auffallend ist, daß der Pluto-Einfluß mit seinen traditionell eher negativen Charakteristika bei den Führenden stärker in Erscheinung tritt, deren Macht sich ausweitet oder die länger im Amt sind. Das ist bei Menschen, die eine starke Skorpion-Pluto-Betonung in ihrem Geburtshoroskop haben, besonders offensichtlich. Die Tatsache aber, daß Pluto die Massen beherrscht, bedeutet zugleich, daß diese Anführer der kollektiven Gruppe auch eine Art Medium werden, durch das die Pluto-Energien in die Gesellschaft einfließen.

Der einzelne Mensch wird von der Gruppe abhängig, weil er aus ihr sein Identitätsgefühl bezieht und die Anerkennung und Akzeptanz durch die Gruppe braucht, kurz, es findet eine grundsätzliche Unterordnung statt. Er übernimmt ein sozial annehmbares äußeres Bild, was der Stabilität der Gesellschaft zwar dient, aber für die persönliche Weiterentwicklung negativ sein kann oder ein vergrößertes Schattenselbst entstehen läßt, das aus der Unfähigkeit herrührt, sozial inakzeptable Persönlichkeitsaspekte zum Ausdruck zu bringen. Zwischen Gesellschaft und Individuum muß eine bewußte Beziehung entstehen, die beide fördert und die die unnatürliche, aufgezwungene, unreflektierte Beziehung, wie sie im Augenblick besteht, ersetzt. Jene Menschen, die ihre eigene Natur erforschen und sich von ihren Konditionsmustern befreien, erwachen zu einer größeren Reife und entdecken, daß in ihrer eigenen Freiheit und in ihrem verfeinerten Bewußtsein auch die Möglichkeit liegt, positiver an der Gesellschaft teilzunehmen, in dem Maß, wie ihre Beziehung zur Umwelt sich neu gestaltet.

Wenn die kollektiven Verhaltensweisen dominieren, ist immer auch eine starke Neigung zum Separatismus vorhanden, der die Unantastbarkeit der Gruppenmeinung aufrechterhalten soll. Solidarität drückt sich oft in Zahlenverhältnissen aus, es läßt sich schwer rütteln an der Anschauung »Die Mehrheit hat recht«, auf die man immer gern zurückgreift, wenn die Sicherheit in irgendeiner Weise gefährdet scheint. Die Menschen scheinen es vorzuziehen, sich denen unterzuordnen, die sich als Anführer aufspielen, weil das leichter ist als die Suche nach einem eigenen inneren Weg. Der spirituelle Weg jedoch bedeutet, eine Krücke wirklich nur dann zu benutzen, wenn man ohne Stütze nicht gehen kann, und zu erkennen, daß es töricht ist, sie weiter zu benutzen, wenn man sie nicht mehr braucht; der einzelne sollte Selbstverantwortung und Macht auf sich nehmen, anstatt sie einem Führer zu überantworten.

Die Beziehung zwischen Individuum und Gruppe, in der sich Pluto auswirkt, wird verdeutlicht durch die Beispiele für den Pluto-Einfluß im Geburtshoroskop und seine Wirksamkeit in Transiten. In der Entwicklung von Gesellschaften und Führungspersönlichkeiten wird die Wirkung Plutos deutlich, wo er das Aufkommen »neuer Bewegungen« und Gegengruppen und damit eine Richtungsänderung in der Ge-

sellschaft begünstigt. Eine Opposition zu den Vorgehensweisen auch der neuen Bewegungen ist unvermeidlich; sie kann als Ausgleich und Zuflucht für Dissidenten dienen. Pluto neigt dazu, zugleich aufzubauen und zu zerstören, so wie im Augenblick der Geburt der Samen des Todes aktiviert wird.
Neue Formen des Gruppenlebens, die auf dem individuellen Erwachen basieren, werden in den Kapiteln 7 und 8 besprochen, da sie zu jenen Gegenbewegungen in der Welt gehören, in denen die konstruktive Energie von Pluto zum Ausdruck kommt.

DIE VERBORGENEN INNEREN GEGENSÄTZE: ANIMA UND ANIMUS

Der Lebensbereich, in dem Pluto am liebsten Anstöße zur inneren Transformation gibt, ist jener, in dem man Emotionen als eine Form der Beziehung zur Außenwelt erlebt. Emotionale Reaktionen sind von großer Bedeutung für die innere Erlebniswelt und konditionieren durch das Medium der physischen Sinne die spätere intellektuelle Verarbeitung von Erfahrungen. Hinter den meisten Philosophien und intellektuellen Analysen, die dem traditionellen männlichen Denken entspringen, verbergen sich jene emotionalen Grundlagen und Sensibilitäten, die von jeher Domäne der weiblichen Wahrnehmung sind.
Damit sich eine Idee, Ideologie oder Religion in der Gesellschaft verwurzeln kann, muß eine starke emotionale Dimension vorhanden sein, in der sich ein Inhalt (oder eine Einstellung) ausdrückt, der bei genügend Mitgliedern dieser Gesellschaft positiven Widerhall findet. Persönliche Philosophien und Ideale sind immer im emotionalen Bereich ver-

ankert, gleichgültig, in welcher intellektuellen Terminologie sie auftreten. Deshalb fühlen wir uns auch so sehr beleidigt, wenn wir von anderen kritisiert werden, die unsere Einstellungen und Überzeugungen nicht teilen; wir fühlen uns dann unterschwellig auf der emotionalen Ebene angegriffen und reagieren emotional. Solche Auseinandersetzungen bekommen leicht etwas sehr Persönliches, Feindseliges, und die auftretenden Konflikte sind im Grunde emotionaler Art, selbst wenn sie verstandesmäßig verbalisiert werden.
Unser bewußtes Selbstgefühl entwickelt sich über lange Zeiträume hin und ist ein inneres »kollektives Selbst«, eine Verbindung von oft sehr widersprüchlichen Elementen, die sich aus von unseren Eltern Übernommenem, persönlichen Erfahrungen und sozialer Konditionierung zusammensetzen. Auf der Ebene des abgetrennten individuellen Selbst kann es innerhalb solch einer multiplen Persönlichkeit gar keine Einheit geben; die Versöhnung des Widersprüchlichem muß auf einer anderen Wesensebene stattfinden.
Das menschliche Leben besteht aus sozialen Beziehungen in einer dualistischen Welt; die meisten Bemühungen des Menschen sind dem Lösen von Schwierigkeiten gewidmet, die aus dem Zusammenleben mit anderen in sozialen Gruppierungen und aus den Interaktionen der vielfältigen persönlichen Beziehungen, die jeder von uns hat, entstehen. Das ist ein Schlüssel zum Verständnis von Sinn und Funktion der Pluto-Energien und seiner objektiven Manifestation in diesem Jahrhundert, die mit der globalen Abhängigkeit aller von allen einhergeht. Pluto strebt Wandlung und Veränderung durch die Intensität und den Druck von Beziehungen an und versucht, die Verbindungskanäle zwischen der »äußeren« und der »inneren« Welt zu öffnen.

Das Unbewußte umfaßt oft das, was C. G. Jung Anima und Animus nannte, einflußreiche archetypische Bilder und Energien, die den Gegenpol zu unserem physischen Geschlecht bilden; beim Mann ist es das innere Weibliche, bei der Frau das innere Männliche, dazu bestimmt, bei der inneren Reise zur Integration hilfreich zu sein.
Die starke Bezogenheit aufeinander und der Drang zur Vereinigung zwischen männlichem und weiblichem Geschlecht werden durch die innere Aktivität von Anima und Animus stark beeinflußt. Dazu gehört die Anziehungskraft zwischen den beiden Energiegegensätzen, die immer dazu streben, zur Einheit zu gelangen, sei es auch nur vorübergehend, und die als angeborener sexueller Instinkt wahrgenommen werden können, der darauf abzielt, die Spezies zu erhalten und aus dem vorhandenen Leben neues Leben hervorgehen zu lassen. Wie viele von uns wissen, kann das Erleben dieses Impulses und der komplexen Emotionen innerhalb einer Beziehung für den Menschen sehr schwierig, ja traumatisch sein. Die Entwicklung unseres Lebens ist stark bestimmt von den Reaktionen auf diese Triebe und Begierden, und unsere Entscheidungen hinsichtlich Partnerschaften können unser Maß an Lebensfreude entscheidend bestimmen. Offensichtlich fehlt in der abendländischen Gesellschaft die Möglichkeit, sozialen Umgang und sexuelle Beziehungen zu lernen, was sehr bedauerlich ist und bei Menschen, denen es an psychologischem Verständnis für die dabei ablaufenden inneren Prozesse fehlt, zu zahlreichen sozialen Problemen und Ängsten führen kann. Wir alle können sehen, wie Pluto in Ehen und mißglückten sozialen Beziehungen sein Unwesen treibt.
Das Anima-Animus-Konzept hilft uns, Zugang zu der Frage zu finden, warum wir von bestimmten Partnern als Ausdruck

unserer persönlichen Psychologie jenseits des natürlichen Paarungsinstinktes angezogen werden. Manche Menschen scheinen sich immer zu Partnern hingezogen zu fühlen, die von Außenstehenden als für sie ungeeignet betrachtet werden; ein unwiderstehlicher Zwang scheint sie in solche unbefriedigenden Beziehungen zu treiben, deren Folgen traumatisch und für alle Beteiligten leidvoll sind. Natürlich kann es dafür vielerlei Gründe geben, sicher jedoch ist ein Hauptfaktor dabei sehr oft der Mangel an Selbsterkenntnis.
In den letzten zwanzig Jahren ist im Westen neues Interesse an der Erforschung dieser verborgenen inneren Gegensätze erwacht. Die Frauenbewegung hat die maskuline Komponente der weiblichen Psyche zu Bewußtsein gebracht, und die Frauen haben mit unterschiedlichem Erfolg mehr männliche Tendenzen in ihr inneres wie in ihr äußeres Leben integriert. Die Männer waren nun eher bereit, Zugang zu ihrer Sensibilität und zu den emotionalen Dimensionen zu suchen, die oft unterdrückt waren, und in ihrem Leben Raum zu schaffen für die Integration des inneren Weiblichen. Diese Veränderungen gehen meist bei solchen Menschen vor sich, die auf Bewegungen innerhalb des kollektiven Unbewußten reagieren; und auch hier können wir wieder sehen, wie Pluto auf bestimmten Ebenen stimulierend wirkt. Die Menschen verändern sich, sie entwickeln sich zur persönlichen Integration hin, und die Gesellschaft wird zunehmend offener für zukünftige Trends, wodurch der Weg für große soziale Veränderungen frei wird. Häufig werden solche progressiven Gruppen für ihre Bemühungen nur durch gesellschaftliche Ächtung oder doch zumindest durch Verständnislosigkeit belohnt, was zum Teil durch ihre eigene Fehlinterpretation der Vorgänge und durch extreme Reaktionen auf innere Stimulation hervorgerufen wird.

Die Archetypen Anima und Animus scheinen in der Psyche an der Grenze zwischen persönlichem und kollektivem Unbewußtem angesiedelt zu sein. Sie sind offenbar der Kern der Eigenschaften und Charakteristika, die wir mit Männlichkeit und Weiblichkeit und den damit zusammenhängenden symbolischen Bildern assoziieren. Der Anima-Archetypus des Mannes umfaßt seine Rollenmuster, die mit dem Weiblichen zusammenhängen, und seine Bilder von Mutter, Schwester, Gemahlin, Hexe, Verführerin, Jungfrau, Prostituierter, Vertrauter, Mutterleib, Kelch und Göttin. Bei der Frau können die Animus-Bilder Vater, Bruder, Gemahl, den alten, weisen Mann, König, Krieger, Speer/Schwert, Beschützer und Gott symbolisieren.

Oft ist der Mensch gleichsam ein Schauspieler in einem Drama, das von archetypischen Bildern und Symbolen bestimmt und gespielt wird. Zwischen den Bildern, die aus der inneren Welt aufsteigen, und denen, die durch die Tierkreiszeichen symbolisiert werden, liegt eine umfassende Skala aller in dieser Welt möglichen Persönlichkeitsaspekte. Meist bietet der einzelne Mensch nur einem Teil dieser Bilder in sich Raum, und das auch nur von Zeit zu Zeit; der ganze Persönlichkeitsbereich ist wie eine Bühne, auf der diese »keimhaften« Götter hie und da auftreten. Bestimmte Menschen, vor allem jene, die viel öffentliche Aufmerksamkeit auf sich ziehen, weil sie durch die Medien bekannt werden oder besondere charismatische Eigenschaften haben, verkörpern auf gewisse Weise eine Brücke zur archetypischen Bilderwelt, werden im öffentlichen Bewußtsein als Übermittler bestimmter Vorstellungsbilder wahrgenommen und geraten sogar oft unter den Druck, gewissen Assoziationen entsprechen zu müssen. Politik, Religion und die Unterhaltungsmedien sind Felder für diese Phänomene. Schauspieler und

Schauspielerinnen verkörpern typische Muster, und manche erlangen sogar dauerhafte Berühmtheit, weil sie einem bestimmten populären Bild entsprechen. Politiker wie John F. Kennedy und Margaret Thatcher sind schon beinahe archetypische Gestalten, und das Image, das sie in den Augen der Öffentlichkeit haben, ist so stark, daß dabei die Realität kaum mehr wahrgenommen wird. Die Menschen geraten in ihren Bann, und selbst wenn sie etwas Falsches behaupten, nimmt man es für bare Münze, weil ihre Autorität und Überzeugungskraft so stark sind.

Die meisten Menschen aber lassen sich stark verzaubern von der magischen Kraft, die im Eindringen der Welt der Archetypen in die Alltagsrealität liegt. Das Phänomen des Sichverliebens ist ja eine typische Erfahrung, die unser persönliches Leben, wenn auch nur für kurze Zeit, völlig in Bann schlagen kann. Sehr oft verlieben wir uns in eine Projektion des Selbst, eine Spiegelung unseres inneren, verborgenen Gegenstücks und Idealbildes, das wir auf jemanden projizieren, der sich auf irgendeine Weise dafür eignet. Die beste Möglichkeit, sich den Projektionen der inneren Welt in unserem Sozialleben bewußt zu werden, ist, auf das zu achten, was uns die anderen widerspiegeln, vor allem jene, die als Projektionsobjekte für diese archetypischen Bilder und Aspekte des Selbst dienen. Das geschieht bei der Schattenprojektion und in dieser Dualität von Anima und Animus.

In einer Welt von Illusionen bringt die Liebe sicher noch mehr Verwirrung und Komplikationen mit sich; sie kann ungeheuer desillusionierend wirken. Wenn man sich verliebt, erschüttert das oft die Grundlagen der Persönlichkeit, es finden Umstrukturierungen statt, die Emotionen geraten in Aufruhr, die Schlange der Sexualität treibt uns zu zwanghaften Aktivitäten, und die in Widerstreit liegenden inneren

Stimmen werden durcheinandergewirbelt. Es scheint sich innerlich alles aufzulösen. Pluto sieht mit amüsiertem Schweigen zu, wie die Anima-Animus-Projektionen immer noch mehr neue Nahrung erhalten, und er weiß, daß seine Zeit noch nicht gekommen ist.
Die Projektion des idealen Mannes oder der idealen Frau auf den anderen geschieht meistens zu Beginn einer Liebesbeziehung. Und zu jeder intimen Liebesbeziehung gehört solch eine Projektion in geringerem oder in stärkerem Maße. In allen Beziehungen zum anderen Geschlecht spielt ein Projektionselement eine Rolle, das oft gar nicht erkannt wird. Für Menschen auf dem Weg der Selbsterfahrung ist eine Reintegration des Schattens und des inneren Gegensatzes eine lebensnotwendige, Ausgleich schaffende Arbeit, die sich im persönlichen wie im sozialen Zusammenhang auswirkt.
Ein Zeichen dafür, daß die Projektion geschieht, ist die fast zwanghafte Qualität der Faszination für den anderen und die Beschäftigung mit ihm, verbunden mit den starken Gefühlen Anziehung, Abstoßung, Begierde. Manchmal ist es eine einseitige, unerwiderte Liebe, die schwer zu bewältigen ist, da die Projektion auf irgendeine Art und Weise ins projizierende Selbst zurückgenommen werden muß. Man hat sonst nämlich das Gefühl, einen wesentlichen Teil von sich selbst verloren zu haben, und kann kaum dem Gefühl, unvollständig und in Auflösung zu sein, entgehen. Es ist jedoch sehr schwierig, diese innere Zerrissenheit zu heilen. Man darf nicht vergessen, daß vor allem in der heutigen Gesellschaft, in der es keine traditionelle Verbindung zur inneren Welt und keine für alle gültigen Zugänge zu ihr gibt, die einzige Möglichkeit zur Kommunikation mit anderen Menschen eigentlich der Weg der Projektion nach außen ist. Ziel

muß es sein, eine Metamorphose zu bewirken, eine Wandlung, durch die das eigene Potential der Harmonie und Integration entdeckt werden kann.
Oft ist die Projektion auch gegenseitig, die Anima ruft ein Erwachen des Animus hervor, und die Partnerschaft wird sozusagen eine Vierfache, weil die innere wie die äußere Ebene betroffen sind. Die gegenseitige Anziehung hat dann etwas Unwiderstehliches, so als hätte das Universum alles darangesetzt, aus irgendwelchen mysteriösen Gründen eine intensive Beziehung ins Leben zu rufen, und um die Betroffenen ist eine Atmosphäre der Schicksalhaftigkeit spürbar. Manche nennen das Karma und glauben, eine Beziehung aus früheren Leben werde wieder angeknüpft. Andere können mit solchen Erklärungen nichts anfangen, spüren aber dennoch, daß da irgendein Zauber wirksam ist.
Beherrscht von diesen inneren Bildern, verliebt sich jeder in seinen eigenen Idealpartner, für den man den Menschen hält, auf den die Projektion gerichtet wurde, den man der eigenen Wahrnehmung nach als den »vollkommenen« Mann oder die »vollkommene« Frau neu geschaffen hat. Die Macht der Liebe löst in ihrer verwandelnden Wirkung das Trennende zwischen den Menschen auf und führt sie aus ihrer privaten, isolierten und getrennten Welt in die soziale Beziehung, zu gegenseitiger Unterstützung, zum Teilen und Anteilnehmen und erweitert die Qualität, den Inhalt und die Tiefe des Lebens. Die Schwierigkeiten beginnen, wenn der Glanz erlischt und das reale Leben und die realen Menschen wieder zum Vorschein kommen.
Wenn man so von starken Emotionen überschwemmt ist, wenn man in einer neuen Welt der Sehnsucht und des Begehrtseins lebt, mit allen dazugehörigen Stimmungsschwankungen, kann es zu einem schweren Zusammenbruch kom-

men, wenn der Ballon platzt. Unter dem starken Einfluß der archetypischen Projektionen werden positive wie negative Seiten der Betreffenden stimuliert, und wenn der erste Rausch vorbei ist, steht jeder allein vor den Problemen der Beziehung und muß sich mit den vorher projizierten Teilen des Selbst auseinandersetzen, die der Reintegration bedürfen. Das ist ein schwieriger Wandlungsprozeß, der in einer relativen Harmonie geschehen muß, vor allem wenn eine formelle Ehe geschlossen wurde oder Kinder geboren wurden oder unterwegs sind.

Erwartungen und die Enttäuschungen über das wahre Gesicht des anderen können schließlich zur Auflösung der Beziehung führen, weil man allmählich erkennt, daß der andere dem Idealbild nicht entspricht. Es werden Versuche gemacht, den anderen zu manipulieren oder zu verändern, oft mit sehr geringem Erfolg oder um den Preis, daß Groll und Unmut hervorgerufen werden, und wo früher eitel Wonne war, bestehen jetzt vor allem Spannungen. Doch diese Phase, in der viele Beziehungen scheitern, bietet fruchtbaren Boden zur Verwandlung. Wenn die Projektionen wieder zurückgenommen werden, ist die Zeit reif dafür, sich selbst und den anderen wie auch die Beziehung wirklich zu schätzen und im Licht der Veränderung zu sehen, die aus dem Feuer der Liebe hervorgegangen ist. Dann besteht die Möglichkeit der schrittweisen Annäherung an eine höhere Integration innerhalb der Partnerschaft und bei den beiden Beteiligten, einer *Conjunctio,* der mysteriösen Vereinigung der Gegensätze, physischer und psychischer Elemente, wie sie die Alchemisten anstrebten.

Der persönliche Anima- oder Animus-Archetypus ist eine Verbindung verschiedenster Elemente, und wenn man den Weg der Selbsterforschung gehen will, muß man versuchen, diese Elemente auseinanderzuhalten, um zu sehen, wie sie sich im persönlichen Leben auswirken. Ein Teil von ihnen entstammt vererbten Instinkten und dem sexuellen Trieb zur Paarung und Zeugung; ein Teil der persönlichen Erfahrung mit dem anderen Geschlecht vom Zeitpunkt der Geburt an, vor allem die Erfahrungen mit Mutter und Vater; ein Teil aus der kollektiven sozialen Tradition und Beziehung zwischen den Geschlechtern; ein Teil vom verborgenen inneren Gegenpol. Bei der Projektion geht es immer um einen Idealpartner, der das reale Leben und alle Phantasievorstellungen übertrifft. Frustrierte Erwartungen können jede Beziehung töten, und wie auch im übrigen Leben ist es besser, wenn Illusionen so schnell wie möglich entlarvt werden.

Unter anderem sucht der von der Anima getriebene Mann nach erhöhtem Lebensgefühl, nach Emotion und Bezogenheit, um die ihm auferlegten Barrieren der Männlichkeit, des Rationalismus, der Unpersönlichkeit und des Mangels an intimem Kontakt (wozu rein physische Sexualität nicht zählt) zu durchbrechen. Der Wunsch nach Geliebtsein und Zugehörigkeit, nach Genährtwerden in einem sicheren, mutterleibähnlichen Zuhause, versorgt zu werden, ist oft deutlich spürbar, denn die Härte der Männlichkeit wird durch das äußere und innere Weibliche gemildert. Bei der vom Animus bestimmten Frau ist die Faszination für die geistigen Aspekte, für das Unpersönliche, Rationale und Logische, das Analysieren und Denken auffallend, oder auch das Hingezogensein zur männlichen physischen Verfassung ohne die emotionale Komplexität oder Verwirrung im Gefühlsbereich, in der sie als Frau lebt. Der weise Mann, der gute Vater und Versorger, der harte Krieger – nach solchen Bildern strebt der Animus. Wenn Sie sich auf die innere Reise begeben, wenn Sie mit Hilfe von geführter Imagination, Ritual oder Meditationen die Unterwelt erforschen wollen und solchen inneren Führergestalten begegnen, so können Sie sicher sein, daß Anima und Animus im Spiel sind. Seien Sie bereit, mit ihnen zu arbeiten, und öffnen Sie sich dafür, in eine innere Beziehung mit ihnen zu treten.

Pluto, der Gott der Unterwelt, tritt immer wieder in die Beziehungen ein, wenn die Projektionen zurückgenommen wurden, und verläßt einen nie mehr, da sich immer wieder neue Bereiche auftun, in denen Veränderungen möglich sind, vor allem dann, wenn die Dinge zu stagnieren beginnen oder Dominanzbestrebungen in den Vordergrund treten. Der Versuch, in die unbewußte Welt tiefer einzudringen, ist wesentlich, wenn man einen Kontext haben will, innerhalb dessen man sieht, wie Pluto durch die verschiedenen Faktoren des Geburtshoroskops wirksam wird. Er ist immer unter der Oberfläche gegenwärtig und stimuliert die archetypischen Energien, die sich beim einzelnen wie in der Gesellschaft auswirken. Für Pluto ist jede Stagnation ein Greuel; dauernde Veränderung birgt die Veränderung zu einem reiferen, vollständigeren Leben in sich.

KAPITEL 4

Pluto und seine Aspekte

Die Pluto-Aspekte im Geburtshoroskop müssen sorgfältig untersucht werden, da an ihnen am ehesten offensichtlich wird, wie die unmittelbare Wirksamkeit Plutos am Horoskop abzulesen ist. Sie bilden das Grundmuster des Persönlichkeitsausdrucks, die wegen ihrer zwanghaften und unausweichlichen Färbung meist recht deutlich spürbar werden, selbst wenn man sie persönlich nicht bemerkt oder akzeptiert. Es kann eine interessante Übung sein, die eigenen wichtigen Pluto-Aspekte zu studieren, um zu sehen, wie stark man von ihrem Einfluß geprägt ist.

Zunächst ist vielleicht ein Überblick über das Wesen der fünf wichtigsten Aspekte sinnvoll.

DIE WICHTIGSTEN ASPEKTE

Konjunktion

Die Konjunktion, bei der mindestens zwei Planeten nahe zusammenstehen, wird meist als der stärkste Aspekt betrachtet. Hier verbinden sich die unverfälschten Energien und Charakteristika der beteiligten Planeten, deren Funktion in der Persönlichkeit unmittelbar zum Ausdruck kommen kann. Die hier verbundenen Kräfte werden von dem Betreffenden oft sehr energisch zum Ausdruck gebracht, wobei sie bewußt als Ausdruck persönlicher Macht und Individualität im sozialen Umgang erlebt werden, ohne daß man sich über die intensive Wirkung auf andere klar ist.
Die Wirkung der Konjunktion hat etwas Zwiespältiges, da in ihr die innere Spannung zwischen zwei gegensätzlichen Energien, die sich einer Verbindung widersetzen, spürbar wird. Das wirkt sich im Leben oft durch Schwierigkeiten in Beziehungen zu anderen aus, vor allem in Situationen, in denen man seine erste Reaktion mäßigen oder kontrollieren muß, um Spannungen zu vermeiden. Das muß man im Umgang mit anderen zwar üben, sollte es jedoch nicht so weit treiben, daß man in Gesellschaft anderer die eigenen Gefühle und Gedanken nicht mehr zuläßt. Man sollte vielmehr eine Sensibilität dafür entwickeln, daß es in bestimmten Situationen klüger und harmoniefördernder ist zu schweigen.
Natürlich drängen diese miteinander verbundenen Energien nach Ausdruck, und so sucht man in den dafür geeigneten Lebensbereichen bewußt nach Bahnen, in die sie gelenkt werden können.
Wie leicht und wirksam jemand diese Energien im alltäglichen Leben ausdrücken kann, hängt sehr von der relativen

Verträglichkeit der in Konjunktion befindlichen Planeten ab. Manchmal fließen sie fast magisch zusammen und lassen bestimmte Talente und Eigenschaften spontan hervortreten, die sich kreativ ausdrücken, sobald man sich ganz gezielt bemüht hat, ihnen den Weg zu ebnen. Dann kann man die persönlichen Möglichkeiten und Fähigkeiten nicht nur sinnvoll für sich selbst, sondern auch auf ideale Weise für andere nutzen. Sind die Planeten weniger verträglich und können sie nicht so leicht zusammenwirken, so werden die Energien durch inneres Ringen allmählich zu mehr Übereinstimmung zu bringen sein. Eine Konjunktion ist ein Punkt konzentrierter Kraft im Geburtshoroskop, wenn diese Kraft ihren angemessenen Ausdruck im entsprechenden Lebensbereich findet, was an der Hausposition ablesbar ist.

Sextil (60 Grad)

Das Sextil weist auf eine natürliche energetische Beziehung zwischen den betreffenden Planeten hin und hat einen besonderen Bezug zur Mentalebene. Je nachdem, welche Planeten das Sextil bilden, findet man Hinweise auf die Geisteshaltung des Betreffenden und die Art seiner Denkstruktur. Es unterstützt die Aufnahme von Informationen, eine Synthese aus einzelnen Wissensfragmenten zu bilden, und stellt eine Integrationsfunktion des Geistes dar, die sich am Verhalten des Betreffenden und an seiner Fähigkeit zur Kommunikation mit anderen ablesen läßt. Oft wird dieser Aspekt mit einer Gabe zu kreativem Ausdruck, vor allem zum Umgang mit Worten, assoziiert; und zudem hilft er, eine umfassende Weltanschauung zu entwickeln, die auf der Fähigkeit basiert, die geistigen Errungenschaften und kulturellen Entwicklungen der Menschheit zu verarbeiten. Der Einfluß des Sextils hat etwas Offenes und Harmonisierendes, es wirkt sich innerlich nie beschränkend aus, was zur Entwicklung von Neugier und Offenheit für neue und andersartige Wahrnehmungen führt und darüber hinaus die weiteren sozialen Beziehungen und die Zusammenarbeit in Gruppen begünstigt.

Trigon (120 Grad)

Das Trigon ist ein positiver, versöhnlicher Aspekt, der auf praktische Weise zwei scheinbar entgegengesetzte Energien zu verbinden vermag, was ja auch in der Symbolik des Dreiecks ausgedrückt ist. Ein Trigon kann zur Lösung von Problemen beitragen, die man durch andere schwierige oder herausfordernde Aspekte eines der beiden beteiligten Planeten erfährt. Das Symbol des Dreiecks steht insofern mit Pluto in Beziehung, als es zu Einsicht und zur Auflösung des Dualismus führt; und so kann ein Trigon-Aspekt zwischen Pluto und einem anderen Planeten ein Schlüssel zu Prozessen persönlicher Integration, Heilung und Transformation sein und sollte unter diesem Gesichtspunkt genauer untersucht werden.

Quadrat (90 Grad)

Der Quadrat-Aspekt zwischen Planeten weist auf eine energetische Beziehung der Spannung und Herausforderung hin, die nicht ohne irgendeine Form innerlicher Anpassung und Umstimmung auflösbar ist. Es ist zwar möglich, daß als Ergebnis der Arbeit mit dem Quadrat mehr innere Harmonie erlangt werden kann, dem gehen jedoch langjährige Bemühungen und psychologische Frustrationen voraus, in deren Feuer der Charakter zu einer grundlegenden Erneuerung gekommen ist. Dieser Aspekt weist häufig auf Hindernisse in der individuellen Psyche hin, die einem immer wieder bestimmte Wege verstellen, für die man sich entschieden hat, und erinnert an die Problematik, die sich durch das Geburtshaus von Pluto ergibt. Das Quadrat steht für Lektionen und Herausforderungen, denen man nicht aus dem Wege gehen kann, und unvermeidliche Krisen, mit denen man sich in verschiedenen Phasen des Lebensweges auseinandersetzen muß. Quadrate frustrieren und rufen immer wieder innere Konflikte hervor, die sich negativ auf das Leben auswirken und viele Wünsche und Absichten vereiteln, wenn es einem nicht gelingt, sich der Herausforderung zu stellen. Ist das Quadrat überwunden, dient es als Entladungsmöglichkeit für Kraft und Energie, die man zum Erreichen persönlicher Ziele einsetzen kann. Das Quadrat hat mit tiefen psychischen Problembereichen zu tun und fordert zu einer höchst notwendigen Neustrukturierung des Innenlebens, des Denkens oder der Emotionen heraus.

Opposition (180 Grad)

Die Opposition hat oft mehr mit der äußeren objektiven Welt und den Beziehungen zu anderen zu tun, aber wenn man die persönlichen Kräfte nicht vollkommen auf Ziele und Erfolge in der Außenwelt richtet, wird dieser Aspekt weniger dauernde persönliche Kämpfe mit sich bringen als das Quadrat. Während das Quadrat eine eher persönliche Her-

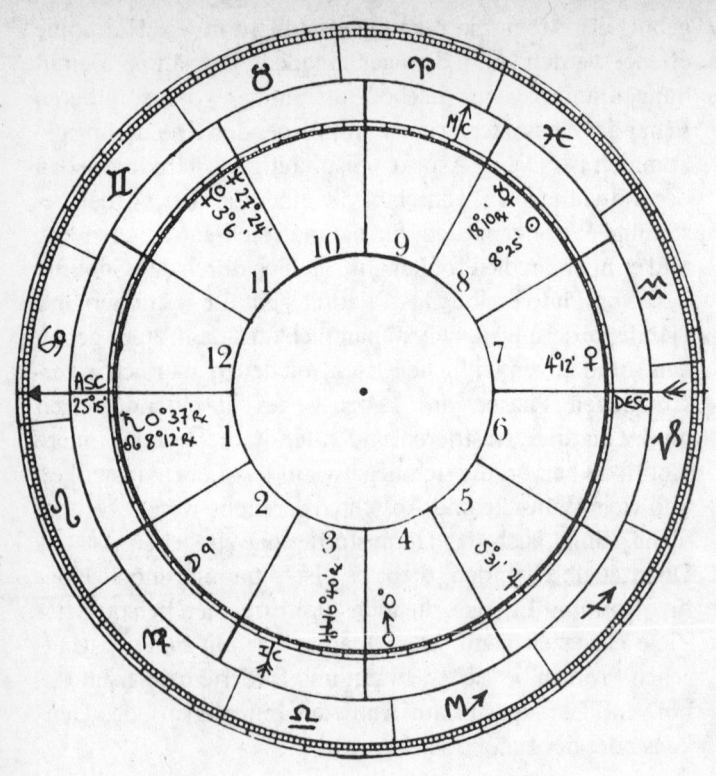

Abb. 2:
Horoskop von Roberto Assagioli (1888–1874),
italienischer Psychotherapeut, Erforscher der Psychosynthesis.
Pluto Quadrat Sonne; Quadrat Mond;
Trigon Venus; Opposition Jupiter;
Sextil Saturn; Konjunktion Neptun;
Radix-Pluto im 11. Haus.

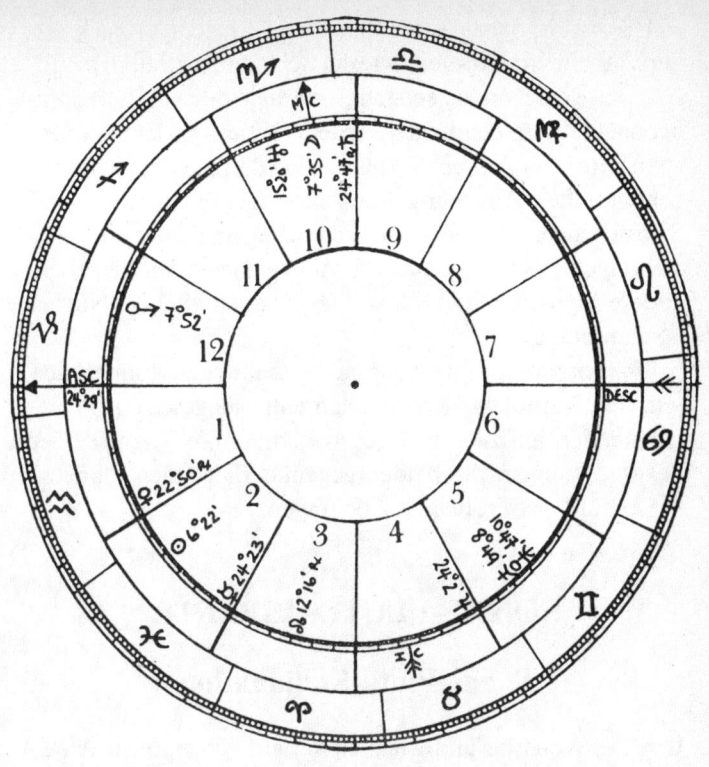

Abb. 3:
Horoskop von Meher Baba (1894–1969),
indischer Guru und Sektengründer, der sich selbst als Avatar
bezeichnete (Inkarnation Vishnus); Meher Baba nahm ein
Schweigegelübde auf sich, »um die Menschen von den ungeheuren
Kräften des Unwissens zu erretten«.
Pluto Quadrat Sonne; Konjunktion Neptun;
Radix-Pluto im 5. Haus.

ausforderung darstellt, werden Oppositionen oft nach außen, auf andere projiziert (wie der Schatten), wodurch möglicherweise ein Kontext entsteht, innerhalb dessen sie erkannt, beobachtet und bearbeitet werden können. Es kann Anzeichen von zwanghaftem Verhalten, Forderungen anderen gegenüber, der Ausübung konzentrierter Willenskraft und Selbstbezogenheit geben, die sich in engen, dauerhaften Beziehungen auswirken und oft mit Versuchen einhergehen, andere Menschen und Situationen zu persönlichem Nutzen zu manipulieren.

Schöpferische und harmonische Beziehungen können helfen, den Konflikt zwischen solch entgegengesetzten Planetenenergien aufzulösen. Ebenso können die Trigone oder Sextile zu einem der beiden gegenüberliegenden Planeten zur Lösung der Problematik beitragen.

SONNE-PLUTO-ASPEKTE

Sonne-Pluto-Konjunktion

Um die Wünsche und Ziele zu verwirklichen, nach denen das Geburtssonnenzeichen strebt, benutzt man die Pluto-Energie als Verstärker der Willenskraft. Diese Konjunktion kann einen zwar dabei unterstützen, wenn es darum geht, etwas zu erreichen; um seine Erfolgschancen jedoch zu erhöhen, muß man dabei unter Umständen sein Temperament zügeln, seine Einstellung verändern. Pluto verleiht einem die Kraft zur Regeneration; und so werden Sie entdecken, daß Sie die Möglichkeit haben, sich selbst und bis zu einem gewissen Maß auch die unmittelbare Umgebung so zu verändern und zu gestalten, daß Sie zum Ausdruck bringen kön-

nen, worum es Ihnen geht. Wenn Sie herausgefunden haben, in welche Richtung es gehen soll und welche Absicht Ihrem Handeln zugrunde liegt, werden Sie sehen, was als Vorbedingung zum Gelingen verändert werden muß, und dann Ihre Willenskraft entsprechend einsetzen.
Die Energie dieses Aspektes neigt zu Extremen. Überzeugungen, Ideen und Meinungen werden nachdrücklich und intensiv zum Ausdruck gebracht. Sie werden Ihre eindeutigen Vorlieben haben, und Sie könnten dazu neigen, alles in den Gegensätzen von Schwarz und Weiß zu sehen und keinen Raum für Grautöne als Alternative zu lassen. Haben Sie einmal eine Entscheidung getroffen, so scheint sie wie in Stein gehauen zu sein. Auch wenn Sie sich verändern könnten, Sie wären nicht bereit, es zu tun oder von Ihrer einmal eingenommenen Haltung abzuweichen; es sei denn, Sie hätten keine Alternative. Es fällt Ihnen schwer, zu Ausgeglichenheit zu kommen, zu einem universellen Gefühl des Tolerierens und Verstehens der menschlichen Schwächen. Wahrscheinlich machen Sie sich eine recht strenge Philosophie zu eigen und vertreten die Meinung, daß die Menschen ihr Leben verändern und unabhängig sein können, wenn sie das nur wollen, anstatt schwach und von anderen abhängig zu sein. Dabei wehren Sie sich aber selbst gegen Veränderungen.
Sie können sehr bestimmt, ja aggressiv auftreten und fühlen sich von der Macht angezogen. Menschen, die Einfluß über andere zu haben scheinen, werden wie ein Magnet auf Sie wirken, zumindest in dem Sinn, daß Sie gerne an ihrer Stelle wären. Dieses Bedürfnis wirkt sich wahrscheinlich in Ihrer gesamten Lebenseinstellung, Ihrer Arbeit und Karriere oder sogar in familiären Auseinandersetzungen aus. Sie werden zu Manipulation und psychologischen Druckmitteln grei-

fen, um sicherzugehen, jeden Machtkampf mit anderen zu gewinnen. Ihre Zielstrebigkeit und Rücksichtslosigkeit bringt Ihnen vielleicht scheinbar Erfolg, wird aber zugleich auch die Zahl Ihrer Feinde anwachsen lassen. Sie werden lernen müssen, daß Sie nicht der Mittelpunkt des Universums sind und nicht immer eiskalt über die anderen hinweggehen können, wo es um Ihre eigenen Ziele geht. Wenn es Ihnen gelänge, sich in dem Sinn anzupassen, daß Sie die anderen bewußter wahrnehmen und ihre Gefühle und ihre persönliche Lebenseinstellung als ebenso wertvoll wie die eigene betrachten, würde das eine viel harmonischere Energie in Ihrem Leben schaffen und Ihnen zur Erfüllung durch erfolgreiche persönliche Beziehungen verhelfen. Es wäre ein positiver Schritt für Sie, wenn Sie bereit wären, manchmal auch Fehler zu akzeptieren, Spannungen abzubauen und von der zwanghaften Jagd nach Erfolg abzulassen. Sonst werden Sie Ihre Ziele immer besessener verfolgen und immer mehr in Kauf nehmen, daß Sie anderen dabei Schaden zufügen, ganz abgesehen davon, daß jedes Scheitern Ihre Selbstachtung angreift.

Es scheint fast paradox, daß Sie aber zugleich stark auf soziale Ungerechtigkeiten reagieren und sich mit ihrer Behebung beschäftigen. Die Aktivität in dieser Richtung hängt von dem Maß ab, in dem Sie sich der Bedürfnisse anderer bewußt werden und dabei die persönlichen Macht- und Erfolgsbestrebungen reduzieren. Entscheidend ist, ob Sie egoistisch oder altruistisch sind. Davon wird Ihre Reaktion auf die sozialen Umstände abhängen. Entweder haben Sie die Einstellung, die anderen könnten sich selbst verändern und sich selbst helfen, oder Sie wollen sich verändern und Ihre Kraft dafür einsetzen, andere bei der Selbsthilfe zu unterstützen. Solch ein Schritt würde bedeuten, daß sich Ihr egozentrisches Selbst nach einem höheren Ideal und Ziel ausrichtet und daß Sie ein integriertes und verantwortliches Mitglied der Gesellschaft werden.

Ihre Energie wird immer von einer sexuellen Kraft getrieben sein und unabhängig von Ihrem physischen Geschlecht etwas Eindringendes haben, also eher männlich aggressiv und vorwärtsdrängend sein. Ihre psychischen Bedürfnisse sind stark, und wenn Sie etwas begehren, gehen Sie es sehr direkt an und werden Ihre Beute ohne Umschweife verfolgen, sobald Sie Ihre Entscheidung getroffen haben. Ihre Beziehungen werden immer auch von Kampf und Manipulation geprägt sein, und jede Zurückweisung wird Sie hart treffen, da sie Ihr Selbstbild beeinträchtigt. Auf jeden Fall sind Ihre Beziehungen sehr intensiv, und Sie werden sich ihnen ohne Rückhalt hingeben, wenn sie dauerhaft sind, und sich dann auch emotional sehr engagieren.

Ihr emotionales Verständnis ist ein schwacher Punkt, zumindest so lange, bis Sie sich innerlich gewandelt und Ihre Selbstbezogenheit verloren haben. Einer leidenschaftlichen Beziehung können Sie sehr stark verfallen, Sie sind dann von dem geliebten Menschen fast besessen. Solche Erfahrungen könnten der Schlüssel zur inneren Wandlung sein oder in Ihnen die Angst auslösen, Sie könnten den Verstand verlieren oder die selbstgesetzten Ziele nicht erreichen. Dann würden Sie sich gegen diese Intensität zu wehren beginnen und eher oberflächliche, rein körperliche Beziehungen und Möglichkeiten zur Energieentladung suchen, bei denen der emotionale Bereich ausgeschlossen ist.

Sonne-Pluto-Sextil

Mit diesem Aspekt sollte man in der Lage sein, die Pluto-Energie auf positive und konstruktive Weise zu nutzen. Sie sind wahrscheinlich sehr einfallsreich und können Ihren Willen einsetzen, um Ihre Absichten zu erreichen. Sie sind der Überzeugung, daß Sie durch eine klare Motivation und Ausrichtung in der Lage sein werden, Ihre Ziele zu erlangen. Zudem verfügen Sie über beträchtliche Ausdauer, was Ihnen helfen wird, immer wieder aus Ihrer inneren Kraft schöpfend, nicht so leicht aufzugeben.

Sie verfügen über verschiedene Naturtalente, die Sie sowohl zum eigenen als auch zum Nutzen der anderen einsetzen können. Kommunikation ist eines davon; Sie können Ihre Gedanken klar, flüssig und in einer schönen Form mitteilen. Vielleicht werden Sie eng mit Gruppen zusammenarbeiten, wahrscheinlich auf der Basis einer gemeinsamen Ideologie, der es um die Lösung gesellschaftlicher Probleme geht, da Sie sich persönlich verantwortlich fühlen, an der Verbesserung der sozialen Umstände zu arbeiten. Vor allem können Sie es nicht ertragen, wenn Menschen unterdrückt werden, und soziale Ungerechtigkeit und Chaos werden von Ihnen nicht toleriert. Sie wollen sich mit Ihrer Willenskraft und Ausdauer unmittelbar mit solchen Problemen auseinandersetzen und sind davon überzeugt, daß Sie durch Ihre Intensität schließlich alles erreichen können.

Sie können sich zum Wortführer einer Gruppe entwickeln, da Sie inspirierend auf andere Menschen wirken, die Menschen positiv auf Ihre starke Ausstrahlung reagieren und Vertrauen entwickeln in Ihre Integrität und Ihre Fähigkeiten, der gemeinsamen Sache zu dienen. Auf Ihre engsten Mitarbeiter wirkt sich diese Energie sehr harmonisierend aus. Ihre

Intuitionsgabe, die an die Stelle von Logik und analytischem Denken tritt, sagt Ihnen, wie Sie mit einer bestimmten Situation umgehen müssen, Sie verlassen sich auf dieses deutliche Gefühl, wenn Sie Entscheidungen treffen müssen, aber es kann Ihnen schwerfallen, anderen auf überzeugende Weise Ihre Gründe darzulegen.

Bei Ihnen ist ein natürliches Verständnis für lebendige Entwicklungsprozesse vorhanden, Sie akzeptieren, daß eine Weiterentwicklung das Loslassen alter, einschränkender Muster verlangt, und erfahren das als Teil Ihres eigenen Regenerationsprozesses, der ohne traumatische Erfahrungen vor sich geht. Sie haben die Fähigkeit, in Ihren Beziehungen immer wieder schöpferische Erweiterungen zu erfahren, die ohne unnötige Dramen oder Krisen erreicht, und beinahe wie ein natürlicher, evolutionärer Ausdruck der Energie dieses Aspektes erlebt werden. Sie müssen Ihre Beziehungen und Ihre sozialen Kontakte vielleicht immer wieder einmal überprüfen, was als Impuls für notwendige Veränderungen dienen, aber ohne unnötigen Kraftaufwand oder Druck vor sich gehen kann.

Sonne-Pluto-Trigon

Die Beziehung zwischen den Energien beider Planeten ist bei diesem Aspekt auf natürliche Weise harmonischer. Sie verfügen wahrscheinlich über die Fähigkeit zur Konzentration und zur Durchsetzung Ihres Willens, hier jedoch verbunden mit dem Potential zur Regeneration und Verwandlung, das notwendig ist, um einerseits zu vertiefter Persönlichkeitsintegration zu gelangen und andererseits die gesteckten Ziele zu erreichen.

Von der unterminierenden Eigenschaft der Pluto-Energie werden Sie wahrscheinlich weniger beeinflußt sein, vorausgesetzt, Sie nützen Ihre natürlichen Gaben auf eine sozial akzeptable Weise. Es wird Ihnen wahrscheinlich gelingen, das Beste aus all den Ihnen verliehenen Fähigkeiten zu machen, die Sie zum Anstreben Ihrer Ziele immer zu Ihrem Vorteil nutzen werden. Sie haben wahrscheinlich ein starkes soziales Bewußtsein und werden Ihre Bemühungen gerne dafür einsetzen, die soziale Umwelt zu verbessern; die Tatsache, daß Sie die Gabe haben, Schwierigkeiten auf die effektivste Weise lösen zu können, kann Sie zu einer Karriere oder Berufung führen, bei der Sie sich besonders um wichtige Problembereiche bemühen. Sie haben eine gewisse finanzielle Begabung und ein logisches und deduktives Denken. Sie ziehen es vor, sich mit Projekten zu befassen, bei denen Sie als jemand auftreten, der aus dem Chaos Ordnung hervorzulocken vermag. Das erfüllt Sie mit Befriedigung, da Sie Chaos und den Mangel an Klarheit verabscheuen. In Ihrem Leben wie in Ihrer äußeren Umgebung möchten Sie alles unter Kontrolle haben und eine harmonische Ordnung schaffen.
Sie haben die Fähigkeit, andere Menschen zu führen und für sie einzutreten; durch Ihre Vitalität wirken Sie sehr zielgerichtet, und Ihre optimistische und feurig-kreative Ausstrahlung wird Ihnen immer die nötige Unterstützung verschaffen. Das geschieht aber gleichsam von selbst, ohne daß dabei das für Pluto typische Streben nach Macht und nach manipulativem Einfluß auf andere eine Rolle spielte. Sie fühlen sich jedenfalls nicht dazu gedrängt, um jeden Preis eine führende Position einzunehmen.
Wahrscheinlich verfügen Sie über intuitive Fähigkeiten, durch die Sie Zusammenhänge und Situationen klar durchschauen. Vielleicht ist Ihnen ein gewisses Maß an Hellsich-

tigkeit zu eigen, das noch durch Beschäftigung mit Yoga, Meditation oder anderen Arten der Selbsterforschung gesteigert werden kann. Möglicherweise geht eine heilende Energie von Ihnen aus, die anderen helfen kann, wenn sie auf einer unbewußten Ebene von Ihrer überschüssigen Energie zehren. Sie können für Ihren Partner oder einen anderen Menschen, der Hilfe bei der Lösung seiner Probleme braucht, eine verläßliche Stütze sein.

Sie sind vielleicht das, was man einen »Glückspilz« nennen könnte – wahrscheinlich haben Sie eine Erbschaft gemacht oder sind in einer ähnlichen Weise begünstigt worden. Vermutlich verfügen Sie über große schöpferische Möglichkeiten; um sie jedoch voll einzusetzen, müssen Sie vielleicht erst eine innere Wandlung durchmachen, durch die sich die Blockierungen auf Ihrem Weg zum Erfolg auflösen. Dazu gehört es auch, daß Sie lernen, aus diesem Energieaspekt für Sie wirklich das Beste zu machen. Wenn es Ihnen gelingt, diese Energie so zu kanalisieren, daß sie sich auch in Ihrem sozialen Umfeld positiv auswirkt, und nicht versuchen, wichtigen persönlichen Problemen in Ihrem Innenleben oder in Ihren Beziehungen auszuweichen, dann werden Sie kaum etwas von den Schwierigkeiten spüren, die üblicherweise mit der Pluto-Energie einhergehen, was für viele sicher ein Segen sein wird.

Sonne-Pluto-Quadrat

Die durch dieses Quadrat ausgelösten Energien und Herausforderungen können es dem Horoskopeigner schwermachen, denn die negativen Tendenzen, die man normalerweise mit Pluto assoziiert, kommen hier stark zum Tragen.

Im besten Fall wird eine allmählich gewonnene, bewußte und klare Einsicht in bestimmte Aspekte Ihrer Natur Ihnen helfen, die negativen und destruktiven Effekte dieser aufreibenden Energie zu mildern, und Ihnen erlauben, sie für sich persönlich in positivere Kanäle zu lenken. Dabei müßten Sie aber immer sehr genau wahrnehmen, *wie* Sie diese Energie zum Ausdruck bringen, daß das ihr Eigentümliche und Problematische auf jeden Fall mit im Spiel sein wird und nicht in nichts aufgelöst werden kann. Man kann höchstens versuchen, auf klügere Weise damit umzugehen.

Die Pluto-Tendenzen zu Ehrgeiz, Machtausübung, Domination, Aggression und Extremismus werden als motivierende und zwanghafte Elemente Ihres Charakters zutage treten. Sie glauben, Ihre konzentrierte Willenskraft könnte eine magische Wirkung haben, und tatsächlich erreichen Sie Ihre Ziele auch oft auf diese Weise, wobei gewöhnlich jedoch ein Preis dafür bezahlt werden muß, auch wenn man es nach außen hin nicht sieht. Die Durchsetzung Ihres starken Willens wirkt sich oft so negativ und destruktiv aus, daß das Ergebnis Ihrer ursprünglichen Absicht zuwiderläuft. In gewisser Weise sind Sie wie ein Skorpion, der sich selbst und andere unvermutet sticht.

Diese Energien werden beträchtliche innere Spannungen verursachen, und oft wird es Ihnen schwerfallen, Barrieren zu durchbrechen, die zwischen Ihnen und Ihren Zielen stehen. Das ist Pluto, der recht unsanft versucht, eine innere Transformation bei Ihnen in Gang zu setzen, deren Notwendigkeit Sie erkennen, wenn der innere Druck der Frustration wächst, bis Sie ihn nicht mehr ertragen und bis Sie auf irgendeine Weise explodieren und dadurch vielleicht eine Entlastung spüren. Gewisse Veränderungen werden als Ergebnis starker kathartischer Erfahrungen geschehen, die Ihnen dann entweder den Weg zum Weiterkommen öffnen oder Ihnen zeigen, daß Sie eine ganz andere Richtung einschlagen müssen.

Ihre Einstellung Autoritäten gegenüber ist ambivalent. Sie haben zwar selber gewisse Führungsqualitäten und die Fähigkeit zur Organisation, sind aber Autoritätsfiguren gegenüber oft voller Skepsis und Widerspruchsgeist. Das wird natürlich in vielen sozialen Bereichen Ihrem Weiterkommen entgegenstehen, aber Sie sind einfach zu unabhängig und freidenkend, um sich unterzuordnen. Die anderen werden sich von Ihnen wahrscheinlich in einem gewissen Abstand halten, da Ihre Ausstrahlung oft unbewußt etwas Gefährliches vermittelt; sie empfinden Ihren durchdringenden Blick als Herausforderung und fürchten, es könnte eine tiefergehende Veränderung in ihnen bewirken, wenn sie sich mehr auf Sie einlassen. Manche aber werden Ihre Ausstrahlung auch als faszinierend empfinden und Ihre Nähe suchen. Das hängt sehr davon ab, wie Sie mit dieser Energie umgehen.

Oft suchen Sie nach Gegnern nur um der Freude willen, sich mit ihnen zu messen, und fühlen sich dann wie ein wilder Krieger. Das kann sich auf allen Ebenen abspielen: physisch, emotional und geistig. Das kommt sehr oft gar nicht greifbar zum Ausdruck, sondern Sie begeben sich innerlich in diese oppositionelle Haltung und inszenieren in Ihrem Kopf imaginäre Kämpfe mit einem Gegner in Form ideologischer Auseinandersetzungen und innerer Dialoge. Dabei hassen Sie es, sich als Verlierer zu sehen. Sie sind schwer zu verstehen, erscheinen vielen Menschen rätselhaft und wehren sich oft dagegen, sich emotional auf andere Menschen einzulassen. Das liegt daran, daß Sie Ihre Emotionalität und die Stärke Ihrer Gefühle kennen und unter dieser Intensität sehr leiden, vor allem wenn Sie sich verlieben und dadurch die Kontrolle über sich verlieren. Sie fürchten sich davor, daß Ihnen die Zügel aus der Hand gleiten könnten, und versuchen gewöhnlich, eine Beziehungssituation zu schaffen, in der Sie bestimmend sind. Obwohl Sie nach außen hin sehr beherrscht und ausgeglichen wirken, verbergen Sie nur ihre innere Unruhe, die sich manchmal als Überreaktion auf ganz unbedeutende Ereignisse Luft macht oder zum Ausbruch kommt, wenn jemand an einem bestimmten Punkt rührt und Sie so zu einer Reaktion herausfordert.

Stabilität ist Ihnen in Ihrem Leben wichtig, und oft wehren Sie sich gegen Veränderungen, vor allem wenn Sie sich eine angenehme Situation geschaffen haben. Manchmal hegen Sie Befürchtungen, Sie könnten Ihre Ziele nicht wirklich erreichen. Es kann passieren, daß Sie ein gutes Stück weit kommen, dann aber plötzlich an dem Punkt, wo Sie kurz vor dem Ziel noch mal all Ihre Kräfte einsetzen müssen, das Interesse verlieren. Sie sollten lernen, die Hilfe anderer zu schätzen, und ihre Ratschläge annehmen, denn oft können sie Ihnen wichtige Hinweise darauf geben, welchen Weg Sie gehen sollen. Die Fähigkeit zum Kompromiß und die Bereitschaft zur Zusammenarbeit sind zwei Lektionen, die Sie so bald wie möglich lernen sollten, ebenso wie eine gewisse Mäßigung in Ihrer Lebensführung und Ihrer Ausdrucksweise. Sobald Sie zu einem Ausgleich zwischen der Bereitwilligkeit, vom anderen etwas anzunehmen, und Ihrem Dominanzstreben gekommen sind, werden Sie erleben, daß Ihre Beziehungen sich auf kreative und konstruktive Weise verbessern.

Im idealen Fall sollten Sie diese spannungsvolle Energie in Ihrem Inneren in neue Bahnen lenken. Das ist vermutlich nicht einfach und wird auch nicht ohne Leiden abgehen. Aber darin liegt die Möglichkeit, eine grundlegende Veränderung in Gang zu setzen, die Ihnen selbst sehr zugute käme und die das Leben für Sie und die mit Ihnen verbundenen Menschen erfüllender machen könnte.

Sonne-Pluto-Opposition

Die Wirksamkeit dieser Energie in Ihnen bringt es mit sich, daß die meisten Probleme, die Sie haben, im Bereich der zwischenmenschlichen Beziehungen auftreten. Oft entstehen sie oder werden verstärkt durch die Art, wie Sie diese Energie zum Ausdruck bringen; und erst eine vertiefte Einsicht und Einstellungsveränderung bewirkt, daß Sie diese Kraft dauerhaft zu Ihrem eigenen Nutzen einsetzen können.
Sie haben ein willensstarkes, aggressives und extremes Temperament und werden dazu neigen, Ihren starken Willen um jeden Preis durchsetzen zu wollen. Sie forcieren gerne Situationen, um sie sich als erster zunutze machen zu können, oder handeln sehr impulsiv, ohne sich Gedanken über die Folgen zu machen. Ihre Willenskraft und Ihre Persönlichkeit können auf andere ein wenig anmaßend, provozierend und dominierend wirken, vor allem weil Sie in allen Situationen die Oberhand behalten wollen und es hassen, wenn Sie die Dinge nicht im Griff haben. Deshalb streben Sie eine Machtposition an, um über alles zu bestimmen. Sie sind aber ebenso antiautoritär, wenn die Rollen vertauscht wurden. Dann benutzen Sie Ihren Einfluß, um subversiv zu wirken und andere dazu zu manipulieren, der Autorität Widerstand zu leisten.
Auf sozialem Gebiet werden Sie den Wunsch verspüren, die Welt nach Ihrem Bild zu formen. Da das im Grunde jeder auf mehr oder weniger intensive Weise zu erreichen versucht, werden Sie unvermeidlich mit anderen in Konflikt ge-

raten, die nicht auf dasselbe Allheilmittel für die Übel der Welt wie Sie schwören. Wenn Sie versuchen, den Leuten Vorschriften zu machen, und sich zu gewaltsam durchsetzen, wird es Ihnen vielleicht an der richtigen Art von Unterstützung und Mitarbeit fehlen. Durch solch dominantes Verhalten schlägt man meist jene in die Flucht, die einen selbständig-schöpferisch unterstützen könnten, und ist nur noch von braven Nachfolgern umgeben, die sich in schmeichelnder Zustimmung ergehen.

Ohne das nötige Bewußtsein und ohne Einsicht können diese Tendenzen sich also negativ ausdrücken und Ihnen letztlich selbst zum Schaden gereichen. Gehen Sie mit Ihrer Energie bewußt um, kann Sie eine außerordentlich positive Kraft werden, die auf sozial-schöpferische Weise wirkt. Sie werden einen Veränderungs- und Erneuerungsprozeß durchmachen müssen, um die Rechte der anderen, ihren Willen und ihre Eigenart anzuerkennen und sie nicht mehr nur als Marionetten Ihres Machtwillens zu sehen. Dann sind auch harmonischere und erfolgreichere Beziehungen möglich, vor allem wenn Ihr Bedürfnis, sich immer durchzusetzen, einer stärkeren Selbsterkenntnis und einem Vertrauen in Ihren eigenen Wert und in Ihre Identität weicht. Dazu kann es gehören, daß Sie lernen, sich mehr auf sich selbst zu verlassen, wo es um Ihre Pläne geht, und nicht mehr die anderen dazu manipulieren zu wollen, Ihnen unbewußt beim Erreichen Ihrer persönlichen Ziele zu helfen. Die Entwicklung einer weniger aggressiven Einstellung in der Zusammenarbeit mit anderen, die Bereitschaft, sich für gemeinsame Ziele einzusetzen, und weniger Mißtrauen anderen Menschen gegenüber, dafür aber mehr Bereitschaft zur Anpassung wird sich für Sie selbst wie für die anderen sicher segensreich auswirken.

MOND-PLUTO-ASPEKTE

Mond-Pluto-Konjunktion

Dieser Aspekt deutet darauf hin, daß Sie sehr starke Emotionen und Gefühle erleben, deren Intensität Ihre Entscheidungen so stark zu beherrschen scheinen, daß Sie beinahe die Kontrolle verlieren und nicht mehr aus freiem Willen handeln. Da die eigentlichen Auslöser Ihrer emotionalen Erfahrungen oft aus dem Unbewußten kommen, kann das Gefühl bei Ihnen entstehen, als sei etwas unausweichlich Schicksalhaftes in Ihrem Leben wirksam.

Ihre persönlichen Beziehungen werden es sein, wo diese Energie Transformationen bewirkt, wo das Schicksal Ihnen begegnet, und so wird dieser Bereich für Sie lebensbestimmend sein. Die Energie dieser Konjunktion wirkt sich wahrscheinlich so aus, daß Sie die anderen emotional dominieren wollen und sie, ebenso wie die äußeren Ereignisse, zu Ihren Gunsten zu beeinflussen versuchen, möglicherweise durch eine Tendenz, die Gefühle der anderen für Sie als Liebespartner oder Elternteil auszunutzen. Es können periodische Krisen auftreten, bei denen offenbar unterdrückte emotionale Energie an die Oberfläche steigt und sich rasch entladen muß. Diese Energieentladung kann wie ein Vulkanausbruch wirken, sie kann zu Spannungen in der Familie und Konfrontation zwischen Partnern oder Eltern und Kindern führen, ja sogar zu plötzlichen dramatischen Veränderungen der Lebensumstände, die scheinbar ganz unvorbereitet eintreten. Die Möglichkeit zu solch einer Entladung ist für Sie ungeheuer notwendig, selbst wenn das bedeutet, daß Sie alles aufgeben, was Sie sich aufgebaut haben, und die Brücken zur Vergangenheit abbrechen.

Ihre Stimmungen können schwanken wie Ebbe und Flut, und Sie werden in Ihren intimen Beziehungen immer nach Tiefe und Intensität suchen. Sie haben eine hohe Idealvorstellung vom vollkommenen Partner und würden lieber allein bleiben, als sich mit jemandem einzulassen, der diesem Ideal nicht entspricht. Sie ziehen es vor, auf den Ihnen bestimmten Partner zu warten. Im Grunde suchen Sie nach der physischen Verkörperung Ihres inneren Partnerbildes, Ihrer Anima- oder Animus-Gestalt, die Sie auf wirkliche Menschen projizieren, um herauszufinden, ob sie mit ihr übereinstimmen.

Einer Liebesbeziehung geben Sie sich mit Intensität hin. Die Liebe geht sehr tief bei Ihnen, sie ist fast wie ein verzehrendes Feuer. Sie sind im Anfangsstadium oft wie besessen davon, was nicht leicht zu ertragen ist. Ihrem Partner gegenüber können Sie sehr besitzergreifend und fordernd sein und wahrscheinlich übermäßig kritisch, sobald Sie erkennen, daß er nicht der Idealpartner ist, für den Sie ihn anfangs hielten. Zurückweisung können Sie schlecht ertragen, vor allem wenn Sie noch sehr an dem geliebten Menschen hängen, und dann beginnt Ihre Leidenschaft, Sie selbst zu verzehren. Manchmal kann Liebe sehr rasch in Haß umschlagen, und wahrscheinlich sind Ihnen Dinge wie emotionaler Masochismus und Sadismus nicht ganz fremd.

Ihre Beziehungen können oft etwas emotional Destruktives haben, manchmal für beide Beteiligten. Die Leidenschaften sind heftig, beide verlieren sich darin und werden entweder positiv oder negativ verändert. Sicher aber sind sie nicht mehr diejenigen, die sie waren, als sie die Beziehung eingingen. Sie sollten lernen, all Ihre Beziehungen immer wieder zu prüfen, um sicherzugehen, daß jeder der

Beteiligten davon profitiert und daß es um förderliche Energien geht und nicht um eine Sklaverei unter dem Deckmantel der Liebe.

Sie können sich etwas ungeduldig und dominierend gebärden und haben wahrscheinlich wenige enge Freunde, denn nicht alle können Ihre Intensität und Tiefe akzeptieren. Sie beschäftigen sich einfach nicht gerne mit Trivialitäten, und vor allem sind Ihre Gefühle immer sehr heftig. Im familiären Umkreis müssen Sie sich davor hüten, Tyrannei auszuüben, und lernen, sich auch einmal zu fügen oder Kompromisse zu schließen, wenn Sie harmonischer mit den anderen zusammenleben wollen.

Wenn es Ihnen gelingt zu lernen, wie Sie Ihre emotionalen Energien unbeschwerter zum Ausdruck bringen können, und Beziehungen oder andere Möglichkeiten entwickeln, in die diese Energie konstruktiv einfließen kann, werden Sie die Hauptschwierigkeiten dieses Aspektes gelöst haben. Jedes Unterdrücken Ihrer Emotionen wird neue Probleme schaffen, es kann sehr schnell zu emotionalen Krisen und Explosionen führen und sollte vermieden werden, wenn irgend möglich. Auch müssen Sie lernen, daß man einen geeigneten Partner im realen Leben finden muß, anstatt ihn als einen (im physischen Sinne) unrealen männlichen oder weiblichen Archetypus im eigenen Inneren zu idealisieren und zu kultivieren. Sie können emotionale Reife, Tiefe, Intensität und Einsicht entwickeln, vorausgesetzt, die Verwandlung Ihres Selbst gelingt, die Pluto in Ihrem Emotionalleben hervorrufen möchte.

Mond-Pluto-Sextil

Das ist ein eher harmonischer Pluto-Aspekt, der wahrscheinlich für ein grundlegendes Lebensvertrauen sorgt und der Ihnen hilft, Ihren Willen dafür einzusetzen, was Sie sich vorgestellt haben, Wirklichkeit werden zu lassen.
Wahrscheinlich sind emotionale Intensität und zwanghafte Verhaltensmuster für Sie weniger ein Problem, Sie fühlen sich innerlich sicher und emotional recht unabhängig. Ihrem Partner erscheint es manchmal, als seien Sie sehr mit sich selbst beschäftigt, und das kann den Eindruck erwecken, als wären Sie ein wenig kühl und distanziert. Das ist aber nicht der Fall, denn Liebe ist wichtig für Sie und notwendig für Ihr emotionales Wohlbefinden. Sie sind einfach nicht vollständig vom anderen abhängig, wenn es um Ihre Stabilität und Ihren Lebensinhalt geht. Die Liebe erfahren und sehen Sie eher etwas intellektuell und sind deshalb nicht oft der mit der Pluto-Energie verbundenen heftigen Leidenschaft und Intensität ausgesetzt. Das Sextil scheint einen natürlicheren und unbeschwerteren Energieausgleich zu schaffen, dennoch haben Sie die Fähigkeit, überholte Emotions- und Lebensmuster zu erneuern und zu verwandeln und angemessenere Ausdrucksformen zu finden.
Es interessiert Sie, andere zu beobachten, Sie möchten herausfinden, was sie motiviert und wie sie die Dinge sehen. Das kann Sie einerseits bereichern, andererseits kann es Ihnen helfen, allzu starre Einstellungen und Überzeugungen zu lockern, die Sie vielleicht einschränken. Die Gefühle anderer sind Ihnen wichtig, und Sie werden so viel Anteilnahme und Verantwortungsgefühl entwickeln, daß Sie sozialreformerisch wirken oder die Lebensqualität der Menschen verbessern helfen können. Wenn Sie sich irgendeine

soziale Tätigkeit suchen, werden Sie vielleicht weniger pflegerisch arbeiten als in der Verwaltung oder im Management, da Sie geschäftliche und organisatorische Fähigkeiten haben. Es reizt Sie vielleicht, mit jüngeren Menschen zu arbeiten. Sie fühlen sich zu ihnen hingezogen und machen sich Gedanken über ihr zukünftiges Leben und den Platz, den sie einmal in der Gesellschaft einnehmen werden. Sie werden Ihre Energien und Fähigkeiten einsetzen, um in Situationen, die eine harmonisierende Atmosphäre brauchen, ungestörte Kommunikation zu schaffen, und werden immer versuchen, so zu leben und sich so auszudrücken, daß ein harmonisches Gleichgewicht erhalten bleibt.

Sie werden in Ihrer Lebensführung immer das Prinzip anzuwenden versuchen, daß der Gedanke Energie erzeugt, das heißt, daß ein klares Visualisieren dessen, was Ihnen vorschwebt, der erste Schritt zur Realisierung ist. Weil Sie sehen, daß dieses Gesetz im realen Leben wirksam ist, wird Ihr Glaube daran, daß das Leben auf Ihrer Seite ist, noch gestärkt und das Vertrauen bestätigt, mit dem Sie Ihren eigenen Weg gehen.

Mond-Pluto-Trigon

Dieser Aspekt wird Ihnen ein Grundgefühl innerer Sicherheit verleihen, verbunden mit einem natürlichen Vertrauen in Ihre eigene Kraft und Fähigkeit, mit schwierigen Situationen zurechtzukommen. Ihr Gefühl hat Tiefe und Intensität, und Sie werden versuchen, es bis zu einem gewissen Maß mit Hilfe Ihres Willens unter Kontrolle zu halten, da Sie fürchten, es unmittelbar zum Ausdruck kommen zu lassen. Diese Furcht rührt von verschiedenen Lebenserfahrungen her, in denen Sie unter kritischen Umständen die emotionale Kontrolle verloren. Jetzt möchten Sie sich nie wieder so sehr gehenlassen.

Wahrscheinlich haben Sie eine intuitive Kenntnis vom Menschen und einen durchdringenden Blick für sein verborgenes Wesen und seine Motive, ohne dadurch Ihre grundsätzlich wohlwollende Haltung zu verlieren. Wenn nahe Freunde Hilfe brauchen, werden Sie sie gerne unterstützen, und ein besonders weiches Herz haben Sie, wenn es um Kinder geht. Dadurch werden Sie sich zu irgendeiner Form von öffentlicher oder sozialer Arbeit mit Menschen hingezogen fühlen oder zu einer Tätigkeit, bei der Sie Ihre Fähigkeit zur Problemlösung im sozialen Bereich einsetzen können oder wo Ihr finanzielles Geschick von Nutzen ist.

Sie haben vermutlich die Gabe, Ihre Phantasie und Ihre Willenskraft schöpferisch zu gebrauchen, und können dadurch Ihre Gedanken in reales Leben umsetzen, also Ihr Leben aktiv nach Ihren persönlichen Bedürfnissen gestalten. Ihnen fällt diese Gabe, den Willen und die Phantasie so zu verbinden, beinahe in den Schoß, und viele werden Sie darum beneiden. Sie sollten das Beste daraus machen, aber dabei sichergehen, daß das, was Sie anstreben, auch aus den richtigen Motiven stammt, denn sonst könnten sich für Sie selbst wie für andere negative Folgen daraus ergeben.

Sie werden, was Ihre persönlichen Beziehungen anbelangt, hohe Ansprüche stellen und deshalb Ihren Partner für eine längere Beziehung oder eine Ehe sehr sorgfältig auswählen. Wahrscheinlich wünschen Sie sich Kinder, und die Gründung einer Familie wird Ihr Leben sehr verändern und Sie reifer und verantwortlicher machen. Sie werden sich gefühlsmäßig sehr eng mit Familie und Heim verbinden und viel daransetzen, daß das Zusammenleben für alle erfreulich ist.

Für eine momentane Befriedigung persönlicher Wünsche würden Sie jedenfalls nichts aufs Spiel setzen.

Mond-Pluto-Quadrat

Die durch diesen Aspekt ausgelöste Energie kann in Ihren persönlichen Beziehungen und in Ihrem Gefühlsleben Schwierigkeiten heraufbeschwören, die Sie als sehr intensiv und extrem erleben. Sie können eine emotionale Atmosphäre um sich verbreiten, die für die anderen etwas ungreifbar Bedrohliches hat, weshalb sie sich eher von Ihnen fernhalten.

Auch bei Ihnen ist das Thema Kontrolle vorherrschend. Sie glauben, Sie müßten Ihre eigenen Gefühle immerzu unter Kontrolle haben, ebenso aber Ihre unmittelbare Umgebung durch die Intensität Ihrer Präsenz in Schach halten, um sich nicht durch andere bedroht fühlen zu müssen. Das führt dazu, daß Sie in Ihren Beziehungen immer dominant sein wollen und unbedingt fordern, daß die anderen sich Ihren Wünschen unterordnen, was natürlich ein Ungleichgewicht schafft. Nie würden Sie sich freiwillig unterordnen. Sind Sie einmal dazu gezwungen, so werden Sie versuchen, die Überlegenheit, die Sie beim anderen vermuten, zu unterminieren. Sollte jemand versuchen wollen, Sie zu verändern, werden Sie recht heftig darauf reagieren und gerade den Charakterzug, den der andere verändern möchte, noch stärker betonen.

Sie sind von Natur aus ein Einzelgänger, ein wenig ungeduldig und werden sehr leicht aggressiv, wenn Sie sich nicht sorgfältig kontrollieren und mäßigen. Sie pflegen sich sehr direkt und unverblümt auszudrücken, ohne sich viel um

Höflichkeit und Diplomatie zu scheren, und sind vor allem Menschen gegenüber, vor denen Sie keinen Respekt empfinden, sehr unsanft. Das kann sowohl im Berufs- wie im sozialen Leben Probleme schaffen, die Sie jedoch nicht besonders beunruhigen, da Sie glauben, es sei wichtiger, sich selbst gegenüber so ehrlich wie möglich zu sein. Sie müssen lernen, diese Ehrlichkeit zu üben, aber dennoch konstruktive und positive Beziehungen zu anderen aufrechtzuerhalten und erkennen, wie die Menschen aufeinander angewiesen sind, und Sie sollten Ihre Destruktivität zugunsten von mehr Harmonie im Miteinander überwinden.

Sie hassen es, eingeschränkt zu werden, und versuchen, alle Bindungen abzuschütteln, die Sie einschränken, auch wenn Sie es selbst waren, der diese Bindungen früher einmal aus guten Gründen einging. Der Vergangenheit gegenüber sind Sie sehr ambivalent. Oft wollen Sie sie vollständig vergessen, als hätte sie nicht mehr die geringste Bedeutung. Dann fühlen Sie sich wieder innig verbunden damit und versuchen, sie auf irgendeine Weise wiederzubeleben. Die Vergangenheit kennen Sie wenigstens, die Zukunft erfüllt Sie manchmal mit Angst und Unbehagen, vor allem weil Sie keine Kontrolle darüber haben. Es ist schwer für Sie, mit diesen starken destruktiven Gefühlen zu leben, mit dem Drang, alles zu zerstören, was Sie daran hindern könnte, sich freizuschwimmen. Daraus entstehen innerer Druck und starke Spannungen, die Sie in der Gewalt haben und unterdrücken müssen. Wenn Sie sich auf die falsche Weise und zum falschen Zeitpunkt Luft machen würden, könnten Sie in Ihrem eigenen Leben wie in dem Ihrer Familie beträchtlichen Schaden anrichten. Es wird Ihrer Umgebung schwerfallen zu verstehen, wie sehr Ihr persönliches Verhalten von diesem Gefühl destruktiver emotionaler Energie geprägt ist. Und für Sie selbst ist es schwierig, befriedigende Möglichkeiten zu finden, diese Energie in konstruktive Bahnen zu lenken, um nicht immer wieder im Leben in Konfrontationen zu geraten. Sie neigen oft dazu, die Dinge zu forcieren und plötzliche dramatische Veränderungen in Ihrem Leben herbeizuführen, nur um den angestauten inneren Druck loszuwerden, der sich immer mehr steigert, wenn Sie das Gefühl haben, Ihr Leben nicht mehr unter Kontrolle zu haben, die Richtung nicht mehr selbst bestimmen zu können. Dann neigen Sie dazu, zu explodieren oder zu implodieren, nur um die notwendige, manchmal gewaltsame Veränderung herbeizuführen, die Raum für Neues schafft.

Sie müssen lernen, mehr zu vertrauen, sich Ihrer Familie und Ihren Intimpartnern zu öffnen, sich mitzuteilen und über diese inneren Schwierigkeiten zu sprechen, damit die anderen Ihnen helfen können, sie weniger heftig zu äußern. Entscheidend ist es für Sie, Kompromisse einzugehen. Die Welt dreht sich nicht um Ihre Bedürfnisse und Wünsche, und das Zusammenleben muß von Gegenseitigkeit getragen werden. Wenn Sie Ihrer egozentrischen Energie eine neue Richtung geben würden, um anderen zu helfen, könnte das eine positive Möglichkeit sein, Ihre emotionale Intensität in harmonische Bahnen zu lenken und damit von Ihrem inneren Druck frei zu werden. Es wäre sicher gut für Sie, wenn Sie zu einem tieferen Verständnis der menschlichen Natur, vielleicht durch Studien oder Kurse im Bereich von Psychologie, Okkultismus, Meditation und Selbsterfahrung, gelangten und dadurch mehr Einsicht bekämen, welche Energien und Bewußtseinsebenen die Komplexität der menschlichen Persönlichkeit ausmachen.

Mond-Pluto-Opposition

Die Energie der Opposition kann emotionale Blockaden bewirken, die es Ihnen schwermachen, Ihre Gefühle zum Ausdruck zu bringen, und zu einer Stauung der emotionalen Energien führen, die schwer auflösbar ist. Wie beim Quadrat hat das zur Folge, daß Sie versuchen, eine starre innere Kontrolle aufrechtzuerhalten, was Ihrem Umgang in persönlichen Beziehungen eine Atmosphäre von unterdrückter Gewalt und Leidenschaft gibt. Sie wirken manchmal wie eine zusammengerollte Schlange, die nur darauf wartet, bis ihr Opfer in Reichweite kommt, um dann plötzlich hochzuschnellen.

Dieser emotionale Druck und diese innere Anspannung machen es anderen schwer, sich in Ihrer Gegenwart ganz unbefangen zu fühlen. Die Distanz, die sich daraus ergibt, ist Ihnen aber gar nicht so unlieb, da Sie im allgemeinen mißtrauisch gegenüber anderen Menschen sind und niemandem so leicht Zugang zum Heiligtum Ihres persönlichen Lebens gewähren. Sie können es nicht leiden, wenn jemand in Ihren häuslichen Bereich eindringt, und nehmen es sehr übel, wenn jemand versucht, Ihnen etwas vorzuschreiben – wenn schon jemand das Sagen hat, dann müssen Sie das sein. Die Autorität anderer können Sie nur sehr schwer anerkennen. Wenn Sie glauben, daß jemand seine Machtposition wirklich verdient hat, akzeptieren Sie ihn zwar notgedrungen, sonst aber haben Sie wenig Respekt und versuchen vielleicht sogar aktiv, den Einfluß eines solchen Menschen zu untergraben. Natürlich heißt das, daß Sie keineswegs ein idealer Angestellter sind!

Es fällt Ihnen schwer, in Ihren intimen Beziehungen Beständigkeit an den Tag zu legen, was aber nicht so sehr am Mangel an Liebe liegt, sondern an der Art, sie zum Ausdruck zu bringen. Das hängt mit Ihren emotionalen Blockierungen und Ihrem Bedürfnis zusammen, die Kontrolle nicht zu verlieren. Der Partner muß also auf Wechselbäder gefaßt sein, die aber nur Ihren jeweiligen emotionalen Zustand wiedergeben und nichts über die Tiefe der Zuneigung aussagen, die Sie für ihn vielleicht empfinden.

Sie sind emotional sehr sensibel und fühlen sich leicht verletzt, wenn Sie zurückgewiesen werden, da jede Verstärkung Ihrer Stimmungsschwankungen Sie noch verwundbarer macht. Sie neigen dazu, Schmerz in sich anzustauen, was nach einer gewissen Zeit den inneren Druck nur erhöht und Ihre häuslichen Beziehungen beeinträchtigt, so daß schließlich ein Teufelskreis entsteht. Es bilden sich leicht Frustrationen, weil Sie viel von Ihren engsten Beziehungen und vom Leben erwarten, aber auch weil Sie weniger annehmen können und sich weniger freuen können, als Sie sollten. Ihre Beziehung zur Außenwelt ist durch und durch gefühlsorientiert, alles wirkt durch Ihren Emotionalkörper auf Sie ein und färbt so Ihre Wahrnehmungen.

In Ihrer Familie kann es Auseinandersetzungen über finanzielle Fragen oder Erbschaftsangelegenheiten geben, sicher aber auch darüber, wer die Familienautorität innehat, die Sie anstreben. Ratschläge von anderen nehmen Sie nicht gerne an, da Sie sie als Einmischung oder den Versuch, über Sie zu bestimmen, betrachten; und so werden Sie immer versuchen, Ihre Entscheidungen selbst zu treffen und Ihren eigenen Weg zu gehen. Selbst wenn dieser Weg Sie in die falsche Richtung zu führen scheint, Sie haben sich dafür entschieden, und in diesem Sinn ist er richtig gewesen.

Sie müssen lernen, die Rechte der anderen und ihre Bedeutung für Ihr Leben mehr anzuerkennen. Kompromißfähigkeit ist eine notwendige Tugend, die Sie sich aneignen müssen. Durch Hartnäckigkeit können Sie mehr verlieren, als Sie durch Ihren Mangel an Mäßigung und Ausgeglichenheit gewinnen. Sie müssen es lernen, Ihren Partner zu schätzen, weniger Ihren eigenen Willen und Ihre Bedürfnisse in den Vordergrund zu stellen und mehr auf andere zu hören. Wenn Sie sich auch nur ein bißchen verändern, könnte das sehr viel Positives bewirken. Es wird Sie viel weniger kosten, als Sie meinen, und Ihnen nur guttun. Dann wird auch etwas von der emotionalen Energie kanalisiert, mit der Sie im Moment nur schwer zurechtkommen. Anstatt zu versuchen, Ihre Familie und Ihre engsten Freunde zu verändern, sollten Sie diesen Impuls nach innen wenden und sich nach einem sozial harmonischeren Ideal ausrichten. Und genau das ist es, wozu Pluto Sie bringen möchte.

MERKUR-PLUTO-ASPEKTE

Merkur-Pluto-Konjunktion

Sie haben einen starken, durchdringenden Verstand und möchten allen Erscheinungen auf den Grund gehen. Ob es sich nun um soziale Fassaden, intellektuelle Theorien oder Philosophien handelt – die Ihnen angeborene Neugier wird Sie anstacheln, einen Blick hinter die Kulissen zu tun. Ihr Verstand ist für Sie Ihre verläßliche Stütze, und so sammeln Sie so viele Informationen und soviel Wissen wie möglich, um später darauf zurückgreifen zu können.

In Ihrem Denken fühlen Sie sich zu Hause, Sie lassen sich gerne von den verschiedenartigsten Problemen herausfordern und vertrauen in Ihre Fähigkeit, sie zu lösen oder irgendeinen Sinn in ihnen zu sehen. Wenn Sie Ihrem Forscherdrang nachgeben, versuchen Sie immer, aus allem einen verborgenen Sinn zu ziehen, der sich oft nur Ihnen selbst erschließt, manchmal aber auch anderen zugänglich gemacht werden kann. Ihr Denken hat etwas Puristisches, weshalb Sie Menschen und Ereignissen gegenüber eine eher unpersönliche Haltung einnehmen und versuchen, die Wahrheit immer über die sozialen Spiele zu stellen, die die Menschen miteinander spielen. Ihre Direktheit wird bei anderen vermutlich starke Reaktionen auslösen.

Wie es für Pluto typisch ist, hat Ihr seelisch-geistiger Bereich eine unergründliche Tiefendimension, und Sie werden, wenn es Ihnen darum geht, Ihre Ziele zu erreichen, eine Tendenz zum Extremen und eine starke Durchsetzungskraft an den Tag legen. Ihre Fähigkeit zur Willenskonzentration und Ausdauer wird Ihnen dabei helfen, Ihre Träume zu verwirklichen. Sie neigen dazu, sehr feste Meinungen und Überzeugungen zu haben, eine einmal eingenommene Position wird schwer zu erschüttern sein, und Sie werden Ihren Standpunkt gegenüber jedem Gegner energisch vertreten. Da Sie es hassen, die schwächeren oder die falschen Argumente zu haben, werden Sie versuchen, sich auf jede Auseinandersetzung sehr gut vorzubereiten. Hegen Sie aber nur die geringste Befürchtung, eine Niederlage zu erleiden, so leiten Sie schleunigst Ausweichmanöver ein. Jemandem, der sich mit Ihnen angelegt hat oder der Ihnen im Wege steht, werden Sie das lange nachtragen und auf den geeigneten Zeitpunkt warten, um die Rechnung zu begleichen.

Unnötige soziale Probleme und das Leiden von Menschen werden Sie traurig und wütend machen, ebenso soziale und politische Heuchelei. Sie reagieren auf diese Gefühle wahrscheinlich, indem Sie sich bemühen, Ihre Energien in neue

Bahnen zu lenken und gegen die Menschen zu opponieren, die solche Probleme zu schaffen oder zu vermehren scheinen. Sie glauben, zur Veränderung und zur Verbesserung der Zustände beitragen zu können, und das mag dazu führen, daß Sie sich auf radikale politische Betätigungen verlegen. Ihre politischen Ansichten werden von Ihrer persönlichen Analyse der Ursachen abhängen, in extremen Fällen könnten Sie jedoch zum Anarchismus neigen. Der Pluto-Energie entsprechen subversive Taktiken, ebenso das Bedürfnis nach Veränderung und Erneuerung. Dominiert der soziale Aspekt von Pluto, wird Ihr Leben sozial und politisch weitgehend von Thema Umwandlung bestimmt sein.

In Ihren persönlichen Beziehungen neigen Sie dazu, hohe Forderungen zu stellen, Sie erwarten von einem Partner großes Format und Stärke. Auch wenn Sie manchmal versuchen werden, ihn psychologisch zur Unterordnung zu zwingen, ist es besser, wenn Sie dabei scheitern, denn eine gute Beziehung bedarf der Ausgewogenheit und des gegenseitigen Respekts. Oft neigen Sie dazu, mit Ihrer Überzeugungskraft die anderen zu beeinflussen und zur Zustimmung bewegen zu wollen. Sie müssen aber lernen, mehr Toleranz zu üben und die Freiheit der anderen sowie ihr Recht auf ihre eigenen Ansichten anzuerkennen und sie besser zu verstehen. Es wäre ideal, wenn ein Partner, mit dem Sie länger zusammen sind, Ihnen ähnelte, was Zielsetzungen, Motivationen und Interessen anbelangt, da Sie dazu neigen, eine Beziehung zu einer Art intellektuellem Machtkampf werden zu lassen, was sich bei weniger Gemeinsamkeit allmählich ungut auswirken würde. Die leicht zwanghafte Note von Pluto kann Schwierigkeiten mit sich bringen, und zwar sowohl bei Ihren geistigen Beschäftigungen als auch in Ihren Beziehungen, vor allem wenn Sie sich dieses Aspektes nicht bewußt sind. Mäßigen Sie sich nämlich nicht in diesem Punkt, kann das zu übermäßiger Egozentrik führen. Das Positive an einer Beziehung ist für Sie, daß sie solchen Tendenzen entgegenwirken kann und bei Ihnen ein Bewußtsein für den anderen weckt. Sie sollten jede Beziehung als etwas schätzen, das Ihr Leben erweitert und bereichert.

Merkur-Pluto-Sextil

Sie haben einen Hang zum Intellektuellen, fühlen sich vom Reich der Ideen angezogen, legen schöpferische Neugier an den Tag und die Fähigkeit, aus einer Vielfalt von Quellen vielfältige Antworten zu beziehen. Ihr Denken ist eher analytisch, und Sie fühlen sich zu einer Arbeit hingezogen, bei der die Forschung oder Lehre im Vordergrund steht. Sie haben die Fähigkeit, intuitiv untergründige Sinnzusammenhänge im Bereich des vielfältigen Wissens, das Sie erwerben, zu erkennen, und können das so Erfaßte auch anderen mitteilen. Ihr begeisterter Forscherdrang kann andere Menschen anregen, selbst nach Antworten zu suchen, ohne sich zu sehr auf Autoritäten zu verlassen. Es fällt Ihnen leicht, eine große Zahl von Informationen aus den verschiedensten Wissensgebieten aufzunehmen und in der Erinnerung zu behalten; und Sie sind so für die anderen immer eine Quelle unterhaltsamen oder wichtigen Wissensstoffes.

Sie haben einen durchdringenden und klaren Verstand und sehen oft das Wesentliche, das sich hinter den Erscheinungen verbirgt. Neue Gedanken und Ideen faszinieren Sie sicher sehr. Die Tatsache, daß Sie eine lebhafte und schöpferische Phantasie haben, kann Ihnen helfen, neue und interessante Gedankenverbindungen zwischen den verschie-

denen Wissensbereichen zu schaffen und dadurch zu neuen Einsichten und Wahrnehmungen zu kommen.
In Ihren persönlichen Beziehungen sind Sie aufrichtig und direkt, und Sie erwarten das gleiche von den anderen. Vertrauen und Aufrichtigkeit sind sehr wichtig für Sie. Ohne diese Eigenschaften ist eine Partnerschaft für Sie nicht denkbar. Ihr Grundgefühl ist Selbstsicherheit und Stabilität, durch die Sie anderen in schwierigen Zeiten eine Stütze sein können. Sie haben die Fähigkeit, ganz unbefangen mit den verschiedenartigsten Leuten umzugehen, und schätzen diese Vielzahl von Kontakten auch, da sie Ihren Informationsschatz noch vergrößern helfen. Es dürfte Ihnen nicht schwerfallen, Ihre persönlichen Fähigkeiten effektiv einzusetzen, um so einen vernünftigen Lebensstandard zu erreichen.
Sie sollten sich davor hüten zu glauben, mit Ihren Überzeugungen, Meinungen und Ihrem Wissen immer im Recht zu sein. Das kann niemand von sich behaupten, aber Sie sind in diesem Punkt vielleicht etwas unkritisch sich selbst gegenüber, da Sie sich so geschickt und fließend ausdrücken können und Ihre Zuhörer in Bann zu schlagen vermögen. Sie pflegen Ihre Argumente mit scheinbar unantastbaren Fakten und Tatsachen zu stützen, sollten aber nicht vergessen, daß heutzutage alles leicht widerlegbar ist. Wie bei fast allen persönlichen Äußerungen, vor allem der Äußerung von Meinungen und Überzeugungen, sollte man einen Spielraum für Veränderungen und Modifikationen lassen, bereit sein, andere Ansichten zu akzeptieren, und weniger dogmatisch oder besessen sein von dem Bedürfnis, immer recht zu behalten.

Merkur-Pluto-Trigon

Die Energie des Trigons kann etwas so Subtiles haben, daß sie von vielen Leuten gar nicht erfaßt und genutzt werden kann. Sie hat eine natürliche Affinität zu höherer Wissenschaft und Metaphysik, in der die Grenzlinie zwischen Geist und Realität auf der Ebene von Bewußtsein und Energie erforscht und verstanden wird. Dieses Trigon steht in Beziehung zu einem scharfen Verstand, der sich in den Bereichen abstrakter Kontemplation bewegt, oder zur intuitiven unmittelbaren Erkenntnis und intellektuellen Erdung durch pragmatische Anwendung.

Im alltäglichen Leben werden Sie sich hauptsächlich damit beschäftigen, Ihre Konzentrationsfähigkeit zu entwickeln und die Möglichkeiten zu verbessern, Ihren Verstand zu gebrauchen und sich auszudrücken. Wenn Sie sich zu den höchsten Möglichkeiten dieses Aspektes nicht aufschwingen können, so sollten Sie versuchen, mit dieser Energie ein wenig auf den Boden der Tatsachen zu kommen und sie durch entschlossene Konzentration zu kanalisieren. Sonst besteht die Gefahr von Zerstreutheit, Konfusion und undiszipliniertem Denken. Vom Unbekannten werden Sie jedenfalls immer fasziniert sein, und dabei sind Sie voller Neugier, immer noch mehr zu erfahren. Sie sollten jedoch für eine gute Grundlage sorgen, bevor Sie damit beginnen. Wahrscheinlich haben Sie recht eigenwillige Ideen und können sie auch schöpferisch einsetzen, wenn Sie genügend Kontrolle über Ihr Denken haben und Ihre Ideen auch sinnvoll auswerten. Die Merkur-Energie verleiht Ihnen analytische Fähigkeiten und einen Forschergeist, den Sie zu Ihrem Vorteil einsetzen können, Sie sollten sich aber davor hüten zu glauben, Ihnen seien keine Grenzen gesetzt.

Sie lieben Herausforderungen und Wettstreit und wollen immer gewinnen. Wenn Sie scheitern, läßt Ihnen das keine Ruhe, und Sie versuchen, dann eine bessere Strategie herauszufinden, wobei die Pluto-Energie manchmal zu Manipulation verleitet, durch die Sie Ihre Gegner unterminieren wollen. Ihr Denken hat einen Hang zur Rücksichtslosigkeit, den die anderen oft nicht bei Ihnen vermuten. Wenn Sie etwas tun, dann wollen Sie es ganz tun. Sie müssen nur sehr gepackt sein von einer Sache, sonst verlieren Sie rasch das Interesse und suchen schon bald nach neuen Betätigungsfeldern. Fehlt diese Intensität, so können Sie sich schwer motivieren.

In persönlichen Beziehungen können Sie ein wenig autoritär sein, vor allem weil Sie glauben, Sie wüßten genau, was richtig und was falsch ist, und dadurch zu einer gewissen Starrheit neigen. Sie haben die Fähigkeit, hinter dem äußeren Schein das wahre Wesen der Menschen und ihre Motive zu erkennen. Das ist für Sie eine Richtschnur im Leben und hilft Ihnen, sich vor gewissen Menschen zu hüten, aber auch herauszufinden, mit wem Sie arbeiten wollen und was für Fähigkeiten Sie hervorlocken können. Das kann dazu führen, daß Sie sich mit der Koordination von Gruppen beschäftigen und dabei mit Ihrer Energie Denkanstöße geben, der Gruppe neue Einsichten vermitteln oder neue Möglichkeiten finden können, Ideen praktisch anzuwenden. Manchmal sind Sie gedanklich zu sehr mit sich selbst beschäftigt, es fehlt Ihnen an Teilnahme und an Verantwortungsgefühl – Eigenschaften, die die Pluto-Energie bei den meisten Menschen verstärkt, die auf ihre hellere Seite reagieren.

Im Idealfall sollte zwischen Ihrem Partner und Ihnen eine grundlegende Übereinstimmung im Denken und in der Lebenseinstellung bestehen. Sie können sich energetisch nur schwer mit gegensätzlichen und widersprechenden Meinungen verbinden, und wenn Sie eine Beziehung mit jemandem eingehen, der in seinen Ansichten nicht mit Ihnen übereinstimmt, werden Sie viel Zeit für unmittelbare Auseinandersetzungen vergeuden, die nur allzuoft zum Zerbrechen der Beziehung führen. Sie sind bereit, in eine positive Beziehung viel Energie zu investieren, haben aber auch hohe Erwartungen an Ihren Partner. Entscheidend ist für Sie, daß Sie eine kluge Wahl treffen, die auf der Kenntnis Ihres eigenen Wesens und dessen, was sich damit verträgt, beruht.

Merkur-Pluto-Quadrat

Das Quadrat kann Ihnen eine Grobheit des Temperaments und der Ausdrucksweise verleihen, eine unverblümte Direktheit, die Sie schnell in Konflikte mit anderen geraten läßt. Sie möchten zwar ein Bild von sich vermitteln als von jemandem, der immer imstande ist, auf die »reale Lage« einzugehen, spüren aber oft nicht, welche Reaktionen Ihre möglicherweise sehr schonungslosen Beobachtungen heraufbeschwören können. Sie versuchen erst gar nicht, sie schmackhaft zu machen oder in Höflichkeitsfloskeln zu verpacken.
Sie neigen zu Extremen, sind oft den Motiven und Absichten anderer gegenüber mißtrauisch, verbergen Ihre eigenen um so gründlicher und haben eine eher pessimistisch gefärbte Lebenseinstellung. Ihr Verhalten ist häufig unberechenbar, die anderen wissen nicht so recht, woran sie mit Ihnen sind, und halten lieber ein wenig Abstand. Sie fühlen sich nicht wohl, wenn Ihnen jemand zu nahe kommt, und brauchen ziemlich lange, bis Sie einem Partner vertrauen und relativ locker in seiner Anwesenheit sein können. Sie haben die Nei-

gung, einen Partner manipulieren und formen zu wollen, dulden nicht gerne Widerspruch und sind oft in Ihren Ansichten intolerant und festgefahren, so daß wenig Raum für Flexibilität und spontane Veränderungen bleibt.

Manchmal versuchen Sie, Ihren Willen mit Gewalt durchzusetzen und andere zu dominieren. Sie haben zwar zuweilen Erfolg damit, oft aber fehlt Ihnen das rechte Maß, und Sie sind unsensibel, was weder Ihren Zielen noch den anderen zugute kommt. Und obwohl Sie sich sehr direkt auszudrükken belieben, verbringen Sie oft viel Zeit damit, sich irgendwelche Winkelzüge auszudenken, was sich dann ebenfalls zu Ihrem eigenen Nachteil auswirken kann.

Nur allzuleicht projizieren Sie die Eigenschaften Ihres eigenen Schattens auf andere, tun sich schwer, ihnen zu vertrauen, intrigieren aber selbst gegen sie. Sie haben wahrscheinlich kaum besondere Fähigkeiten, andere zu motivieren oder eine Gruppe anzuleiten, da Sie eher ein Einzelgänger sind. Ihre Haltung Autoritäten gegenüber ist ambivalent. Wenn Sie zu Hause oder am Arbeitsplatz über Macht und Autorität verfügen, nutzen Sie das nur allzugern aus, sind aber antiautoritär eingestellt, wenn Sie von einem Menschen in verantwortlicher Position nicht viel halten. Jede untergeordnete Rolle ist Ihnen zuwider.

Sie müssen sich geistig mehr Selbstdisziplin auferlegen und einsichtiger werden, um Ihre kritische Erkenntnisfähigkeit positiver nutzen zu können. Vor allem aber sollten Sie sich in Ihrer Selbstdarstellung und in Ihrer Art, mit anderen umzugehen, mäßigen. Wenn Sie Ihre Gedanken und Worte mehr im Zaum halten könnten, würde Ihnen das helfen, Kontroversen und unnötige Konflikte mit anderen zu vermeiden und nicht nur immer die anderen, sondern auch sich selbst besser zu durchschauen. Dann würden Sie vielleicht bemerken, wie Sie Ihre negativen Schatteneigenschaften auf andere und auf die Außenwelt projizieren, anstatt diese Eigenschaften innerlich zu verwandeln und die Energien schöpferisch und positiv anzuwenden. Sie haben nämlich eigentlich die Möglichkeit, eine Vielzahl gegensätzlicher Ansichten zu erfassen und zu einer neuen Synthese der in ihnen liegenden, verborgenen wesentlichen Elemente zu gelangen und dann eine Gesprächsgrundlage zu schaffen, von der aus man die scheinbaren Unvereinbarkeiten lösen kann. Das wird eine unschätzbare Gabe sein, wenn die notwendigen inneren Veränderungen geschehen und Sie Ihr Leben neu orientieren. Das kann vorübergehend zu einer Phase führen, in der Sie Ansichten und Überzeugungen rasch übernehmen, aber Sie sehen daran nur, daß Sie im Grunde flexibel sind und sich verändern können. Die Auflösung von Grenzen und die Möglichkeit zur Veränderung Ihres Lebensstils und Ihrer Beziehungen ist die große Herausforderung, vor die Pluto Sie stellt.

Merkur-Pluto-Opposition

Die Energie der Opposition schafft starken inneren Druck und Spannungen auf der geistigen wie auf der emotionalen Ebene, und es kann schwer sein, konstruktiv damit umzugehen, da starke innere Veränderungen notwendig sind, bevor diese Energie von einer integrierten Persönlichkeit geformt werden kann.
Ihre innere Unruhe und Angst bestimmen Ihre Wahrnehmung und Ihre Gefühlsreaktion auf Ereignisse. Das heißt nicht notwendigerweise, daß Sie die Dinge falsch sehen, aber sie gehen bei Ihnen tiefer und beeinflussen Sie mehr als an-

dere Menschen. Ihre Grundstimmung ist pessimistisch und depressiv, Sie sehen auf der Welt hauptsächlich Unordnung, Schmerz und wachsende Probleme. Sie empfinden soziale Probleme ganz persönlich und real, selbst wenn Sie durch Ihre Lebensumstände gar nicht unmittelbar mit Ihnen in Berührung kommen. Ihre Sensibilität (oder innere Empfänglichkeit) verleitet Sie dazu, die Welt nur als einen Ort der Krisen zu sehen und sich verantwortlich für alle Probleme zu fühlen, und Sie können davor auch kaum fliehen, es sei denn, Sie würden an konkreten Verbesserungen arbeiten. Ihr soziales Gewissen ist außergewöhnlich wach. Frustrierend für Sie ist, daß Sie immer das Gefühl haben, es sei noch unendlich viel zu tun, soviel Sie auch selbst schon anzupacken versuchen. Sie müssen einfach akzeptieren, daß Sie nicht alles verändern können, und sollten Ihren persönlichen Beitrag leisten, ohne sich zuviel aufzuladen.

Diese Ungeduld geht mit einer inneren Anspannung einher, die sich oft in einer etwas brüsken, schroffen Art äußert. Es liegt ein Widerspruch darin, daß Sie einerseits das Leben verbessern und harmonischere Beziehungen schaffen wollen, andererseits aber in Ihrem Umgang genau das Gegenteil bewirken. Sie neigen dazu, die anderen zu sehr auszufragen, was Distanz schafft, und verlieren unter dem Druck Ihrer Mission oft den Sinn für Gemeinsamkeit und Kooperation in einer Beziehung aus den Augen. Sie müssen Kompromißbereitschaft und Mäßigung lernen und die Bedürfnisse und Gefühle Ihrer Mitarbeiter oder Partner ernster nehmen. Auch sollten Sie ein realistischeres Zeitgefühl gewinnen und einsehen, daß Veränderungen nur langsam vor sich gehen, dann wird sich Ihre sozialreformerische Ungeduld etwas mäßigen. Es braucht seine

Zeit, Trägheit und Widerstand zu überwinden, die oft gerade von denen ausgehen, denen Sie zu helfen glauben.

Sie haben hohe Ideale, es fehlt Ihnen aber oft an Vertrauen in die Fähigkeit, sie zum Ausdruck zu bringen oder ihnen gerecht zu werden. Niemand kann den höchsten Idealen gerecht werden, deshalb sollten Sie ein wenig loslassen und Raum schaffen zwischen sich selbst und dieser inneren Besessenheit und mehr Zeit darauf verwenden, diese Energie zur eigenen Veränderung zu verinnerlichen. Wichtig ist vor allem, was Sie selber sind. Und indem Sie Ihr Ideal selbst immer vollständiger verkörpern, werden Sie als lebendes Vorbild wirken und deshalb mehr erreichen.

Es ist schwer, mit diesem Gefühl der Verbundenheit mit der Welt zu leben, mit diesem Gefühl, verantwortlich und verpflichtet zu sein, zu helfen und die Last anderer zu tragen. Zunächst einmal müssen Sie Ihre eigene Last erleichtern, dann wird Ihr Leben erfüllter, und Sie werden mehr Klarheit und eine neue Perspektive gewinnen.

VENUS-PLUTO-ASPEKTE

Venus-Pluto-Konjunktion

Ihre intimen persönlichen Beziehungen sind in Ihrem Leben von größter Bedeutung, in dieser Sphäre werden Sie die Höhen und Tiefen emotionaler Intensität ausmessen, und hier werden sich die Transformationsenergien konzentrieren, die Ihre Lebensrichtung bestimmen.

Was Sie suchen, ist die ideale Liebesbeziehung auf physischer wie auf emotionaler Ebene, eine verzehrend leidenschaftliche, emotionale Bindung an Ihren Idealpartner; und dieser Wunsch wird bei der Wahl Ihrer Liebespartner entscheidend sein. Leider jagen Sie da eher einer Illusion nach als der Wirklichkeit, einer Idealgestalt, die Sie aus der eigenen Psyche projizieren und in der objektiven Welt zu finden versuchen – die Anima- und Animus-Bilder der Jungschen Psychologie. Da die Realität des Lebens immer wieder dazu angetan ist, Illusionen zu zerstören, werden Sie in Ihren Beziehungen oft Enttäuschungen erleben, was dazu führen kann, daß Sie mit einer Vielzahl von Partnern experimentieren, von denen keiner Ihrem inneren Bild von Vollkommenheit entspricht.

Es kann schwer sein, Sie emotional zu befriedigen, da Sie glauben, es gäbe immer noch eine größere Erfahrungsintensität, die Ihnen bisher entgangen sei, zu der Sie aber gelangen könnten, wenn Sie nur den richtigen Partner gefunden hätten. So wird Ihr Emotionalleben unvermeidlich von Höhen und Tiefen geprägt sein, und wahrscheinlich werden Sie beginnende Beziehungen abbrechen oder sie allmählich auseinandergehen lassen, indem Sie sich immer weniger darum bemühen, da Sie bereits wieder begonnen haben, Ihre Netze nach einem passenderen Partner auszuwerfen. Für jemanden, der sich gefühlsmäßig an Sie gebunden hat, kann es schwierig mit Ihnen sein, denn Sie muten ihm dauernde Wechselbäder zu: einmal Feuer, Leidenschaft und Intensität, dann wieder Kälte, Distanz und Desinteresse, vor allem wenn Ihr Partner seine menschlichen Schwächen zeigt. Für Sie ist nur ein Gott oder eine Göttin gut genug!

Sie projizieren also Ihren inneren Idealpartner nach außen. Sie sollten aber erkennen, daß Sie diese Eigenschaften in Ihrem eigenen Wesen entdecken müßten, um vollständiger und in sich ruhender zu werden, statt daß Sie jemand anderem die Last auferlegen, sie an Ihrer Stelle zu leben, und sich an ihn anlehnen. Sie müssen Ihre Phantasieprojektionen zurücknehmen, aufhören, von einem anderen zu erwarten, daß er Ihr Ideal erfüllt, und lernen, wie Sie es selbst verkörpern können. Das ist ein Schritt hin zur inneren Androgynität, bei der der Mann seine Anima integriert und den traditionellen weiblichen Eigenschaften der Sensibilität, der Intuition und der Fürsorglichkeit in seinem Leben Raum gibt und es dadurch reicher macht – und wo in die physische Weiblichkeit der Animus integriert wird und damit die Fähigkeiten des Handelns, Denkens und der Durchsetzung Ihr Leben bereichert und ins innere Gleichgewicht bringt.

Bevor Sie sich nicht mit der Notwendigkeit dieser inneren, psychischen Vorgänge beschäftigt haben, werden Sie in Ihren Beziehungen immer eine gewisse Unzufriedenheit verspüren und das Gefühl haben, irgend etwas fehle Ihnen. Sie müssen sich verändern, um Ihren Beziehungen eine Chance zu geben, müssen die Realität des Menschen, seine Schwächen und Stärken akzeptieren und lernen, auch »Menschen aus Fleisch und Blut« zu lieben. Die Liebesintensität, die in Ihnen als Möglichkeit angelegt ist, kann entscheidende Wandlungen in Ihnen selbst und in Ihren Partnern anregen und als Katalysator zur Heilung und Entwicklung dienen. Die Erneuerung wird in Ihrem Leben durch Emotionen geschehen, aber Sie müssen zuerst bereit sein, ein Herzensopfer zu bringen.

Ihre Vitalität und Ihre Energie können Ihnen ein künstlerisches Temperament und schöpferische Fähigkeiten verleihen, die mit der Gabe zum dramatischen Selbstausdruck verbunden sind. Die Menschen werden selten lauwarm auf Sie reagieren, weil Sie sich entweder von diesen verzehrenden Flammen angezogen fühlen oder abgestoßen werden, da diese Intensität einfach zuviel für sie ist. Wenn Sie Ihre überschüssige vitale Gefühlsenergie in die Begeisterung für einen spirituellen Weg oder eine soziale Aufgabe einfließen lassen könnten, würde das eine innere Erneuerung mit sich bringen, da Sie dann zwar noch die gleiche Intensität hätten, aber aus einem stabilisierten inneren Gleichgewicht heraus leben könnten.

Venus-Pluto-Sextil

Mit dem Sextil haben Sie es leichter als mit der Konjunktion oder den stark fordernden Aspekten Quadrat und Opposition. Sie finden leichter zu einem Zustand harmonischen inneren Gleichgewichtes und können das Wesen der Liebe besser verstehen und die menschlichen Beziehungen realistischer einschätzen.
Sie erleben Ihre Gefühle und Ihre Emotionen intensiv, können sie aber leichter in Ihre Persönlichkeit integrieren und werden nicht zwanghaft von ihnen getrieben. Das bedeutet, daß Sie wahrscheinlich in der Lage sind, die Muster Ihres emotionalen Lebens zu überschauen, die rhythmischen Zyklen wahrzunehmen und durch Vernunft, Logik und Rationalität zu mäßigen, was auf dieser Ebene zu stark in den Vordergrund treten möchte.
Verständnis ist sehr wichtig für Sie, und Sie wissen, welche verwandelnde und wohltuende Kraft die Liebe im menschlichen Leben sein kann. Eine erfolgreiche intime Beziehung zu haben ist für Sie außerordentlich wichtig, aber Sie werden Ihren Partner wahrscheinlich sehr sorgfältig auswählen. Sie brauchen einen Partner, der fähig ist, sich mit Ihnen zu entwickeln, und zwar in dem Maß, wie die Beziehung im Laufe der Zeit reift und sich verändert; einen Partner, mit dem Sie

echte Liebe und Respekt verbindet, der die gleichen oder ergänzenden Interessen hat und mit dem eine für beide förderliche Beziehung möglich ist. Die Partnerschaft muß einen tieferen Sinn für Sie haben, vielleicht durch eine gemeinsame Ausrichtung auf ein Lebensziel, getragen von einem hohen Maß an Austausch und Gemeinsamkeit. Sie haben hohe Ideale, die aber im wirklichen Leben erreichbar sind. Der Schlüssel zum Erfolg liegt in der beiderseitigen Wahl, die möglicherweise durch eine Reihe von Ereignissen zustande kam, aus denen sich ablesen läßt, daß die Beziehung etwas Schicksalhaftes hat. Daraus entsteht eine Verbundenheit, die der Beziehung dann Kraft verleiht, wenn gegenseitige Anpassung und Veränderungen beider Partner notwendig sind, damit sie sich im Laufe der Jahre weiterentwickeln und vertiefen kann.

Sexualität ist wichtig für Sie, hat aber nichts Zwanghaftes, denn Sie sehen sie als einen natürlichen, erfreulichen Aspekt des Erwachsenenlebens und werden wohl kaum Unbehagen empfinden beim physischen Ausdruck von Liebe und Zuneigung. In Ihnen schlummert künstlerisches oder musikalisches Talent, und wenn Sie sich ernsthaft genug darum bemühen, werden Sie vielleicht entdecken, daß Sie über durchaus eigenständige schöpferische Fähigkeiten verfügen.

Venus-Pluto-Trigon

Für das Trigon gilt ähnliches wie für das Sextil. Auch hier geht eine innere Wandlung wahrscheinlich durch emotionale Erfahrungen höherer und intensiverer Art vor sich.
Sie haben einen grundlegenden Glauben an das Leben, einen angeborenen Optimismus, daß sich alles zum Guten

wenden wird. Das Vertrauen in das Leben kann ansteckend sein. Vielleicht fühlen Sie sich dazu berufen, Ihre persönliche Lebenshaltung oder Philosophie mit anderen zu teilen, damit auch sie erfahren können, wie Glaube, Vertrauen und Liebe ein Leben bereichern und leiten können. Sie glauben, daß zwischenmenschliche Beziehungen von höheren Werten getragen sein müssen, und versuchen, selbst nach diesen Werten zu leben. Sie erkennen, daß das Fundament einer Partnerschaft, abgesehen von gegenseitiger Liebe und Zuneigung, aus Hingabe, Aufrichtigkeit, Integrität und der Verantwortung für die gegenseitigen Verpflichtungen besteht und aus der Fähigkeit, sich gegenseitig den Raum zu lassen, sein einzigartiges Leben zu entfalten und die Persönlichkeit weiterzuentwickeln. Im allgemeinen glauben Sie, das Leben der anderen Menschen könnte wesentlich besser sein, wenn sie ihre Einstellung in gewissen Punkten veränderten, und wahrscheinlich haben Sie damit auch recht. Sie sollten sich aber vielleicht vor der Neigung hüten, in die Entscheidungen anderer Menschen eingreifen zu wollen. Jeder muß seinen eigenen Weg finden, aber Sie können ihm vielleicht dabei helfen, indem Sie ihn ermutigen, sich selbst besser kennenzulernen und seine Entscheidungen zu überdenken.

Sie haben wahrscheinlich das Gefühl, einem Lebensweg folgen zu müssen, der Sie in eine ganz bestimmte Richtung führt, und daß alles seinen Sinn hat. Nachträglich erscheint Ihnen alles eine Notwendigkeit, ja etwas Unausweichliches gehabt zu haben. Auch in Ihrem intimen Liebesleben haben Sie das Gefühl der Vorherbestimmung und warten vielleicht auf den einen richtigen Partner. Bei den Beziehungen, die Sie eingehen, bevor Sie ihn gefunden haben, fühlen Sie sich nie wirklich wohl und können sich auch nicht richtig auf sie einlassen. Vielleicht erkennen Sie den richtigen Partner im traditionellen Sinne der »Liebe auf den ersten Blick« oder durch ein intuitives Gefühl, daß alles seine Richtigkeit hat.

Ob es nun unmittelbar zu erkennen ist oder nicht, Ihr Leben wird von Ihren Emotionen stark bestimmt und beeinflußt. Ihre Entscheidungen hängen immer von Ihren emotionalen Reaktionen auf Menschen und Situationen ab, auch wenn Sie Ihre spontanen Reaktionen mit intellektuellen Gründen oder Logik zu rechtfertigen versuchen. Glücklicherweise treffen Sie meistens die richtigen Entscheidungen, anders als Menschen mit Venus-Pluto-Quadrat oder -Opposition, deren emotionale Impulse zu großen Schwierigkeiten und Frustrationen führen können. Es kann sein, daß einige der höheren Fähigkeiten, die in Ihnen angelegt sind, latent bleiben, bis sie durch die verwandelnde Wirkung der Liebe angeregt und ins Bewußtsein gehoben werden. Die Begegnung mit dem Ihnen bestimmten Partner könnte diesen Prozeß auslösen. Das bedeutet nicht notwendigerweise, daß die Beziehung dann auch gelingt und dauerhaft ist, aber Sie könnten durch sie in eine Krise und zu einem Wendepunkt Ihres Lebens kommen, ausgelöst in Ihrem Gefühlsleben. Gleichgültig, wie sich Ihre Beziehung dann weiterentwickelt, Sie könnten dadurch zu vertiefter Einsicht gelangen und starke innere Wandlungen erleben.

Venus-Pluto-Quadrat

Pluto bringt ein schicksalhaftes Element in Ihre emotionalen Angelegenheiten, woraus wahrscheinlich immer wieder Probleme in Ihrem Leben resultieren. Die Partnerwahl wird bei Ihnen vermutlich von Ihren intensiven Emotionen bestimmt; und Ihre Unfähigkeit, Ihre Begierden und Leidenschaften unter Kontrolle zu halten, wird Ihnen einige Schwierigkeiten bereiten. Das kann dazu führen, daß Sie Beziehungen zu unpassenden Partnern eingehen, durch die Aspekte Ihres Wesens zutage treten, die weder Ihnen selbst noch Ihrem Partner förderlich sind. Im Extremfall könnte sich solch eine Beziehung für beide Beteiligten destruktiv auswirken oder zu einer Charakterschwächung führen.

Ob Sie Erfüllung in einer Beziehung finden, kann auch von sozialen und materiellen Bedingungen abhängen. Wahrscheinlich fühlen Sie sich zu Menschen hingezogen, die Ihnen Geld, Besitz und sozialen Status zu bieten scheinen. Das liegt teilweise an Ihrem Bedürfnis nach Sicherheit und kann bei Liebesbeziehungen wie bei einer Heirat der entscheidende Faktor sein. Im Rausch der Leidenschaft fühlen Sie sich aber auch vielleicht zu jemandem hingezogen, der über keinen dieser »Vorzüge« verfügt, was sich auf die Partnerschaft schließlich negativ auswirken wird.

In Ihren Beziehungen sind Sie wahrscheinlich egozentrisch, Sie versuchen, viel für sich zu bekommen, geben aber wenig und merken dabei, daß Sie dennoch jene Gipfel der emotionalen und sexuellen Intensität, die Sie sich vorstellen, nicht erreichen. Daraus entsteht ein wachsendes Gefühl der Frustration, das Ihnen die Fähigkeit, zu genießen und sich zu erfreuen, immer mehr verleidet und dazu führt, daß Sie sich geistig, emotional und physisch immer weniger engagieren und verantwortlich fühlen.

Ein Konflikt besteht für Sie zwischen wirklichen Bedürfnissen und Wünschen. Sie sollten sich Zeit lassen, um wirklich herauszufinden, was Ihre realen Bedürfnisse sind, im Gegensatz zu Wünschen und Begierden, die für Ihr Wohlergehen weniger wichtig sind. Die Erfahrung sollte Ihnen zeigen, daß alles seinen Preis hat und daß die Erfüllung wirklicher Bedürfnisse viel weniger Negatives mit sich bringt als der Zwang, jeden Wunsch zu befriedigen. Es gibt zahllose Wünsche, meist jedoch nur eine Handvoll wirklicher Bedürfnisse, die erfüllt sein müssen, damit man sich des Lebens erfreuen kann. Sie müssen entscheiden, wofür Sie Ihre Energie einsetzen. Wenn Sie der Erfüllung Ihrer Wünsche nachjagen, kann das oft dazu führen, daß Sie die anderen durch irgendeine Art von Dominanz zu manipulieren versuchen.

Es ist sehr wahrscheinlich, daß Sie Krisen in Zusammenhang mit Beziehungen und Emotionen erleben, durch die Sie die Möglichkeit haben, die in Ihnen wirksamen Energien von Liebe, Gefühl und Sexualität zu verstehen und zu verwandeln. Dadurch könnte Ihre Egozentrik durchbrochen werden, und Sie könnten fähiger werden, zu geben, mit Ihrem Partner Kompromisse zu schließen und Ihre starken, impulsiven Triebe und Wünsche bewußter unter Kontrolle zu bekommen. Eine Möglichkeit, diese Energie zu kanalisieren, ist eine künstlerische Beschäftigung, denn Sie werden wahrscheinlich entdecken, daß Sie in diesem Bereich ein gewisses Talent besitzen, das bisher brachlag. Sie sollten jede Neigung vermeiden, sich auf geheime Liebesaffären einzulassen, die zwar das Feuer der Leidenschaft anstacheln mögen, die zugleich aber auch Ihre negativen Eigenschaften wie die Tendenz, nicht immer vertrauenswürdig zu sein und Ihre Verpflichtungen nicht immer zu erfüllen, noch mehr zutage treten lassen.

Venus-Pluto-Opposition

Die schwierigen Aspekte Quadrat und Opposition enthüllen zwangsläufig die Schattenseite der Pluto-Energie, und es bedarf einer tiefgreifenden individuellen Wandlung und großer Selbsterkenntnis, um ihre möglicherweise negativen Auswirkungen auf das Leben zu mildern. Man darf dabei nicht vergessen, daß dieser Einfluß, der einen zwingt, sich mit der Schattenseite der Psyche auseinanderzusetzen, im Grunde positiv und schöpferisch sein kann, wenn er zu einer Neuorientierung des Innenlebens genutzt wird; denn darin liegt der verborgene Sinn des Pluto-Impulses.

Wahrscheinlich werden Sie ein wiederholtes Muster von sexueller Liebe und emotionalen Beziehungen erleben, die Sie entweder nicht zu befriedigen und zu erfüllen scheinen oder die scheitern, in Bitterkeit und Leiden enden. Das kann zu einer resignierten oder zynischen Haltung führen.

Ihre emotionale Intensität und Leidenschaftlichkeit bereitet Ihnen wahrscheinlich Schwierigkeiten, da sie oft Ihrer Kontrolle zu entgleiten scheint und Sie in Situationen und zu Begegnungen führt, die Sie von einem nüchternen Standpunkt aus keineswegs als wünschenswert betrachtet hätten. Natürlich geben Sie sich nicht mit allem zufrieden, aber Ihre sexuellen oder emotionalen Bedürfnisse können sehr stark sein, und Ihre fehlgeleiteten Energien drängen Sie möglicherweise zu einem zwanghaften Verhalten, so daß Sie sich nachträglich vielfach nur durch das Gefühl rechtfertigen können, daß Ihnen »gar keine andere Wahl geblieben war«. Entweder fühlen Sie sich dazu getrieben, immer wieder mit neuen Partnerschaften zu experimentieren, oder Sie versuchen irgendwann, sich überhaupt nicht mehr auf emotionale Beziehungen einzulassen, da Sie Angst haben, das alte Muster immer zu wiederholen.

In Ihren intimen Beziehungen können auch Probleme auftreten, weil Sie die Tendenz haben, dominieren zu wollen. Es muß immer nach Ihren Vorstellungen gehen, was sich manchmal im sexuellen und emotionalen Bereich schädlich auswirken kann, zuweilen offensichtlich, zuweilen eher subtil. Aber selbst wenn Sie eine untergeordnete Rolle spielen, ist das nur eine versteckte Art, zu manipulieren und Ihre Absichten auf sanfte Weise durchzusetzen; und das entspricht Ihnen eigentlich nicht. Gewöhnlich wollen Sie, daß Ihre Partner sich verändern, um sich Ihnen anzupassen, und üben zu diesem Zweck vor allem sexuell und emotional starken Druck aus.

Sie werden einsehen müssen, daß Kompromisse in der Beziehung notwendig sind, und lernen, Ihre Begierden und Impulse zu verstehen, die Sie aus den Tiefen Ihres Unbewußten heraus konditionieren und beherrschen. Es wäre vielleicht gut, wenn Sie sich mit humanistischer Psychologie beschäftigten oder an einem Kurs oder einer Therapie teilnähmen, um diese verborgenen Impulse ins Bewußtsein zu heben und auf unschädliche Weise zum Ausdruck zu bringen. Jeder hat in gewissem Maß solche Impulse und unbewußte innere Phantasiewelten. Mit diesem Aspekt entstehen daraus jedoch Probleme für Sie, die aber lösbar sind, wenn Sie bereit sind, sich mit ihnen durch einen Akt der Integration und Transformation auseinanderzusetzen. Das wird Ihnen auch helfen, Gleichgewicht in Ihre sprunghaften emotionalen Bedürfnisse zu bringen, die Sie und Ihren Partner oft verwirren. Sie reagieren sehr wechselhaft, da Ihre Impulse einem verborgenen rhythmischen Zyklus zu folgen scheinen, was zu

unkontrollierbaren emotionalen und sexuellen Bedürfnissen und großer Intensität, dann aber auch immer wieder zu Unzugänglichkeit und Kälte führt.
Die Entscheidung liegt immer bei Ihnen. Sie haben entweder die Möglichkeit, viele der Schwierigkeiten, die Ihnen gewöhnlich in Beziehungen begegnen, zu entschärfen oder weiterhin zu hoffen, daß alles von selbst besser wird. Pluto regt Sie an, den positiven Weg zu gehen, indem Sie sich mit den Folgen der Passivität gegenüber Ihren inneren Kräften auseinandersetzen und erkennen, was es bedeutet, wenn Sie weiter unbewußt diesen verborgenen Einflüssen ausgeliefert bleiben.

MARS-PLUTO-ASPEKTE

Mars-Pluto-Konjunktion

Dieser Aspekt wird Ihnen große physische Energie und Lebenskraft verleihen, die Sie für Aufgaben anwenden können, bei denen Hartnäckigkeit, Entschlossenheit und Ausdauer gefordert sind. Sie sind in der Lage, Ihren starken Willen zum Erreichen Ihrer Ziele einzusetzen; und die Ihnen eigene Vitalität hilft Ihnen, eine klare Lebensrichtung zu verfolgen, wenn Sie sie richtig lenken.
Diese Energie kann Ihre egozentrischen Tendenzen verstärken und Ihre Triebnatur so stimulieren, daß Sie vor allem das anstreben, was Ihnen persönlichen Nutzen und Befriedigung bringt. Sie suchen die Herausforderung, um Ihre Kräfte daran messen zu können. Wenn Sie Ihre Lebensentscheidungen durch diese Tendenzen bestimmen lassen, werden Sie, durch zwanghaft-unersättliche Wünsche bestimmt,

selten Erfüllung finden. Darin kommt eine gewisse Naivität oder Ahnungslosigkeit zum Ausdruck, die im Grunde egozentrisch ist und etwas jugendlich Unreifes hat, eine Art »Ich will«-Syndrom, das einer bewußten Mäßigung bedarf, damit Sie sich besser in der Hand haben.

Sie werden sich meist behaupten und durchsetzen wollen, was manchmal sogar, ungeachtet der Reaktionen der anderen, etwas Zwanghaftes hat. Sie denken die Dinge oft nicht genug durch, Sie überschauen nicht die Folgen gewisser Handlungen oder Worte. Das kann Sie natürlich in schwierige Situationen bringen, es ähnelt dem Verhalten eines Halbwüchsigen, das, wie die meisten Eltern feststellen müssen, zu beträchtlichen Spannungen in der Familie führen kann.

Gegen jede Art von Einschränkung haben Sie eine Abneigung, Sie brauchen immer soviel Freiheit wie irgend möglich. Wenn Sie das Gefühl haben, Ihre Energie sei blockiert, werden Sie nach einer Möglichkeit suchen, sie auszuleben, da Sie sonst das Gefühl haben, irgendwann explodieren zu müssen, was sich sehr unangenehm auswirken kann. Um solche inneren Spannungen zu vermeiden, sollten Sie versuchen, Ihr Leben so zu gestalten, daß die Wahl Ihres Partners und Ihre Arbeit Ihren Bedürfnissen weitgehend entsprechen.

In Ihren intimen Beziehungen sind Sie oft zu ungestüm und aggressiv. Durch die Pluto-Energie neigen Sie dazu, dem Partner gegenüber zu besitzergreifend und fordernd zu sein, und vielleicht versuchen Sie, auf der sexuellen Ebene zu dominieren. Sexuelle Erfahrungen sind sehr wichtig für Sie, und Sie werden versuchen, Ihre überschüssige physische Kraft auf dieser physischen Ebene auszuleben. Sie sollten sich bemühen, sich in diesem Punkt mehr in der Hand zu haben, damit Sie nicht zwanghaft handeln oder sich zu extrem oder gar gewalttätig äußern.

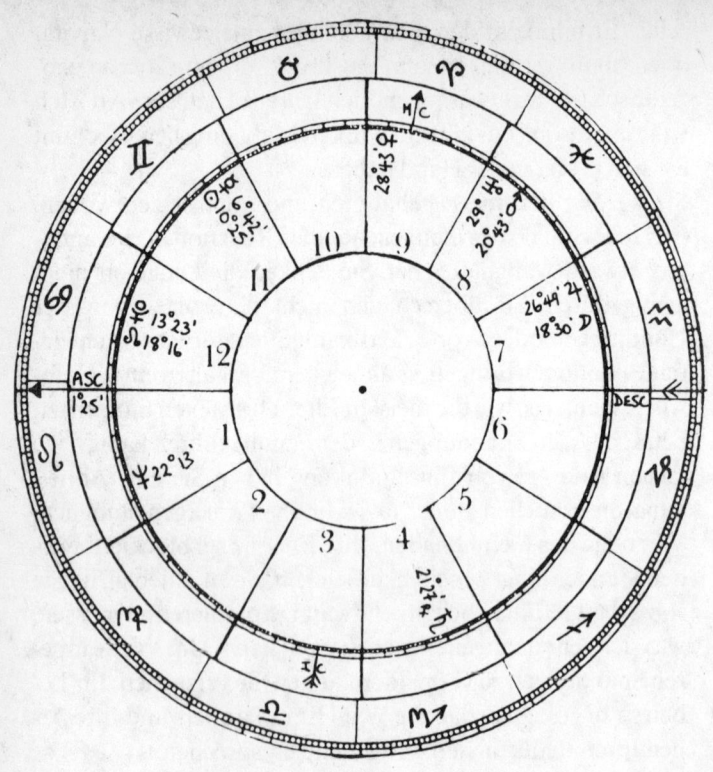

Abb. 4:
Horoskop von Marilyn Monroe (1926–1962),
amerikanische Filmschauspielerin,
»der archetypische Star«.
Pluto Trigon Mars; Radix-Pluto im 12. Haus.

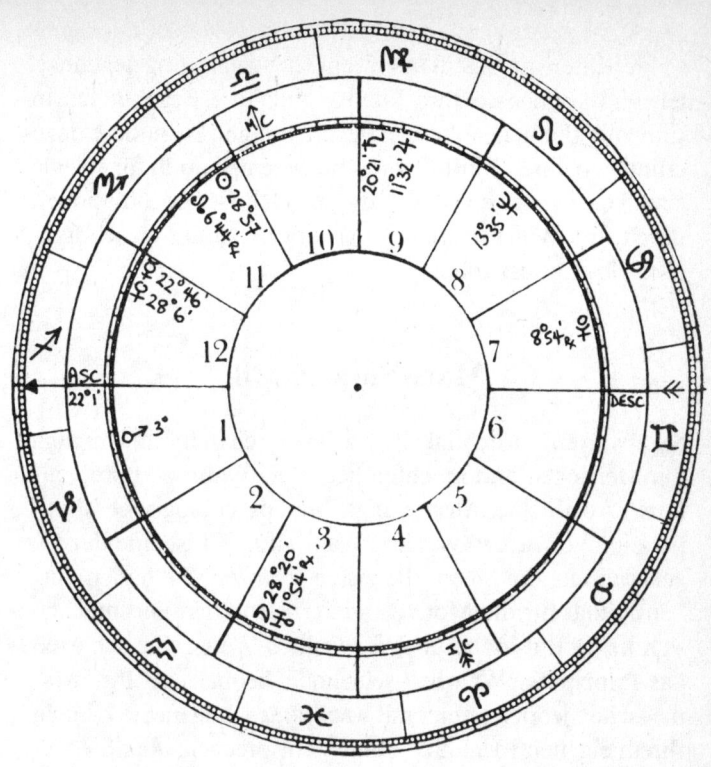

Abb. 5:
Horoskop von Timothy Leary (*1920),
amerikanischer Psychologe, der in den sechziger Jahren
für den Gebrauch psychedelischer Drogen zum Zwecke der
allgemeinen Bewußtseinserweiterung eintrat.
Pluto Sextil Jupiter; Opposition Mars;
Trigon Uranus; Radix-Pluto im 7. Haus.

Wenn Sie reifer werden, entdecken Sie vielleicht ein wachsendes Interesse und Bewußtsein für soziale Angelegenheiten und können so Ihre Vitalität und Ihre Begabungen in sinnvolle Bahnen lenken. Vielleicht können Sie andere dazu ermutigen, ihren Einfluß und ihre Machtposition für soziale Zwecke einzusetzen. Ihre Fähigkeit, schwierige Situationen durch Ihre Willensstärke zu bewältigen, kann sich schöpferisch-positiv auswirken.

Mars-Pluto-Sextil

Sie erwarten Aufrichtigkeit und Direktheit in Ihrem Umgang mit Menschen und möchten lieber die Wahrheit hören, als durch Ausflüchte, Anspielungen und psychologische Manipulation verwirrt zu werden. Wahrhaftigkeit ist eine der Eigenschaften, die Sie am höchsten schätzen. Sie haben eine Sensibilität für die Motive anderer Menschen und machen sich keine Illusionen über ihr wahres Wesen. Sie schätzen das Prinzip der Wahrheit sehr hoch, beobachten Ihre Mitmenschen jedoch immer mit wachsamen Augen. Sie können Ihrem eigenen Ideal nicht immer entsprechen, aber Sie versuchen es.
In Ihrem Denken sind Sie eher analytisch und deduktiv. Sie können sich zudem gut und im allgemeinen überzeugend ausdrücken, vor allem durch die Entschiedenheit, mit der Sie Ihre Meinungen, Argumente und Überzeugungen vertreten. Sie haben ein Talent, sich wirkungsvoll in Szene zu setzen, wodurch Sie versuchen, Ihre Zuhörer für sich einzunehmen – sowohl persönlich als auch was die Stärkung Ihrer Position anbelangt.
Sie verfügen wahrscheinlich über eine starke physische Vita-

lität, betätigen sich gerne körperlich, beschäftigen sich viel mit Training und Körperpflege. Dem sexuellen Leben gegenüber haben Sie wahrscheinlich eine gesündere und positivere Einstellung als die Menschen mit Mars-Pluto-Quadrat oder -Opposition. Sie sehen Sex wahrscheinlich im Grunde als etwas ganz Natürliches an und können diese Energie ohne innere Zwänge oder Verzerrungen ausleben.

Die anderen wissen meist genau, woran sie bei Ihnen sind, da Sie Ihren Standpunkt ohne Zurückhaltung vertreten, sich klar und deutlich ausdrücken und das gleiche von anderen erwarten. Wenn jemand sich weniger direkt ausdrückt und Sie später herausfinden, daß er Sie belogen hat, können Sie ihm das nicht leicht verzeihen. Selbst wenn Sie sich nichts anmerken lassen, Ihr Vertrauen hat derjenige verloren.

Vielleicht sollten Sie sich bemühen, etwas weniger selbstgerecht zu sein. Da Sie sich so klar und bestimmt auszudrücken pflegen, beginnen Sie vielleicht zu glauben, Sie sähen alles richtig, und verlernen das Zuhören. Die Ansichten der anderen sind aber genauso wertvoll wie Ihre eigenen, und meistens lohnt es sich, ihnen zuzuhören, denn durch neue Gesichtspunkte vertiefen Sie Ihre eigenen Einsichten, können Mißverständnisse korrigieren und Kontakt und Dialog fördern. Man kann auf vielen Wegen zum Gipfel des Berges gelangen, doch auch der Blick hinunter ins Tal hat viele Aspekte.

Sie haben vielleicht die Tendenz, über viele Dinge in Ihrem Leben nachzudenken und zu sprechen, ohne sie in die Tat umzusetzen, so als würde diese Ebene der Beschäftigung damit schon ausreichen. Sie könnten sich aber bestimmt klarere Ziele setzen, sie objektiver angehen, sie mehr in der alltäglichen Realität verankern und es anderen möglich machen, ihren Standpunkt dazu zu finden und daran teilzuhaben.

Mars-Pluto-Trigon

Die Energien und Qualitäten, die durch dieses Trigon zum Ausdruck kommen, können sehr positiv und sozial konstruktiv wirken. Es wird sich in vielerlei Hinsicht erweisen, daß man auf unkomplizierte und klare Weise mit diesem Aspekt umgehen kann.

Es fällt Ihnen wohl nicht schwer, Ihren starken Willen einzusetzen, um die Ziele zu erreichen, die Sie sich klar gesetzt haben und die realistisch innerhalb Ihrer Möglichkeiten liegen. Wahrscheinlich werden Sie im Laufe der Zeit bemerken, daß die Selbstdisziplin, die Sie brauchen, um Ihren Willen und Ihre Ausdauer in eine bestimmte Richtung zu lenken, innere Veränderungen bei Ihnen bewirkt, durch die Ihre Eigenschaften und Talente sich entsprechend den gesetzten Zielen neu ordnen und entwickeln. Das kann sehr gut sein für eine harmonische Neustrukturierung Ihres Innenlebens. Sie werden dann nicht mehr von Ihrem Weg abgelenkt, weil widersprüchliche Energien und Neigungen in Ihnen um die Vorherrschaft kämpfen. Das sollte jedoch nur in Phasen geschehen, in denen Sie eine starke Zielgerichtetheit und Konzentration brauchen, um einen entscheidenden aktiven Schritt zu tun. Wenn dieser Prozeß weiterginge, könnten Sie Aspekte Ihrer Persönlichkeit zu stark unterdrücken und ins Unbewußte verbannen. Sie sollten es als eine vorübergehende, selektive Anspannung sehen, die eine Zeitlang notwendig ist, dann aber eine Entspannung und eine Befreiung der zeitweise unausgelebten Aspekte zulassen, um Ihre Persönlichkeit wieder frei ausdrücken zu können.

Sie haben einen klaren, realistischen Blick für Menschen und Situationen. Sie lassen den anderen gerne Freiraum und sind den meisten Menschen gegenüber recht tolerant, wenn sie nicht gerade absichtlich Schaden anrichten oder andere ausnutzen. Zudem haben Sie ein deutliches Gespür für Ihren Bezug zur Gesellschaft, und es erscheint Ihnen ganz natürlich, daß Sie dafür Verantwortung tragen, Ihre Energien auf sozial konstruktive Weise zu nutzen. Vor allem reizt Sie der Versuch, soziale Probleme zu lösen, indem Sie sich mit fortschrittlichen, sozial engagierten Gruppen zusammentun. Wenn Sie von einer Sache überzeugt sind, widmen Sie ihr gerne Zeit und Energie und bleiben doch immer sich selbst und Ihren persönlichen Überzeugungen treu. Worauf Sie vielleicht achten sollten, ist die Notwendigkeit, Ihre Überzeugung und sich selbst immer wieder zu überprüfen, Ihren augenblicklichen Standpunkt zu bestimmen und es auch zuzulassen, daß er sich verändert und natürlich entwickelt, und zwar in dem Maß, wie auch Sie sich selbst weiterentwickeln und mehr Lebenserfahrung gewinnen. Ihre Überzeugung sollte nie zu einer unantastbaren statischen Position werden.

Mars-Pluto-Quadrat

Das Quadrat setzt eine Energie frei, durch die Sie hauptsächlich egozentrische Tendenzen an den Tag legen und das Bedürfnis haben, überschüssige Mars-Energie »abzulassen«. Sie neigen zu dem Glauben, die Intensität Ihrer natürlichen Vitalität sei ausreichend, um Ihnen Erfolg und Befriedigung zu verschaffen; und da sie so ungebrochen ist, kann sie das oft auch. Aber wenn Sie Ihre Kraft so ausleben, kommt dabei nicht selten die Sensibilität und die Einfühlung in andere zu kurz. Ihre unmittelbaren Impulse und Wünsche sind häufig so stark, daß Sie dabei Ihre Ziele und Pläne aus den Augen verlieren; und wenn die Erfüllung eines Wunsches in Aussicht steht, sind Sie zuweilen so leichtsinnig, daß Sie gar nicht mehr an die möglichen Konsequenzen Ihres Handelns denken.

Es fällt Ihnen schwer, sich für längere Zeit zu motivieren und etwas sorgfältig Geplantes durch wirkliches Engagement zu erreichen. Sie haben Probleme damit, Ihren Willen in solchen Fällen zu disziplinieren und zu lenken, Sie können Ihre Kraft eher in einen unmittelbaren, spontanen Impuls dort einsetzen, wo es um Ihre Befriedigung geht. Sie sind sich oft nicht klar, auf welche Wünsche Sie Ihren Willen wirklich richten sollen, und haben selten das Gefühl, Ihre Fähigkeiten ganz zu nutzen.

Sie fühlen sich vermutlich leicht innerlich frustriert, was mit der Heftigkeit dieser Energie und der Schwierigkeit, sie in konstruktive Bahnen zu lenken, zu tun hat. Das bringt Ungeduld mit sich und ein heftiges Temperament, verbunden mit sexueller Aggressivität. Es macht aus Ihnen eine diktatorische und fordernde Persönlichkeit, die zu dominieren versucht, um ihre überschüssige Energie loszuwerden. Sie müssen wahrscheinlich eine gesündere Einstellung zu Ihrem Sexualleben bekommen, bei der es mehr um die Beziehung zum anderen und um die Partnerschaft geht als um Selbstbefriedigung, energetische Befreiung, Beherrschen, Ausbeuten und Aggressivität.

Dieses Erlebnis der inneren Anspannung ist symptomatisch für das Aufeinandertreffen widerstreitender Energien. Sie müssen aber keineswegs Ihr Leben lang darunter leiden, sondern können mit der Zeit einen harmonisierenden Ausgleich schaffen. Ein erster Schritt dazu wäre eine Neuorientierung Ihres Lebens, durch die Sie ein klares Bild gewinnen von Ihrem unmittelbaren sozialen Einfluß und davon, wie Sie Ihre Beziehungen zu anderen Menschen gestalten wollen.

Entscheidend für eine wirkliche Veränderung wäre es, daß Sie Ihre Egozentrik durchbrechen und die Gefühle und Bedürfnisse der anderen als ebenso wichtig wie Ihre eigenen erkennen und anerkennen. Und wenn Sie sich allmählich über Ihre eigenen Ziele klarer werden, können Sie beginnen, Willenskraft und Ausdauer zu entwickeln, um diese Ziele mit der Zeit zu erreichen, und werden einsehen, wie unrealistisch der Wunsch nach unmittelbarer Befriedigung ist. Lernen Sie partnerschaftlich denken und die beiderseitigen Wünsche, Bedürfnisse und Verantwortlichkeiten im Zusammenleben zu teilen. Bekämpfen Sie Ihre Neigung zu Herrschsucht und Machtkämpfen. Vor allem brauchen Sie sinnvolle Bahnen, in die Sie Ihre Energie lenken können, damit sie sich für Sie selbst wie für andere förderlich auswirkt. Sie neigen dazu, die meiste Zeit und Energie in der Konfrontation mit anderen aufzuzehren, anstatt zum gemeinsamen Wohl mit ihnen zusammenzuarbeiten. Sie sollten sich deshalb positiv auf etwas einstellen und Ihre Energie dafür einsetzen, es zu verwirklichen. Wenn Sie das erreichen, ist es viel erfüllender und befriedigender, als wenn Sie immer dafür kämpfen, Ihr sorgsam gehütetes, aber isoliertes Selbst zufriedenzustellen.

Mars-Pluto-Opposition

Die Opposition wird einen inneren Konflikt in Ihnen widerspiegeln: den Widerspruch zwischen den durch Mars symbolisierten persönlichen Bedürfnissen und dem für Pluto typischen Wunsch, einen konstruktiven gesellschaftlichen Beitrag zu leisten.
Sie sollten verstehen lernen, was persönliche Macht eigentlich bedeutet, wie man sie zum Nutzen der Gruppe einsetzt

und nicht nur zur Befriedigung rein persönlicher Ziele und Wünsche, vor allem da Sie Gefahr laufen, sich die Macht und den Einfluß der Gruppe zunutze zu machen, um den eigenen Ehrgeiz zu befriedigen. Es sind Ihnen starke Willensäußerungen zu eigen, die von den anderen als Aggressivität erlebt werden können. Man wird Ihnen deshalb manchmal aus dem Weg zu gehen versuchen. Oft scheinen Sie sich Ihrer Wirkung auf andere Menschen gar nicht bewußt zu sein. Es wäre deshalb gut, wenn Sie mehr Sensibilität für die Rechte und die Wirklichkeit anderer zu entwickeln versuchten, vor allem den Menschen gegenüber, zu denen Sie in einer nahen Beziehung stehen und die Sie oft zu dominieren versuchen, wäre das wichtig. In intimen Beziehungen erliegen Sie der Versuchung, Kontrolle auszuüben, und wahrscheinlich haben Sie eine starke triebhafte Seite, die manchmal zu sexuell gefärbter Leidenschaftlichkeit mit einer Tendenz zum Gewalttätigen führt. Sie neigen dazu, Sexualität mit Macht zu verbinden, um Ihre Persönlichkeitswirkung zu steigern, was gewisse Probleme hervorrufen kann, obwohl es Partner geben mag, die diese physische Ausstrahlung und Kraftentfaltung außerordentlich erregend und aufreizend finden. Das kann, zusammen mit Ihren psychologischen Manipulationsversuchen, zu stürmischen Beziehungen führen, und es wäre wahrscheinlich klüger, wenn Sie Ihre Energiefreisetzung mäßigen und disziplinieren würden, indem Sie sich bewußtmachen, wie sie sich auf andere auswirkt. Wahrscheinlich werden Sie bemerken, daß der Fluß Ihrer sexuellen Energie unregelmäßig und sprunghaft ist – daß Sie entweder in sexueller Leidenschaft erglühen oder ganz kalt sind – und daß Sie kaum in der Lage sind, diese Energie nach Wunsch zu steuern oder anzufachen. Im häuslichen Leben kann es für Sie in Geldangelegenheiten, in Zusammenhang mit Machtkämpfen oder auf der emotionalen Ebene von Beziehungen Probleme geben. Oft sind Sie sich der Emotionen der anderen im alltäglichen Leben nicht so bewußt, was vielleicht daran liegt, daß Ihre eigenen Emotionen, die so heftig und von sexueller Leidenschaft getrieben sein können, immerzu zurückgedrängt werden wie ein Wasserlauf von einem Staudamm. Wenn sich Ihre Emotionen behutsam und konstant in gesunde Bahnen lenken ließen, könnte die blockierte Pluto-Energie auf dieser Ebene befreit werden, und viele Probleme würden sich lösen – in dem Maß, wie Sie sich innerlich verändern. Das würde dann das Übermaß an Kraft und unterdrückter Heftigkeit in Ihnen verringern, und Sie könnten positiver mit Ihrer Macht umgehen. Damit würde sich Ihre Wahrnehmung für sich selbst und andere erhöhen, und Sie könnten Ihren Partnern durch Entgegenkommen und Kompromißbereitschaft mehr persönliche Freiheit zugestehen, anstatt ihnen wie früher Ihren Willen aufzwingen zu wollen. Dadurch würden Sie vielleicht auch mehr soziales Engagement entwickeln und Ihre Energie in kreative und positive Bahnen lenken. Sie würden dann erkennen, daß Ihr Leben nicht mehr darin bestehen muß, persönliche Wünsche auf Kosten anderer zu befriedigen, und daß sich sogar eine machtorientierte und ausbeuterische Gesellschaft zu Kooperation und konstruktivem Miteinander hin entwickeln kann.

JUPITER-PLUTO-ASPEKTE

Jupiter-Pluto-Konjunktion

Dies ist ein günstiger Aspekt, der Ihnen wahrscheinlich Gelegenheit gibt, Ihre natürlichen Talente relativ leicht zu entfalten und mit Konzentration und Entschlossenheit an der

Verwirklichung Ihrer Ziele zu arbeiten. Sie haben die glückliche Gabe, immer aus einem reichen inneren Schatz von Möglichkeiten schöpfen und Ihre Fähigkeiten sinnvoll und in einem objektiven Zusammenhang zum Ausdruck bringen zu können. Die Menschen, die Ihnen nahestehen oder täglich mit Ihnen arbeiten, lassen sich von dieser Fähigkeit inspirieren; und wahrscheinlich verfügen Sie auch über gute Führungsqualitäten.

Sie gehen Ihr Leben mit Schwung und Vitalität an und setzen Ihre Energie ungeteilt dafür ein, Ihre Ziele zu erreichen und Ihren Erfolg zu sichern. Daß Ihnen das gelingt, bezweifeln Sie selten. Auch wenn Sie oft ungeduldig sind oder manchmal Enttäuschungen erleben, haben Sie so viel Selbstvertrauen und Entschlossenheit, daß Sie ein Scheitern gar nicht für möglich halten. Und so bieten sich Ihnen auch immer wieder die besten Möglichkeiten.

Sie werden Ihre Talente in verschiedenen, möglicherweise auch lukrativen Bereichen einsetzen und nutzen, denn Sie sind vielseitig begabt. Das kann bedeuten, daß Sie Ihren Kurs mehrmals im Leben, vielleicht sogar sehr radikal, ändern – immer auf der Suche nach neuen Erfahrungsbereichen. Wahrscheinlich haben Sie kein genaues Ziel vor Augen, beispielsweise eine leitende Stellung in einer bestimmten Firma, sondern werden immer nach neuen Möglichkeiten suchen, nicht genutzte Begabungen einzusetzen, wobei die Vielzahl der Möglichkeiten, die Ihnen offenstehen, sogar zum Problem werden kann.

Sie sollten also eine Lebensform wählen, die Ihnen tatsächlich verschiedenartige Möglichkeiten bietet, sich auszudrücken, bei der Sie sich immer vor neue Herausforderungen gestellt sehen und die das Wachstum Ihrer Persönlichkeit fördert. Sie arbeiten wahrscheinlich gerne eng mit Menschen zusammen, und zwischenmenschliche Beziehungen können für Sie ein Bereich sein, der immer wieder Ihre Kreativität wachruft und Sie zur Weiterentwicklung treibt. Auch in positiven menschlichen Beziehungen, die man sich im Bereich der Arbeit schafft und erhält, kann man viel teilen und mitteilen.

In einer intimen Beziehung sollten Sie sich bemühen, Gleichgewicht entstehen zu lassen, da Sie die Neigung haben können, zu oft die Rolle des Dominierenden und Führenden spielen zu wollen. Es ist wichtig, daß sich beide Partner entwickeln können; und Sie sollten die Bedürfnisse und Fähigkeiten des anderen klar erkennen und schätzen, damit Sie sich gegenseitig helfen können, die brachliegenden Potentiale zu verwirklichen. Veränderungen innerhalb Ihrer Beziehung oder in Ihrem Partner sollten ganz natürlich und unbeschwert vor sich gehen. Sie sollten nie versuchen, Prozesse zu forcieren, denn eine natürliche Entwicklung ist die sicherste, vor allem wenn Sie die inneren Vorgänge, die Lebenserfahrung und Wahrnehmungen eines anderen Menschen im Grunde gar nicht wirklich verstehen.

Am besten ist es, wenn Sie Ihre Fähigkeiten zum Wohle anderer einsetzen können. Auch wenn Pluto Ihnen vermutlich hilft, diese Energien für Ihren persönlichen Erfolg einzusetzen, sollten Sie sich davor hüten, andere auszunutzen oder zu mißbrauchen, weil die Befriedigung Ihrer eigenen Wünsche so sehr in den Vordergrund rückt. Dann nämlich werden Sie bemerken, daß Pluto subversiv wirkt, Ihre Vorhaben untergräbt, daß er Sie als natürliche Konsequenz Ihres falschen Umgangs mit dieser Energie scheitern läßt, denn Pluto will Sie zwingen, die Notwendigkeit zu einer inneren Wandlung zu erkennen.

Jupiter-Pluto-Sextil

Das Sextil bringt die freiwerdende Energie auf eine höhere Ebene der Spirale, was Ihre geistigen und intuitiven Fähigkeiten betont. Sie sehen das Leben optimistisch und positiv. Die Beschäftigung mit höheren Idealen, mit der Ideenwelt, mit Philosophien oder Religionen dient als Möglichkeit zur Selbstfindung und Weiterentwicklung wie auch als Medium, durch das Sie Ihre Einsichten und Erkenntnisse schließlich in die Welt tragen, damit auch die anderen sie nutzen können.

Sie haben die Möglichkeit, als spirituelles Medium und Übermittler zu dienen, vorausgesetzt, es geht Ihnen wirklich darum, zum Wohle der Menschheit zu arbeiten. Pluto wird Ihre Bemühungen unterstützen, der Welt die Einsicht in größere Zusammenhänge zu vermitteln, und wird Ihrem Einfluß Wirksamkeit verleihen. Entscheidend ist dabei Ihre Fähigkeit zum selbstlosen Dienen, sei es, daß Sie zum Vermittler einer Zukunftsvision werden oder daß Sie durch Unterstützung und Zusammenarbeit Ihr Leben denen widmen, die sich ebenfalls bemühen, der Menschheit positive Entwicklungsmöglichkeiten aufzuzeigen. Solch eine Aufgabe ist meist nicht mit äußerem Ansehen oder Glanz verbunden.

Sie verfügen über Scharfblick und Intuition und können die Wirklichkeit hinter sozialen, kulturellen und persönlichen Erscheinungen erkennen. Ihre Neugier treibt Sie immer weiter. Ihre Ideale sind hoch, vielleicht auch bis zu einem gewissen Maß unrealistisch, bleiben aber immer etwas, wonach Sie für sich selbst und für die Welt streben. Sie sind aus sich selbst heraus motiviert und inspiriert, Sie versuchen, einem strengen moralischen Gesetz (auch wenn es nur Ihr eigenes ist) entsprechend zu leben, und erwarten von Autoritäten und Menschen mit sozialer Verantwortung eine hohe Ethik. Heuchelei und Ungerechtigkeit sind Ihnen zutiefst zuwider. Sie unterstützen die Menschen, die Ihrer Meinung nach von der Gesellschaft schlecht und ungerecht behandelt worden sind, und schließen sich vielleicht sozialen Bewegungen an, um an einer Veränderung mitzuwirken. Ihr Verantwortungsgefühl ist hoch entwickelt, und Sie haben den starken Impuls, an der weltweiten Erneuerungsbewegung mitzuarbeiten. Ideal als Partner wäre für Sie jemand, der die Welt ähnlich sieht und erlebt. Sie könnten zusammen an bestimmten Projekten arbeiten, erfüllt von einem gemeinsamen Ideal.

Jupiter-Pluto-Trigon

Wie das Sextil weist auch das Trigon auf das Potential hin, starke schöpferische Energien freizusetzen, die auf einer humanistischen und spirituellen Weltanschauung gründen und die sich für Sie selbst wie auch für die Gemeinschaft positiv auswirken werden.
Der Ihnen angeborene Optimismus und Glaube an das Leben wird aus dieser inneren Überzeugung heraus die Fähigkeit erwachsen lassen, Ihre schöpferischen Visionen zu verwirklichen, zumal Sie in der Lage sind, Ihren Willen in konstruktive Bahnen zu lenken und zum Ausdruck zu bringen.
Ihr Beitrag für die Allgemeinheit könnte darin bestehen, daß Sie intensiv mit Menschen zusammenarbeiten. Sie haben die Gabe, andere dazu inspirieren zu können, für sich selbst zu entdecken, wie sie intensiver und schöpferischer leben und ihre verborgenen Talente freisetzen können. Sie entwickeln vielleicht eine Art Lebensphilosophie, auf die sich Menschen

auf ihrem Weg zur Selbstfindung stützen können. Natürlich muß man vorsichtig sein, wenn man soviel Einfluß hat, sowohl was eine Veränderung der Selbsteinschätzung anbelangt als auch im Hinblick auf die Verantwortung den anderen gegenüber. Man muß dann ganz bewußt seine Integrität wahren, darauf achten, daß die Lehre so aufrichtig und wertvoll wie möglich ist, genug Freiheit für Widerspruch und Offenheit des Denkens gewährleistet ist und deutlich wird, daß Ihr Weg nicht der einzige oder für alle geeignete ist. Selbst direkte Opposition kann für andere der richtige Weg sein, um sich zu entfalten oder zu neuen Einsichten zu kommen, und könnte auch für Sie selbst als Anregung dienen, Ihre eigenen Überzeugungen und Einstellungen immer wieder zu überprüfen.

Sie scheinen primär die Rolle eines Erziehers zu haben und können sich wahrscheinlich zu einem eindrucksvollen Redner entwickeln, der seine Ideen klar und überzeugend darlegen kann. Sie brauchen viel persönliche Freiheit, weil Sie sich ungern nach vorhersehbaren oder vorgeschriebenen Verhaltensmustern richten, denn Sie möchten immer die Freiheit haben, auf Ihre Erkenntnisse und Intuitionen reagieren zu können. Sie unterstützen gesellschaftliche Veränderungen, treten für die Zukunftsvision der Vereinigung und Zusammenführung der Menschen ein und schaffen damit auch für andere sinnvolle und inspirierende Ziele. Vielleicht merken Sie, daß Sie erst eine persönliche Wandlung durchmachen müssen, bevor Sie für Ihre Aufgabe reif sind. Dazu könnte es gehören, daß Sie zunächst einmal beträchtliche Widerstände zu überwinden haben, daß es Elemente in Ihrem persönlichen Leben gibt, die zu periodischen Krisen führen, und daß Sie erst durch Leid zu Weisheit und Einsicht gelangen.

Jupiter-Pluto-Quadrat

Dieser Aspekt ist ein Anzeichen dafür, daß Ihre persönliche Philosophie und Ihre Vorstellungen Ihr Leben bestimmen; und da Sie oft recht starr und dogmatisch denken, können Sie leicht in Konflikte mit anderen kommen. Diese Philosophie oder diese Glaubenssätze haben Sie sich entweder selbst geschaffen, oder sie basieren auf älteren, eher traditionellen religiösen Dogmen. Sie sind in beiden Fällen wohl nicht sehr zeitgemäß. Entweder geben Sie sich sehr einzelgängerisch und individuell, oder Sie fügen sich bereitwillig einer traditionellen Struktur.

Grundsätzlich wehren Sie sich gegen das moderne Leben, Sie glauben, daß es sich in die falsche Richtung entwickelt, und würden Welt und Menschen am liebsten reformieren, damit Sie in Ihre Weltanschauung passen. Sie haben die Neigung zu geistiger Überheblichkeit, sind überzeugt, nur Ihr Weg sei der rechte, und verschließen sich anderen Anschauungen und neuen Ideen. Ihre Ansicht werden Sie jederzeit aktiv und entschieden vertreten, indem Sie die Überzeugungen der anderen in Frage stellen oder versuchen, sie zu bekehren. Sie glauben, Sie hätten eine Mission zu erfüllen, und diese Überzeugung gibt Ihnen die Kraft, Ihre Position nicht aufzugeben. Erleben Sie eine Zurückweisung, werden Sie sie wohl kaum als eine Möglichkeit sehen, Ihren Standpunkt zu überprüfen, sondern sich noch mehr hinter Ihrem Gefühl der Rechtschaffenheit verschanzen. Es mag zwar scheinen, als sei Ihre Überzeugung intellektuell fundiert, in Wirklichkeit jedoch wurzelt sie tief in Ihren Emotionen und hat für Sie persönlich große Bedeutung; und während Sie versuchen, gegen andere zu kämpfen oder sie zu überzeugen, errichten Sie im Grunde nur eine Barriere gegen Angriffe von außen. Sie haben Angst, daß Ihre Persönlichkeitsstruktur gefährdet wäre, wenn Ihr Glaubensgebäude zusammenbräche, da Ihre Identität mit Ihrer Überzeugung so sehr verflochten ist. In gewissem Maße sind die meisten Menschen in einer ähnlichen Situation wie Sie, da Ihre Identität sich durch Überzeugungen, Meinungen, Einstellungen, Gedanken, Emotionen und ihren Körper definiert. Wenn man seine persönlichen Überzeugungen verteidigt, verteidigt man sich selbst. Es muß sich dabei gar nicht unbedingt um einen religiösen Glauben handeln, er kann durchaus politischen Charakter haben. Für viele Menschen übernimmt eine feste politische Überzeugung die Rolle eines Ersatzgottes.

Sie streben nach Macht und Einfluß, um andere überzeugen und um die Brauchbarkeit Ihrer Überzeugungen durch persönlichen Erfolg bestätigen zu können. Es wäre wichtig für Sie herauszufinden, wie Sie sinnvoll mit anderen Menschen kooperieren können, statt sich auf Dominanz zu verlassen. Bestimmt wäre es klug, wenn Sie sich der Welt mehr öffnen und sich von ihr inspirieren lassen würden, um Ihrem Hang zu Fanatismus und Engstirnigkeit entgegenzuwirken.

Jupiter-Pluto-Opposition

Wahrscheinlich erleben Sie oft Konflikte, die aus Ihrer Neigung entstehen, den Überzeugungen und Einstellungen der anderen gegenüber autoritär und dominant zu sein. Wenn Sie gegen zeitgenössische Wertvorstellungen, Sozialethik und Philosophie opponieren, wenn Sie sich gegen anerkannte Autoritäten wehren, wollen Sie im Grunde die anderen nur dahingehend beeinflussen, daß sie Ihre Ansichten übernehmen, also sich anstatt einer anderen Autorität der

Ihren unterwerfen. Das kann auf politischem wie auf religiösem oder philosophischem Gebiet geschehen.

Sie mögen zwar das Gefühl haben, Sie hätten die Pflicht, Ihre Weltanschauung unter die Leute zu bringen (was ja auch nicht schlecht ist, wenn es um Selbstausdruck geht), doch stecken vielleicht andere Motive dahinter, zum Beispiel der persönliche Ehrgeiz, Macht über Menschen zu erlangen oder finanzielle Gewinne zu erzielen. Sicher sehen Sie in Ihrer Art, sich durchzusetzen, einfach eine Möglichkeit, Ihren sozialen Status zu verbessern und eine Autoritätsfigur in einem Kontext zu werden, der die Gültigkeit Ihrer Überzeugungen zu bestätigen scheint. Für eine untergeordnete Position fühlen Sie sich nicht bestimmt, und Sie arbeiten ungern in einer Gruppe mit, wenn Sie nicht den Plan hegen, sobald wie möglich die Führung zu übernehmen.

Wahrscheinlich werden Sie Ihre Ziele nicht so leicht erreichen, was zum Teil an der Art Ihrer Beziehungen zu anderen Menschen liegt. Es fehlt an Harmonie, weil Sie Ihre Meinungen um jeden Preis durchsetzen wollen. Diejenigen, die einen Stärkeren brauchen, dem sie nachfolgen können, unterstützen Sie vielleicht, solange Sie erfolgreich zu sein scheinen. Es ist jedoch unwahrscheinlich, daß diese Menschen Sie wirklich respektieren, ja sie werden Sie sogar auszunutzen versuchen. Es scheint manchmal, als wollten Sie aus Ihren Fehlern nicht lernen; man könnte meinen, Sie sind vom Glauben an Ihre Unfehlbarkeit besessen.

Sie erwarten viel vom Leben, beinahe als stünde Ihnen Erfolg zu, ohne daß Sie sich darum bemühen müßten, haben aber oft Probleme, sich wirklich ernsthaft für das Gelingen Ihrer Absichten einzusetzen. Dann schieben Sie anderen die Schuld zu oder machen mysteriöse Umstände für Ihr Scheitern verantwortlich, anstatt zu bedenken, was Sie selbst dazu

beigetragen haben und was in Ihrem eigenen Charakter begründet ist. Verantwortung gegenüber sind Sie ambivalent: Sie versuchen zwar, in entsprechende Positionen zu gelangen, wollen die Verantwortung aber doch lieber abschieben. Das liegt daran, daß Sie frei bleiben wollen, um immer spontan handeln zu können, und sich alles offenhalten, um jedem Wunsch nachgeben zu können, ohne in Betracht zu ziehen, welche Auswirkungen das für andere in Zukunft haben könnte. Diese Undiszipliniertheit kann zu einem unberechenbaren Verhalten führen, vor allem wenn Sie durch Probleme Spannungen und Druck ausgesetzt sind, Probleme, die Sie nicht wahrhaben wollen, statt sich Ihnen entschlossen zu stellen und sie zufriedenstellend zu lösen. Das kann vor allem für enge Beziehungen gelten, die Sie lieber abbrechen, als sich Auseinandersetzungen zu stellen.
Ihr Verhalten zeigt oft, daß Sie einer notwendigen inneren Neuorientierung davonzulaufen versuchen, bei der es darum ginge, Ihre Energie einzusetzen, um sich selbst zu verändern, statt damit andere dominieren zu wollen. Wenn Sie sich immer nach außen wenden, wird das zu wachsender Frustration führen, da die Pluto-Energie sie unterminieren wird. Solange Sie nicht bereit sind, nach innen zu sehen und Ihre eigenen Motive, Neigungen und Bedürfnisse zu durchschauen, werden Sie sich schwerlich in der Außenwelt durchsetzen. Sie müssen lernen, mit anderen zusammenzuarbeiten, nicht immer in Opposition zu gehen und bereit zu sein, auf andere zu hören und mit ihnen an gemeinsamen Interessen zu arbeiten, ohne dabei manipulative Motive im Hintergrund zu haben. Bemühungen in dieser Richtung helfen Ihnen, Ihre Energie in harmonische Bahnen zu lenken und die Barrieren zu überwinden, die durch diesen Aspekt in Ihnen selbst und zwischen Ihnen und den anderen entstehen.

SATURN-PLUTO-ASPEKTE

Saturn-Pluto-Konjunktion

Saturn bringt Einschränkungen und Begrenzungen mit sich, die das Weiterkommen behindern, bis bestimmte Veränderungen geschehen oder Lektionen gelernt sind; und wenn er mit Pluto in Verbindung steht, ist eine Weiterentwicklung nur möglich, wenn eine innere Neuorientierung geschehen ist. Mit diesem Aspekt werden Sie wahrscheinlich immer wieder Enttäuschungen erleben, weil Sie Ihre Ziele nicht erreichen oder das Gefühl haben, unsichtbare Hindernisse stellten sich Ihnen in den Weg und forderten Sie zur Überwindung heraus.

Da Sie von großem Ehrgeiz erfüllt sind, werden Sie alle Ihre Möglichkeiten nutzen und Ihr Wissen und Ihre Erfahrungen einsetzen müssen, um durch entschlossenes und ausdauerndes Bemühen zum Ziel zu gelangen. Dabei wird es besonders wichtig für Sie sein, Geduld zu entwickeln, denn es ist unwahrscheinlich, daß Ihnen rascher Erfolg beschieden ist. Meist müssen Sie lange warten und in Ungewißheit leben, was eine harte Prüfung sein kann und Krisen in Ihnen auslösen wird, vor allem weil es sich wahrscheinlich immer wieder in regelmäßigen Abständen in Ihrem Leben wiederholt.

Macht und Status sind für Sie sehr anziehend, aber es kann sein, daß Sie gar keine Stellung im Leben erreichen, in der Sie solche Attribute selbst besitzen, sondern daß Sie eine neue Einstellung dazu gewinnen. Es hängt viel von Ihrer Fähigkeit ab, Ihre Begabungen und Möglichkeiten praktisch anzuwenden. Sie können mit Ihren Plänen und Ideen die Welt und Ihre unmittelbare Umgebung stark beeinflussen, besonders wenn Sie innerhalb einer festumrissenen Struktur oder eines sozialen Systems arbeiten. Das liegt daran, daß Sie sich zu bestehenden Organisationen hingezogen fühlen und traditionelle Arbeitsweisen und Einstellungen als Ausdruck einer stabilen Grundlage vorziehen. Es fällt Ihnen oft schwer, neue Trends und soziale Veränderungen zu akzeptieren, weil diese Sie mit Argwohn erfüllen, und ziehen es vor, beim Bewährten zu bleiben, bis ein Impuls für eine Veränderung wirklich aus Ihrem Inneren kommt. Selbst dann aber werden Sie sich zunächst dagegen wehren, weil Sie sich dadurch beunruhigt fühlen. Ihr Wesen und Ihre Weltsicht sind konservativ, Sie respektieren Traditionen und das anerkannte Sozialverhalten und sind mißtrauisch den Menschen gegenüber, die gegen das Althergebrachte kämpfen und Experimente wagen.

Die sozial subversiven Tendenzen von Pluto werden nach außen hin wahrscheinlich nicht so stark in Erscheinung treten, da sie von Saturn zu sehr überlagert werden, können aber in Ihrem Inneren und im persönlichen Leben zum Ausbruch kommen und ein Zusammenbrechen Ihrer »gesicherten Grundlagen« bewirken, wodurch Sie gezwungen werden, sich und Ihr Leben zu überdenken. Da Saturn Ihnen aber eine so feste innere Struktur verleiht, wird kaum eine zu radikale Veränderung in Gang gesetzt, es sei denn, Sie wären wirklich für solch eine kathartische Erneuerung bereit.

Sie sind wahrscheinlich ein eher zurückgezogener Mensch, ernsthaft und schweigsam, der seine Gedanken nicht gerne preisgibt, vor allem aber seine Gefühle geradezu ängstlich hütet. Gefühle bedeuten für Sie Schwankungen und Veränderungen; und das paßt nicht in Ihr Weltbild und in Ihre Selbstwahrnehmung, es bereitet Ihnen Unbehagen. Es wäre gut, wenn Sie sich um eine gesündere Beziehung zu Ihren Emotionen bemühten, denn das würde einen Energiestau auf dieser Ebene verhindern, und außerdem würde Pluto sich sonst unfehlbar auf diesem Wege bemerkbar machen.

In intimen Beziehungen sind Sie ein verläßlicher Partner, und da Sie die Ehe und die gegenseitigen Verpflichtungen eher in traditioneller Weise sehen, sollten Sie eine kluge Partnerwahl treffen. Sie werden zumindest an der Oberfläche nicht übermäßig überschwenglich oder emotional sein, doch Sie sollten die Tendenz vermeiden, die Beziehung zu sehr festhalten und begrenzen zu wollen, und ihr Raum zur Veränderung und Weiterentwicklung lassen. Sie dürfen nicht vergessen, daß Ihr Partner ein Individuum ist, das seine eigenen Möglichkeiten entfalten möchte, und sollten ihm nicht nur die Freiheit dazu lassen, sondern ihn auch dazu ermutigen. Ein Sicherheitsgefühl, das durch Einengung entsteht, schafft eine trügerische Situation und verhindert Wachstum und Entwicklung. Es wäre also klüger für Sie, Veränderungen und Unvorhersehbares zu akzeptieren, damit die Energien frei fließen können.

Saturn-Pluto-Sextil

Sie haben wohl die Fähigkeit, Ihre Willenskraft wirkungsvoll zu organisieren, zu kontrollieren und zu konzentrieren, um Ihre Ziele zu erreichen. Ähnlich wie die Menschen mit einer Saturn-Pluto-Konjunktion können Sie als ein Magier fungieren, der okkulte Energien und Einflüsse über bestehende Strukturen vermittelt. Das kann auf sehr unterschiedliche Impulse zurückgehen und wirkt sich manchmal konstruktiv, manchmal aber auch zunächst scheinbar destruktiv oder hinderlich aus. Der Pluto-Einfluß kann durch Saturn anfangs negativ erscheinen, da er die bestehenden Grundlagen erschüttert. Es geht aber immer um Wiedergeburt und Erneuerung, um ein Zerbrechen der alten, einengenden Formen, damit Raum für neue Entwicklungen geschaffen wird. Sie sollten lernen, wie Sie diese Energie auf praktische Weise anwenden, am besten durch eine Disziplin, die Sie sich selbst auferlegen, und durch Klarheit darüber, wie Sie sie einsetzen sollen. Natürlich müssen Sie sich genau überlegen, welche Ziele Sie erreichen wollen, und bei der Planung in Betracht ziehen, wo Ihre Stärken und Schwächen liegen.

Erfolg ist wichtig für Sie, sowohl auf materieller wie auch auf psychologischer Ebene, und Sie werden alles versuchen, um in dem für Sie ausersehenen Gebiet etwas zu erreichen. Es ist zwar unvermeidlich, daß Sie bis zu einem gewissen Grad Enttäuschungen erleben, aber Sie sind auch bereit, daran zu glauben, daß Sie mit Ausdauer und einer realistischen Selbsteinschätzung schließlich doch noch Erfolg haben werden. Sie glauben, daß Erfahrung der beste Lehrer sei und daß es ein Zeichen von Intelligenz ist, diese Erfahrungen zu machen und so früh wie möglich aus den Lektionen des Lebens zu lernen, um unnötige schmerzhafte Wiederholungen zu vermeiden. Sie können anderen gegenüber, die nur langsam lernen oder die hartnäckig immer wieder dieselben Fehler machen und dadurch im Leben immer wieder scheitern, sehr intolerant sein. Es ist wichtig für Sie, daß man die Verantwortung für sein eigenes Leben übernimmt, und Sie wissen, welche Rolle die richtigen Entscheidungen im Leben spielen, daß sie im großen wie im kleinen lebensbestimmend wirken. Falsche Entscheidungen bringen einem selbst wie den anderen nur noch mehr Kummer und Leid und könnten oft vermieden werden, wenn man seine Wahl gedanklich bewußter vorbereitet.

Sicherheitsgefühl ist wichtig für Sie, denn Saturn setzt gern Grenzen. Sie sind aber offener für die Notwendigkeit von

Veränderungen im Leben und wehren sich nicht so sehr dagegen wie die Menschen mit einer Saturn-Pluto-Konjunktion. Es ist für Sie eher natürlich, auf der emotionalen Ebene eine gewisse innere Unbeständigkeit und Beweglichkeit zu akzeptieren, und so entsteht bei Ihnen nicht das Problem, daß in Ihren Beziehungen unterdrückte Emotionen sich unkontrolliert zerstörerisch auswirken können.

Saturn-Pluto-Trigon

Wie das Sextil ist auch das Trigon ein Hinweis auf Ihr Organisationstalent und Ihre Fähigkeit, Ihre konzentrierte Willenskraft einzusetzen, um aus Ihren Talenten und Möglichkeiten das Beste zu machen, vorausgesetzt, Sie haben sich Ihre Ziele im Rahmen Ihrer realen Möglichkeiten klar vor Augen gestellt.
Die Manipulation von Energien oder Magie spielen auch hier wieder eine Rolle. Sie werden diese subtilen Energien ganz natürlich anwenden, um zu erreichen, was Sie wollen, was entweder bewußt und wohlüberlegt von Ihnen eingesetzt wird oder als unbewußte psychologische Projektion oder Ausstrahlung, die Sie haben, zur Wirkung kommt. Diese Fähigkeit kann durch verschiedene Formen der Schulung entwickelt werden. Wahrscheinlich fühlen Sie sich zu Okkultismus, Astrologie, Magie, Yoga und zur Wissenschaft hingezogen, Bereiche, in denen Sie durch persönliche Erfahrung diese subtilen Energien erforschen können. Sie sehen wahrscheinlich einen tieferen Sinn in Ihrem Leben, ahnen einen schicksalhaften Weg, dem zu folgen Sie sich von innen heraus gedrängt fühlen und der Sie zu einem unbekannten Ziel zu führen scheint.

Diese Gefühl der Bestimmung für einen Weg kann grundlegende Veränderungen und Wandlungen in Ihrem eigenen wie im Leben anderer bewirken und ist eine Art Berufung aus einer überpersönlichen Dimension, wie sie durch Pluto verkörpert wird.
Sie sind in der Lage, Führungsaufgaben in einer verantwortlichen Position, die Sie erlangt haben, klug zu erfüllen, und werden durch Ihre Sensibilität den Gefühlen anderer gegenüber und die Offenheit für ihre Ideen wahrscheinlich erreichen, daß man Sie unterstützt und mit Ihnen zusammenarbeitet. Sie wissen den Wert der Menschen grundsätzlich zu schätzen, haben Respekt vor ihnen und setzen Ihre Überzeugungskraft nicht dafür ein, das Vertrauen anderer zu mißbrauchen oder persönlichen Nutzen daraus zu ziehen, sondern um eine konstruktive und harmonische Atmosphäre zu schaffen.
Sie akzeptieren die Unvermeidlichkeit von Veränderungen im Leben, vor allem im gesellschaftlichen Bereich, und können Ihre Fähigkeiten für soziale Verbesserungen einsetzen. In Ihren intimen Beziehungen sind Sie Veränderungen gegenüber weniger offen, Sie haben es lieber, daß alles seinen gewohnten Gang geht, wenn Sie einen zufriedenstellenden Rahmen gefunden haben. Vielleicht versuchen Sie, Ihre subtilen Fähigkeiten zum Schutz und zur Begrenzung der Beziehung einzusetzen, was Ihnen vielleicht auch gelingt; dennoch dürfen Sie nicht vergessen, wie notwendig persönliches Wachstum und Weiterentwicklung sind und daß es viel besser ist, eine Atmosphäre zu schaffen, in der man sich gegenseitig frei läßt. Wenn Sie Ihren Partner klug wählen, ist es möglich, daß sich eine relativ stabile Beziehung entwickelt, in der beide im Laufe vieler Jahre ihr ureigenes Potential entwickeln können.

Saturn-Pluto-Quadrat

Mit diesem Aspekt werden Sie sich wahrscheinlich durch soziale Zwänge und Umweltverhältnisse eingeschränkt fühlen. Sie unterliegen stark dem Einfluß der Gesellschaft, in der Sie leben; und dieser Einfluß scheint eher negativ zu sein, was gewisse Frustrationen mit sich bringt. Vielleicht fühlen Sie sich durch persönliche Verantwortung für gesellschaftliche Probleme belastet. Das könnte mit Ihrer Arbeit in Zusammenhang stehen oder mit der Neigung, die »Leiden der Welt« stark mitzufühlen. Ihre persönliche Weiterentwicklung ist in irgendeiner Weise dem Existenzkampf der Menschheit verbunden, was Sie vielleicht auf eine merkwürdige masochistische Weise erleben oder interpretieren oder gar als Entschuldigung für persönliches Scheitern verwenden.

Das könnte zum Teil von Ihrer Jugend und von Ihrer Beziehung zu den Eltern und durch das Prägen durch sie herrühren, vielleicht von dem Mangel an einer erfüllten und sinnvollen Beziehung zu Ihrer Familie. Das kann dazu führen, daß Sie immer wieder Enttäuschungen erleben und Ihnen von jeher ein Grundvertrauen ins Leben fehlt, was Sie emotional stark geprägt und einen Mangel an Vertrauen in Ihre eigenen Fähigkeiten und Begabungen bewirkt hat. Vielleicht beneiden Sie andere, die mehr Lebensfreude zu haben scheinen und erfolgreicher sind. Das erfüllt Sie mit Zorn und Bitterkeit, die Ihre Grundhaltung prägen.

Wenn Sie sich besonders bemühen, der Erreichung Ihrer Ziele näherzukommen, haben Sie oft das Gefühl, durch irgendwelche Ereignisse, Menschen oder Umstände auf merkwürdige Weise behindert, abgelenkt oder blockiert zu werden. Auch wenn das nicht so scheint, ist es wahrscheinlich die Folge von Projektionen, das heißt, daß Sie durch

Ihre eigene negative Einstellung und Ihre Angst vor Erfolg eine entsprechende Reaktion in der Außenwelt auslösen. Sie können Ihr eigenes Scheitern verursachen, ohne daß Ihnen dies bewußt ist.

Sie streben nach Status, Macht und der Möglichkeit, das Leben der Menschen zu beeinflussen, ähnlich wie Ihr eigenes Leben durch jene unbekannten Drahtzieher geprägt wurde, die die Gesellschaft durch ihre Entscheidungen beeinflußten. Irgend etwas in Ihnen möchte dominieren und vielleicht andere Menschen für die Probleme, die Sie hatten, verantwortlich machen.

Um dieses Sie einschränkende Muster zu verändern, müßten Sie Ihre Einstellung zum Leben und zu sich selbst total verändern. Die Pluto-Energie wird Ihnen dabei helfen. Der erste Schritt besteht darin, alle Projektionen in die Außenwelt zurückzunehmen – zu erkennen, daß Sie den Grund für Ihr Scheitern immer außerhalb Ihrer selbst gesucht haben. Sie müssen vielmehr selbst die Verantwortung für Ihr eigenes Leben und für Ihre eigenen Entscheidungen übernehmen und die Dinge in die Hand nehmen, anstatt ein frustrierter, passiv reagierender Mensch zu sein.

Vielen Menschen ist es gelungen, schwierige Umweltbedingungen durch Durchsetzungskraft und Willensanstrengung zu überwinden, Begrenzungen zu durchbrechen und sich ein befriedigendes Leben zu schaffen. Sie müssen da keine Ausnahme sein, aber die Lösung liegt in Ihrer eigenen Psyche. Beschließen Sie, sich zu verändern, beobachten Sie, welche Entschuldigungen Sie immer wieder gebrauchen und wo Sie sich zuwenig einsetzen, und überwinden Sie beide Tendenzen dann durch Disziplin und Konzentration des Willens. Sie selbst sind diese geheimnisvolle Barriere, die Ihre Bemühungen verhindert. Lassen Sie die Negativität los, an die Sie sich klammern, und Sie werden das Gefühl haben, daß sich Ihnen eine neue Welt eröffnet, in der Sie beginnen können, wirkliche Fortschritte zu machen, eine Welt, in der mehr Licht in die Dunkelheit dringt. Vergessen Sie nicht, daß es in Ihrer eigenen Entscheidung liegt, ob Sie Ihr Leben von Grund auf erneuern.

Saturn-Pluto-Opposition

Wie die Menschen mit dem Saturn-Pluto-Quadrat haben auch Sie leicht das Gefühl, durch die soziale oder die familiäre Umwelt auf geheimnisvolle Weise benachteiligt worden zu sein, ob das nun den Tatsachen entspricht oder ob Sie es sich nur einbilden. Ihnen ist nie etwas in den Schoß gefallen, und Sie sind von unterschwelligem Groll erfüllt gegen die Menschen, denen solche Probleme erspart geblieben sind.
Im Zusammenhang mit der Opposition spielen oft Themen wie Unterdrückung und Gewalt auf der physischen oder der psychischen Ebene eine Rolle, wobei die Tendenz besteht, Opfer solcher Formen negativen menschlichen Verhaltens zu werden. Sie fühlen sich vielleicht aus irgendwelchen Gründen verfolgt, was Ihre Wahrnehmung von Menschen und der Welt beeinträchtigt und Sie dazu treibt, innerlich eine defensive Haltung einzunehmen und nach außen hin möglicherweise zum Selbstschutz aggressiv zu sein.
Es gibt in Ihnen Blockaden, die einen unbefangenen Selbstausdruck und den Fluß schöpferischer Energie behindern; zudem hüten Sie sich meist davor, anderen zuviel von sich zu offenbaren, da Sie Angst haben, man könne Sie übervorteilen. Auf jeden Fall aber fehlt es Ihnen an Selbstvertrauen und innerer Stabilität. Sie sind emotional vermutlich sehr

schwankend und unterdrücken viele Gefühle, was auf den seelischen Schaden zurückzuführen ist, den Sie früher erlitten haben. Als Gegengewicht zu diesen Gefühlsschwankungen und dieser emotionalen Verletzlichkeit versuchen Sie, das Leben in überschaubare und stabile Bahnen zu lenken. Gegen Veränderungen wehren Sie sich wahrscheinlich, vor allem innerhalb von Beziehungen, da Sie sich an die wenigen nahen Menschen in Ihrem Leben klammern, die Ihnen ein Gefühl der Sicherheit geben. Aus dieser Angst unterdrücken Sie innere Bewegungen oder Veränderungen, bis es zu einer Krise kommt, in der die blockierte Energie nur noch die Möglichkeit hat, sich durch eine befreiende Explosion Durchbruch zu verschaffen.

Wie beim Quadrat müssen Sie einen Prozeß innerer Wandlung in Gang setzen, damit die Einschränkungen, die Sie sich selbst durch Ihre Einstellung und in Ihrem Selbstbild auferlegen und die in Ihrem Leben immer wieder zu Frustrationen führen, transformiert werden. Sie müssen einen Weg finden, mehr Vertrauen in sich selbst zu gewinnen, damit Sie aus dieser Sicherheit heraus mit Ihren Gefühlen und Emotionen anders umgehen, und ihnen erlauben, in der inneren Dürre befruchtend und bewässernd zu wirken. Dann kann Pluto Ihnen zu einer Neugeburt verhelfen, die wie eine Auferstehung vom Tod ist und die Ihnen die Möglichkeit gibt, sich des Lebens zu erfreuen und es mehr zu genießen. Ihr Innenleben ist nicht versteinert, in jedem Leben ist die Möglichkeit zu einer Umwandlung stets gegenwärtig. Es mag Ihnen anfangs schwierig erscheinen, sich aus soviel Festgefahrenem zu lösen, aber es ist möglich. Und dann können Sie wieder blühen und gedeihen und Ihre ungenutzten Möglichkeiten leben.

URANUS-PLUTO-ASPEKTE

Uranus-Pluto-Konjunktion

Aspekte zwischen Uranus und Pluto haben meist eine weitreichende gesellschaftliche und generationsspezifische Wirkung. Die Konjunktion zwischen Uranus und Pluto ist sehr selten. Sie fand im letzten Jahrhundert etwa um 1848 statt, also in einer Zeit der Revolution in Europa, und dann wieder in den Jahren 1963 bis 1968, einer Phase starker gesellschaftlicher Unruhen und sozialer Veränderungen in Europa und Amerika.

Der Einfluß dieser starken transpersonalen Planeten wird wahrscheinlich radikal und weitreichend sein, er wird die Entwicklungs- und Integrationsrichtung des folgenden Jahrhunderts ankündigen, und es kann lange dauern, bis die Gesellschaft die damit verbundenen tiefgreifenden Veränderungen assimiliert hat. In diesem Sinn kann man den Einfluß der Konjunktion weltweit betrachten, und man sollte den Zeitraum, in dem der Aspekt exakt ist, genau analysieren, um über die Schwerpunkte dieser Energie und die zukünftige gesellschaftliche Entwicklung etwas aussagen zu können.

Wenn periodisch solch starke kosmische Energien frei werden, kann die Reaktion der Menschen vielfältig sein und polarisiert sich häufig. Hier zeigt sich die Grenzlinie zwischen dem individuellen und dem kollektiven Leben einer Gesellschaft. Es ist, als erhöben sich da und dort lockende Stimmen, die von einer neuen Lebensweise künden. Manche Menschen reagieren enthusiastisch auf diesen Sirenenruf, sie begeben sich auf neue Wege und gruppieren sich mit Gleichgesinnten zusammen, wodurch sie eine einflußreiche Minderheit innerhalb ihrer Gesellschaft bilden. Sie verkörpern dann die neuen Ideen, lassen sie in die Gesellschaft eindringen und wirken als Katalysator. Es braucht oft lange, bis sich das Neue in größerem Umfang durchsetzt, ganz abgesehen von der unvermeidlichen Gegenreaktion, dem Widerstand gegen den scheinbar bedrohlichen Impuls, den die Gesellschaft durch die Macht ihrer etablierten Strukturen zu leisten versucht.

Der Einfluß der Konjunktion regt eine neue Phase sozialer Veränderungen an; so wurde in den Jahren von 1963 bis 1968 ein revolutionärer Geist spürbar, der die individuellen Rechte und Freiheiten betonte, die Veränderungen des bestehenden sozialen Establishments forderte und überholte und einschränkende gesellschaftliche und staatliche Vorstellungen ebenso wie festgefahrene Denkmuster bekämpfte.

Die Menschen, die für diese visionäre Energie empfänglich waren (und sind), haben das Gefühl, daß ihr individuelles Leben Teil eines großen Planes ist, der langsam verwirklicht wird, und daß es von einem höheren Bewußtsein gelenkt wird. Sie fühlen sich wie Teilnehmer eines planetarischen Dramas. Für manche ist es eher ein unbewußter Prozeß, während andere, verbunden in einer weltweiten Gruppe von Gleichgesinnten, versuchen, die Wirksamkeit dieser neuen Energie durch bewußte Meditation, okkulte Rituale oder anderes zu manifestieren.

Wichtig für diese Gruppe ist der Respekt vor dem Leben in all seinen Formen, vom menschlichen Leben über das der Tiere bis zu den Pflanzen und all den vielen Erscheinungsformen der Natur, dem schöpferischen Überfluß der Erde. Das Leben wird als etwas in seinem Wesen Heiles, Heiliges betrachtet, das es zu lieben, zu respektieren, zu genießen und zu schützen gilt. Es ist eine Grundhaltung dem Leben gegenüber, die für jeden die höchste Lebensqualität anstrebt, sich auf eine ausgeglichene und behutsame Beziehung zur Umwelt und zur Natur gründet und bei der die menschliche Gesellschaft nicht mehr gefährlicher Ausbeuter der Gaben der Natur ist, sondern mit ihr in einer natürlichen Harmonie zu leben beginnt. Individuell besteht das Bedürfnis, sich als einzigartige Persönlichkeit zu entwickeln, die die Freiheit hat, soweit wie möglich selbständig zu leben und sich auszudrükken, und die auf der Basis einer friedlichen, auf Gemeinschaftlichkeit ausgerichteten Koexistenz lernt, wie sie die in ihr liegenden Möglichkeiten entfalten kann, ohne dabei die Rechte anderer einzuschränken.

Betrachtet man die Weltsituation etwa zwanzig Jahre nach der Konjunktion, so sehen wir, daß die damals angegebene notwendige soziale Entwicklungsrichtung immer noch gültig ist und daß viele engagierte Gruppen sich gebildet haben, die in diesem Sinne arbeiten. Aber das folgende Jahrhundert muß sich noch stärker für das Wohl der Menschheit einsetzen.

Uranus-Pluto-Sextil

Das Sextil zwischen Uranus und Pluto bildete sich während des Zweiten Weltkrieges, und man könnte es so sehen, daß die freiwerdende Energie in den Jahren 1942 bis 1946 den damaligen Alliierten eine positive Verstärkung gab und damit ihren Zusammenhalt und ihre Entschlossenheit im Kampf gegen das Nazi-Regime stärkte.

Wenn sie wirklich eingesetzt werden, können die Kräfte, die mit dem Uranus-Pluto-Sextil zusammenhängen, helfen, soziale Verbesserungen und mehr Klarheit in Regierungs- und Volksvertretungsangelegenheiten hervorzubringen. Diese Konstellation verstärkt die unmittelbare Stimme des Volkes, die sich gegen soziale Ungerechtigkeit und Heuchelei ausspricht, die sich dem diktatorischen Mißbrauch der Macht und dem Einfluß einer Zentralregierung widersetzt und Korruption in der Führungsspitze aufdeckt. Sie weist aber auch auf den Gegensatz Individuum – Staat hin, wobei der Staat, der eigentlich den demokratischen Willen des Volkes zum Ausdruck bringen und, vom Volk gewählt, ihm dienen sollte, sich in der Realität jedoch oft verselbständigt, von Machtblöcken und einflußreichen politischen Parteien beherrscht wird, sich dem Volk überlegen fühlt und seine Bedürfnisse ignoriert. Das kann bis zu einer Manipulation des gesellschaftlichen Bewußtseins durch die politische Elite führen, die jede Demokratie nur als hinderlich betrachtet.

Leider wirkt die öffentliche Gleichgültigkeit gegenüber solcher Manipulation als reaktionäre Barriere für den sozialen Fortschritt. Dieser Aspekt hat aber auch die Tendenz, an die Regierenden hohe Anforderungen zu stellen und zu erwarten, daß Menschen in führenden Positionen und mit großem sozialen Einfluß die höchsten Ideale und moralischen Werte der Gesellschaft, die sie repräsentieren, zum Ausdruck bringen, daß sie aber anderenfalls ersetzt werden. Eine Bewegung in diese Richtung – vorausgesetzt, es würden sich solche hochstehenden Persönlichkeiten finden – könnte wesentliche gesellschaftliche Veränderungen bewirken und ist Voraussetzung für eine Verwirklichung der großen Zukunftsvision. Die Bewahrung und Erweiterung des wirklichen Friedens in der Welt fordert einen unausgesetzten Kampf im Westen wie im Osten, denn es gibt allzu viele, die bereit sind, den Frieden aus egozentrischen Gründen zu zerstören.

Wichtige Ereignisse in diesen Kriegsjahren waren die rasche Entwicklung des Manhattan-Projektes und die Entstehung der Atombombe. Die für Uranus typischen plötzlichen, blitzartigen Intuitionen und Erkenntnisse wirkten sich wissenschaftlich und technologisch aus. Pluto zeigt in diesem Aspekt seine negative, gesellschaftlich wirksame Seite. Er hält sein Damoklesschwert über die Welt und konfrontiert uns mit der Entscheidung zwischen zwei Arten der Transformation, der negativen und der positiven, der kollektiven Zerstörung oder der kollektiven Wandlung und Einigung. Die Weiterentwicklung hängt natürlich davon ab, ob die Öffentlichkeit aktiv wird oder in Apathie verharrt, welche Qualitäten die Führungsschicht an den Tag legt, und davon, ob eine den Separatismus oder die Einigung fördernde Grundhaltung vorhanden ist. Wir werden wiederum mit den für das Uranus-Pluto-Sextil charakteristischen Tendenzen konfrontiert, die sich immer weiter kollektiv auswirken.

Uranus-Pluto-Trigon

Das Trigon zwischen Uranus und Pluto bestand in den zwanziger Jahren und wirkte impulsgebend für internationale Umstrukturierungen, für die Notwendigkeit, bestehende soziale und politische Verhältnisse zu reformieren. Das wurde an der ökonomischen Instabilität und dem inflationären Zusammenbruch in Amerika und Deutschland deutlich, an der britischen Depression und der Entstehung eines neuen kommunistischen Regimes in Rußland. Es bildeten sich neue politische Richtungen faschistischer, nationalsozialistischer und kommunistischer Ausrichtung, die sich auf »neue« Ideale und Ideologien beriefen, aber meist die Ursache internationaler sowie innenpolitischer Konflikte wurden, auch wenn sie in den einzelnen Ländern gewisse begrenzte soziale Verbesserungen mit sich brachten.
Umwälzungen lagen in der Luft, viele ließen sich von diesem

Gefühl berauschen und versuchten, aus den freiwerdenden Energien Nutzen zu ziehen. In solchen Zeiten der Krise und des Übergangs, in der Unklarheit vorherrscht, steht das Suchen und Experimentieren an erster Stelle. Damals schien alles in einen internationalen Schmelztiegel zu geraten. Es war plötzlich die Bereitschaft da, sich von der Vergangenheit zu befreien, ebenso eine Offenheit für alle neuen Ideen und Entwicklungen. Es gab Menschen, die das überschwenglich begrüßten, doch als die kulturellen und sozialen Strukturen sich aufzulösen oder ihren Einfluß zu verlieren begannen, hatten viele das unangenehme Gefühl, den Boden unter den Füßen zu verlieren. Diejenigen, die unter dem Einfluß des Trigons standen, fühlten sich von der geschichtlichen Entwicklung getragen und glaubten, daß sich ihnen kein Hindernis in den Weg stellen könnte. Die Tradition wurde als überholt und einengend empfunden, man suchte nach etwas neuem, nach persönlicher Sinngebung, und man scharte sich mit emotionaler Begeisterung zusammen, um die neu entstehenden politischen Philosophien mitzutragen, die die kommende neue Welt zu symbolisieren schienen.

Während des Uranus-Pluto-Trigons wurden Kräfte freigesetzt, die nationale Eigenarten hervorhoben und die Macht der Tradition und der Vergangenheit aufzulösen begannen. Diese Kräfte erschütterten die Welt und hatten anfangs, wie wir nun rückblickend sehen können, destruktive Auswirkungen, die aber notwendig waren, um den Boden für das Aufkommen konstruktiverer Einflüsse zu bereiten. Die wissenschaftliche und intellektuelle Entwicklung im Westen machte große Fortschritte, während auf der emotionalen Ebene der Gesellschaft relativ große Unreife herrschte, die sich in der begeisterten Unterstützung jener charismatischen Demagogen äußerte, die plötzlich in der politischen Arena auftauchten. In gewisser Weise waren die Auswirkungen des Trigons die Umkehrung von denen der Opposition, die sich um die Jahrhundertwende – um 1900 bis 1903 – ergab, und in der Zeit zwischen den Weltkriegen steigerte sich die soziale Konfliktsituation dann immer mehr. Gewiß ist, daß die Veränderungen, die in diesem Jahrhundert vor sich gegangen sind, tiefgreifend und weitreichend waren, und die immer rascher aufeinanderfolgenden Krisen in allen Daseinsbereichen scheinen sich zu einem epochalen Crescendo zu steigern.

Uranus-Pluto-Quadrat

Der Einfluß des Quadrates stimulierte destruktive gesellschaftliche Veränderungen über die nationalen Grenzen hinweg und verstärkte all jene latenten nationalistischen Bestrebungen, die plötzlich in den Seelen der nationalen Gruppen aufstiegen, bis die einzige Möglichkeit, die unterschwelligen Spannungen zur Entladung zu bringen, in einem weltweiten Konflikt zu bestehen schien.

Das exakte Quadrat bildeten Uranus und Pluto zwischen 1931 und 1934, eine Phase rascher Veränderungen in Deutschland und Italien. Beide waren deutliche Beispiele für den Einfluß der Verbindung von Uranus- und Pluto-Energie, nationalistische Bestrebungen und elitäre Ideen gewannen plötzlich starken gesellschaftlichen Einfluß, manipuliert durch diktatorische Gruppierungen, denen es um die Ergreifung der Macht wie um die Stärkung des Staates durch neue politische Ideen ging. Der Machtkomplex und die Herrschsucht einer ungeläuterten Pluto-Energie zeigte sich im Bedürfnis, ihren Einfluß auf schwächere Nationen auszudehnen und dabei mit rücksichtsloser Gewaltanwendung vorzugehen.

Die weltweite ökonomische Instabilität bereitete radikalen und revolutionären politischen Agitatoren den Boden. Sie eroberten sich Machtpositionen und gaben vor, eine erstrebenswerte neue Gesellschaft aufzubauen. In vielen Fällen wurde diese Schaffung neuer sozialer Strukturen von Menschen angestrebt, die wirklich soziale Motive und Ideale hatten, sie mußten ihre verantwortlichen Positionen dann aber an jene abgeben, deren Absichten nicht so lauter waren und die von ihrer Empfänglichkeit für die starken freiwerdenden Energien fortgerissen wurden, weil Aspekte ihrer unintegrierten Persönlichkeiten dadurch überhandnehmen konnten.

Gepackt von diesen neuen Energien, reagierte das Kollektiv stark auf die faschistischen und nationalsozialistischen Ideale, was sich vor allem in der emotionalen Manipulierbarkeit durch die großen öffentlichen Versammlungen zeigt, die eine ähnliche Wirkung hatten wie gewisse magische Rituale. Auf zweierlei Art reagierten die Menschen auf die gesellschaftlichen Veränderungen, die in Gang gekommen waren: Entweder kollaborierten sie ganz fasziniert von ihrer aktiven Teilnahme an einer nationalen Erhebung und blind gegenüber den weniger deutlich erkennbaren dunklen Aspekten, oder sie waren apathisch und passiv und ließen alles geschehen, weil sie sich unsicher und unfähig fühlten, auf irgendeine Weise Einfluß zu nehmen, obwohl sie mit der herrschenden Gruppe nicht übereinstimmten.

Entscheidend bei diesem Quadrat war jedenfalls die Stimulation der unbewußten nationalistischen Einstellungen und Emotionen durch Pluto, die die idealistischere und geistigere Qualität von Uranus überlagerten. Alle bisher unterdrückten Tendenzen wurden konkret: Überlegenheitsgefühle, nationale Frustration und die Unterdrückung »minderwertiger Rassen«. In der neuen gesellschaftlichen Strömung mischten sie sich mit Gewalttätigkeit und Aggression, und die Unterdrücker ignorierten jede Freiheit. Die dunkle Seite einer falsch gelebten Pluto-Energie drohte die Welt zu überrollen.

Uranus-Pluto-Opposition

Zur Zeit der Opposition in den Jahren 1900 bis 1903 befand sich das traditionelle gesellschaftliche Establishment mit seiner Klassenstruktur im Westen auf dem Höhepunkt. Man hielt sich für kulturell hochstehend und glaubte, man sei gegen eine Aushöhlung durch subversive Kräfte gefeit. Es gab zwar Veränderungen, aber die herrschende Elite wiegte sich in Sicherheit. In manchen Nationen herrschten die Monarchien scheinbar noch unangefochten, gesellschaftliche Strukturen und Einteilungen waren klar definiert, und die Ausbeutung der Kolonien bot die Möglichkeit zu ökonomischer Expansion mit geringem Aufwand. Der Stern des britischen Empire stand im Zenit, und viele glaubten, in der Welt sei (beinahe) alles in Ordnung.

Doch die Opposition begann die Ruhe zu stören und den Status quo in Frage zu stellen, und mißtrauisch beobachtete man, wie sich neues Denken auf kulturellem, politischem und sozialem Gebiet zu regen begann. Aber es dauerte noch einige Jahre, bis diese Tatsache ins öffentliche Bewußtsein dringen konnte, Jahre, die den großen Krisen des Ersten Weltkrieges, der russischen Revolution und des ökonomischen Zusammenbruches vorangingen.

Menschen, die spürten, was sich im Untergrund regte, hatten das Gefühl, auf einem Vulkan zu sitzen, von dem sie geglaubt hatten, er sei bereits erloschen. Viele Menschen im Westen fühlten sich wieder zum Okkultismus hingezogen, was ein

Zeichen für das Aufkommen des Bedürfnisses nach innerer Erneuerung war; und in ebendieser Zeit durchlebten einige der wichtigsten okkulten Führerpersönlichkeiten, die in den zwanziger Jahren (in der Zeit des Trigons) größeren Kreisen bekannt werden sollten – beispielsweise Alice Ann Bailey, Rudolf Steiner und Georg Iwanowitsch Gurdjieff –, eine Phase der Erfahrung, Übung und Initiation. Interessant ist auch, daß im April 1904 Aleister Crowley mit seinem *Buch des Gesetzes* von Kairo aus ins Bewußtsein der Welt trat. Solche okkulten Offenbarungen und die Uranus-Pluto-Opposition schienen das Ende der alten Ordnung und die Geburt von etwas Neuem anzukündigen.

Die Veränderungen, die damals zu Beginn eines neuen Jahrhunderts, des letzten in diesem Jahrtausend, ihren Anfang nahmen, wirken noch heute nach. Viele Probleme sind noch ungelöst. Immer noch ist es notwendig, daß die Menschen zu mehr selbständigem Denken kommen, in ihren Entscheidungen weniger manipuliert von anderen sind, die Macht einzelner Autoritäten und Elitegruppen verringert wird und daß Macht und Verantwortung von den einzelnen Gliedern der Gesellschaft gemeinsam getragen werden.

Dem Einfluß der uranischen Ideale entgegengesetzt war das Bedürfnis nach einem eher emotional gefärbten Sicherheitsgefühl, das sich in der vertrauten traditionellen Lebensweise äußerte, und die Kluft zwischen beiden Tendenzen vertiefte sich weltweit. Der plutonische Einfluß wurde anfänglich zur Stärkung der Tradition benutzt, sollte aber eigentlich als Kraft zum Umsturz der etablierten Ordnung dienen, damit sich eine neue Ordnung Bahn brechen kann – ein Prozeß, in dem wir uns noch immer befinden.

NEPTUN-PLUTO-ASPEKTE

Neptun-Pluto-Sextil

In diesem Jahrhundert bilden Neptun und Pluto nur einen wichtigen Aspekt, das Sextil, und interessanterweise lag der Beginn dieser Konstellation mitten im Zweiten Weltkrieg, im Jahre 1942. Ihr Einfluß dürfte weltweite und Nationen umfassende Wirkung haben, und wie bei allen transpersonalen Planetenenergien wird auch hier eine richtunggebende Kraft zum Tragen kommen, die die Entfaltung des evolutionären Prozesses in Zeit und Raum stimuliert.

Neptun wird die dafür empfänglichen Menschen zu einer fast mystischen Suche treiben. Seit dem Beginn des Sextils hat sich die Naturwissenschaft in zwei verschiedene, einander ergänzende Richtungen entwickelt: einerseits die Bemühungen um Raumfahrt und Satellitentechnologie, die Erforschung des Universums durch Radioteleskope etc., andererseits die komplementär dazu verlaufende Erforschung des inneren Raumes, die Untersuchung der Bausteine der Materie, die Beschäftigung mit der Quantenphysik.

Die Versuche, das Universum zu ergründen, etwas über seine Zusammensetzung und seine Ausmaße zu erfahren und herauszufinden, wie es entstanden sein könnte (die Urknalltheorie), spiegeln die traditionelle westliche Methode wider, in der Außenwelt zu forschen. Parallel zu dieser Tendenz entstand die entgegengesetzte Bewegung, der Weg der Selbsterforschung, der Innerlichkeit und Mystik. Er findet seinen Ausdruck in der New-Age-Bewegung, in der humanistischen und Jungschen Psychologie, in okkulten Techniken und in der Wiedergeburt des magischen Bewußtseins. Dazu gehört auch der Einfluß der Lebenshaltung und der Weisheit östlicher Philosophien und Religionen auf die westliche Welt, ein Austausch zwischen den beiden Hemisphären und die Entwickung der Wissenschaft zu einer mystisch orientierten Quantenphysik.

Wenn das äußere Universum sich erweitert und das innere Universum zu einem geheimnisvollen, unauslotbaren Raum wird, so wird der Mensch zum Mittelpunkt, zur Verbindung und Versöhnung zwischen innen und außen. In einer Zeit, in der die unvorstellbar destruktive Kraft der Atomspaltung benutzt werden kann, um die gesamte Menschheit und alles Leben auf Erden auszurotten, ist die Mahnung der alten Mysterienschulen »Mensch, erkenne dich selbst« der Schlüssel zur Zukunft.

Die nach 1942 geborenen Generationen und jene spirituellen Schüler und Eingeweihten, die für die höheren Schwingungen der transpersonalen Planeten empfänglich sind, verspüren den Einfluß dieses Aspekts und die von ihm ausgehende Wirkung. Es geht darum, das Leben zu fördern, die Umwelt vor sinnloser Zerstörung zu schützen, die individuellen Rechte und Freiheiten zu erweitern, internationale Zusammenarbeit zu entwickeln und die vorherrschende materialistische Konsumhaltung im Westen hinter sich zu lassen. Die Erkenntnis, daß für die Mehrzahl der Menschen eine höhere Lebensqualität erreichbar wird, wenn man die Ressourcen sinnvoller ausschöpft (was bei entsprechender Bereitschaft möglich wäre), kann zu radikalen Veränderungen führen.

Die zur Umwandlung notwendigen Energien sind vorhanden, viel hängt davon ab, wie wir individuell und kollektiv damit umgehen, ob wir sie für negative oder positive Ziele einsetzen. Es ist eine Herausforderung für den Menschen, den freien Willen für die richtigen Entscheidungen einzusetzen, die, in der Gegenwart getroffen, über die Zukunft bestimmen.

RÜCKLÄUFIGER PLUTO

Der rückläufige Pluto weist auf die häufig auftretende Schwierigkeit hin, schöpferisch und positiv mit der Pluto-Energie zu arbeiten. Die Rückläufigkeit ist eine Phase, in der sich die bewußte Aufmerksamkeit nach innen richten sollte, um sich auf die Erfahrung einer tieferen persönlichen Integration vorzubereiten. Die Hausposition im Geburtshoroskop weist auf den Lebensbereich hin, in dem diese radikale Erneuerung geschehen kann.

Die meisten Menschen nehmen diese differenzierte, starke Energie zunächst auf unbewußte Weise wahr und reagieren automatisch darauf, aus der Unfähigkeit heraus, sie zu akzeptieren und sie positiv zu nutzen.

Durch eine rückläufige Konstellation ist der Hinweis auf die Möglichkeit zu einer Regeneration innerhalb des persönlichen bzw. kollektiven Unbewußten gegeben, während die Rechtläufigkeit, die direkte Bewegung, auf die Notwendigkeit hinweist, vom regenerierten Selbst aus in eine konstruktive, sozial orientierte Richtung hin zu arbeiten.

Die gesamte Menschheit wie der einzelne stehen vor dem Problem, wie sie die höhere Pluto-Energie in harmonischer Weise aufnehmen und integrieren können. Zur Zeit ist es den meisten Menschen noch unmöglich; es liegt also in der Verantwortung jener wenigen in der Zukunft Orientierten, als bewußte Vermittler für die Aufnahme und Weitergabe dieser Energie zu fungieren und den aufopferungsvollen Weg der Verwandlung zum Wohle der anderen bereitwillig zu gehen.

Menschen, die besonders empfänglich für die Pluto-Energie sind, vor allem wenn der Planet in ihrem Horoskop rückläufig ist, nehmen stark am Schicksal des Planeten und am Leiden der Menschheit teil. Es ist ein emphatisches Bewußtsein, auch wenn es nicht deutlich formuliert werden kann, und steht mit der seelischen Ebene der Ganzheit in Beziehung. Es kann schwierig sein, damit zu leben, und der Druck, der daraus entsteht, daß man ein Gespür für die geistige und gefühlsmäßige Verfassung der Welt hat, kann einen sehr belasten. Es ist eine Fähigkeit, die im Laufe der Zeit von der Menschheit mehr ausgebildet werden wird und die auf eine Weiterentwicklung der Bewußtseinskräfte hinweist. Durch sie entsteht von innen heraus der Drang, die Welt zu verändern und dem unnötigen Leiden der Menschen, das vor allem aus mangelnder Selbsterkenntnis erwächst, ein Ende zu setzen.

Wer den rückläufigen Pluto im Geburtshoroskop hat, muß sich vor allem seiner Selbstheilung zuwenden und zu einer persönlichen Wiedergeburt gelangen, während Menschen mit einem direktläufigen Pluto sich vor allem um den Einsatz der Pluto-Energie zugunsten der Gesellschaft bemühen sollten. Im Transit weist der rückläufige Pluto auf Phasen des »Einatmens« hin, Zeiten der Neuorientierung vor dem Ergreifen äußerer Aktivitäten, des Überdenkens oder der inneren Umstimmung, die notwendig sind, damit man in der Phase des »Ausatmens« produktiver sein kann.

ERHÖHTER PLUTO IM LÖWEN

Der Tradition nach ist Pluto im Zeichen Löwe sowie im 5. Haus erhöht und symbolisiert die konzentrierte Macht und Kraft, die durch den bestimmenden Willen des selbstbewußten Individuums zum Ausdruck kommt. Auf der physischen Ebene steht Pluto für die Fähigkeit zur körperlichen und seelischen Regeneration, für die schöpferische Kraft des Samens. Um diese Aufgabe zu erfüllen, hat Pluto die Rolle des Herrschers von Skorpion übernommen, der mit den Sexualorganen assoziiert wird.

Erneuerung und schöpferische Samenenergie auf der physischen, emotionalen, mentalen und spirituellen Ebene des Menschen ist das Ziel dieser Kraft. Es geht immer um die Erneuerung des Lebens und darum, die individuellen und sozialen Strukturen, die für einen weiteren, regenerativen Prozeß nicht mehr taugen, zu ersetzen.

Das hat mit Vorstellung von einem »geistigen Samen« zu tun, der in den unbekannten Tiefen des menschlichen Wesens aufgehen möchte. In der östlichen Philosophie entspricht das der Idee von Energiezentren im Körper, den Chakren, die sich nach und nach öffnen und aktiviert werden – in dem Maß, wie die spirituelle Erkenntnis wächst. In der verbreitetsten Form dieses Systems gibt es sieben Hauptchakren, die erweckt werden müssen, vom Wurzelchakra am Ende der Wirbelsäule über das Sexualzentrum, den Solarplexus, das Herz, den Kehlkopf, die Stirn und den Scheitel. Man kann die Aktivierung dieser Zentren durch Selbsterforschung, Meditation, Rituale usw. als allmähliches Aufsteigen des geistigen »Samens« aus dem untersten Chakra bis zum Kronenchakra betrachten. Jeder Schritt zur Stimulierung der einzelnen Zentren wirkt sich bewußtseinsstärkend

und sensibilisierend aus und fördert die Entwicklung zur Wesensintegration und Ganzheit des Suchenden. Das Aufsteigen des Kundalini-Feuers durch die Wirbelsäule entspricht dem wachsenden Bewußtsein dafür, daß »Gott ein verzehrendes Feuer ist«.
Die Fähigkeit der Menschheit, das Geheimnis der in der Natur und in der Atomstruktur verborgen liegenden Kraft zu entdecken – in einer Zeit, in der Pluto im Zeichen des Löwen stand –, findet seine Entsprechung in diesem verborgenen Keimhaften im Individuum. Das Aufgehen dieses Samens und die dadurch freiwerdende Energie können wie eine »innere Atomexplosion« empfunden werden, es macht deutlich, daß das Äußere ein Spiegelbild der inneren Realität ist. Zweifellos hat die Atomspaltung und die Art, wie sie in der wissenschaftlichen Erkenntnis angewendet wurde, eine Übergangsphase mit sich gebracht, die die Menschen in große Schwierigkeiten bringt. In unseren Händen liegt die Macht, die Welt zu zerstören, aber die Fähigkeit zur Erneuerung oder Schaffung einer neuen Welt ist noch nicht gegeben. Solange wir nicht soweit sind, der Versuchung der destruktiven Kräfte nicht mehr erliegen zu müssen, wird das entsprechende Wissen auch nie Allgemeingut werden. Scheinbar reagieren die Menschen anfangs auf neue höhere Energien immer auf negative Weise, bevor die positive Dimension erkennbar wird. In bezug auf das Zeichen Löwe und das 5. Haus ist der Weg in die Zukunft die Auflösung der grundlegenden dualistischen Polarität von Geist und Körper, eine Errungenschaft, die der Beginn einer Phase wirklicher schöpferischer Ausdrucksfähigkeit des einzelnen wie der Gesellschaft wäre.

HOROSKOPBEISPIELE

Als zwei Beispiele für den Einfluß einer starken Pluto-Energie im Geburtshoroskop habe ich die Daten von Margaret Thatcher und Karl Marx gewählt. Die Zusammenstellung mag merkwürdig erscheinen, beide Horoskope sind jedoch geprägt von starken Pluto-Aktivitäten und weisen mehrere wichtige Aspekte zu Pluto auf, jeweils in Verbindung mit lebensbestimmenden Themen, wie sie sich aus der Hausposition Plutos ergeben. Die folgenden Erläuterungen sollten in Zusammenhang mit den Horoskopen selbst und mit den in den Kapiteln 4 und 5 gegebenen Analysen zu den Pluto-Aspekten und der Stellung in den Häusern gelesen werden.

Margaret Thatcher

Im Horoskop von Margaret Thatcher steht Pluto im 8. Haus. Wir finden einen Skorpion-Aszendenten und sechs wichtige Pluto-Aspekte: Pluto Quadrat Sonne, Quadrat Mars, Opposition Jupiter, Trigon Saturn, Trigon Uranus und Trigon Aszendent. Wir haben also hier eine Waage-Sonne mit einer starken Pluto-Betonung. Es scheint mir sinnvoll und interessant, Frau Thatchers Horoskop hinsichtlich dieses Pluto-Einflusses auf ihr Leben und ihre politische Haltung näher zu untersuchen.

Die Schwierigkeiten, die ein Waage-Mensch hat, die beiden Waagschalen ins Gleichgewicht zu bringen, werden durch die subversiven Kräfte des Skorpion-Aszendenten nicht gerade erleichtert; diese Spannungen verstärken noch die zwanghaften Tendenzen im Wesen der Horoskopeignerin. Um mit diesen inneren Spannungen fertig zu werden, fixiert

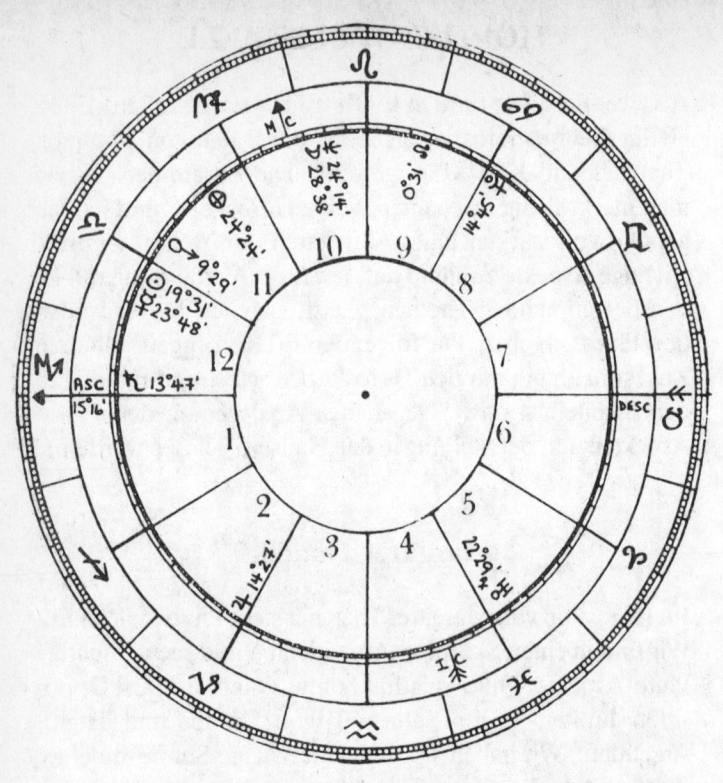

Abb. 6:
Horoskop von Margaret Thatcher (*1925),
englische Premierministerin.
*13. Oktober 1925, 9.00 Uhr, Grantham (England).
Pluto Quadrat Sonne; Quadrat Mars;
Opposition Jupiter; Trigon Saturn;
Trigon Uranus; Trigon Aszendent;
Radix-Pluto im 8. Haus.

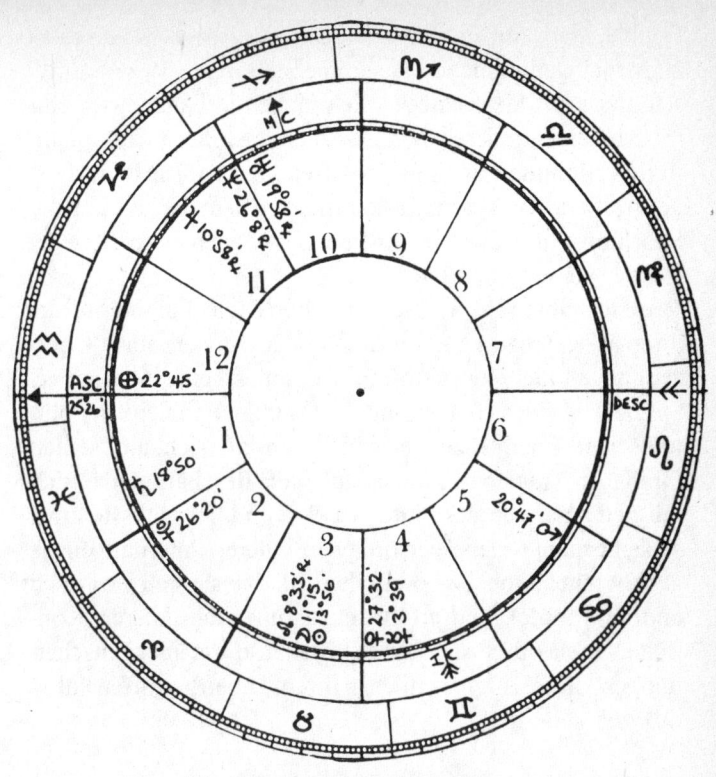

Abb. 7:
Horoskop von Karl Marx (1818–1883),
deutscher Philosoph und Politiker.
*5. Mai 1818, 1.30 Uhr, Trier.
Pluto Sextil Venus; Trigon Mars;
Konjunktion Saturn; Quadrat Uranus;
Quadrat Neptun; Radix-Pluto im 2. Haus.

sie sich geistig auf ein starres Muster, ist nicht mehr von einer einmal eingenommenen Position abzubringen, sie ist »unerschütterlich«. Sie erlaubt es sich nicht, die Dinge noch einmal von einer anderen Seite zu sehen oder ihren Kurs zu ändern – zumindest nicht in der Öffentlichkeit! Ihr Bedürfnis, kontrolliert, autoritär und dominant zu sein, beruht auf der Skorpion-Pluto-Energie, ihr Image ist das einer Art Kriegerin, der »eisernen Lady«.

Wie sie selbst sagt, ist sie eine überzeugte Politikerin, die ihren Weg genau kennt und an der Richtigkeit ihrer Überzeugungen nicht zweifelt. Für sie gibt es keine Alternative. Sie zieht es vor, sich mehr mit der zwanghaften Seite der plutonischen Energie zu verbinden, anstatt sich auf seinen Drang zur Transformation einzulassen. Beschäftigt man sich mit den Analysen der Pluto-Aspekte und der Hausstellung, so sieht man, welche persönlichen inneren Alternativen sie gehabt hätte (wobei es zweifelhaft ist, daß sie sich jetzt noch ändern könnte), und erfährt etwas über die inneren Konflikte, die sie durchzustehen hatte, ebenso wie über Entscheidungen, die sie offensichtlich in ihrem Leben getroffen hat.

Karl Marx

Karl Marx, der weltberühmte politische Philosoph, ist bekannt für seine ökonomischen, sozialen und historischen Theorien und seine Ideologie, Grundlage für die Entwicklung des kommunistischen und sozialistischen Denkens, das unser Jahrhundert so stark geprägt hat. Im Horoskop von Marx finden sich fünf wichtige Pluto-Aspekte: Pluto Sextil Venus, Trigon Mars, Konjunktion Saturn, Quadrat Uranus und Quadrat Neptun. Sein Radix-Pluto steht im 2. Haus (System der gleichen Häuser, das 1. Haus nach Placidus errechnet).

In seinem persönlichen Leben war Marx von seiner Frau abhängig, vor allem von ihrer finanziellen Unterstützung, die sie ihm geben konnte, da sie aus der vermögenden Familie Engels stammte. Er litt vermutlich an psychosomatischen Erkrankungen, da seine ausschließliche Beschäftigung mit der Entwicklung seiner politisch-ökonomischen Theorien und die einseitig intellektuelle Betätigung zur Unterdrückung des Emotionalbereiches führten. Sein wichtigstes Werk, *Das Kapital*, schrieb er in England und reagierte damit auf die Verhältnisse der damaligen englischen Klassengesellschaft.

Interessanterweise steht sein Radix-Pluto im Haus des Materiellen und des Besitzes, und sein Kampf um das eigene finanzielle Überleben und um materiellen Besitz ist Teil seiner persönlichen Problematik (2. Haus), die gelöst werden mußte. Von seinen privaten Kämpfen und Obsessionen ging ein Großteil in seine Theorien ein und wurde damit auf eine universelle Ebene, seine Interpretation der Menschheit und der Gesellschaft, gehoben. Das führte zu einer vorherrschend materialistischen Weltsicht, in der der Mensch als dem größeren Ganzen, dem Staat, untergeordnet betrachtet wird. Marx setzte sich dafür ein, daß die materiellen Güter zum Wohle der Allgemeinheit verwaltet werden sollten, und wollte zu einem neuen Verständnis des Materialismus im positivsten Sinn gelangen – was seinem Pluto im 2. Haus entspricht.

Das Mars-Pluto-Trigon fügt sich gut in dieses Bild, und die Saturn-Konjunktion weist auf die emotionale Unterdrückung hin, die dann verstärkt auftrat, als er von seinen Ideen immer besessener wurde. Das beeinträchtigte auch die Beziehung zu seiner Frau, die dennoch zu ihm stand und seine Bemühungen unterstützte, was ein Hinweis darauf ist, daß es sich um eine schicksalhafte Beziehung gehandelt haben könnte. Das Uranus-Pluto-Quadrat betrifft vor allem geschichtliche Zusammenhänge dieses Jahrhunderts; durch die marxistische Ideologie konnte ein Diktator wie Stalin die Energie dieses Quadrates zum Ausdruck bringen. Das Quadrat zu Neptun stellt die Verbindung zwischen dem Individuum und dem kollektiven Schicksal her und schärft das Bewußtsein für die Notwendigkeit, überholte bestehende Strukturen und Gedankenmuster in etwas Neues, Richtungsweisendes umzuwandeln. Das versuchte Marx zwar, begrenzte sich aber selbst durch seine persönliche Problematik, die seine politischen Ideen färbte. Der Einfluß dieser Ideen blieb wirksam und überwand nationale Grenzen, sie wurden von denen, die seine Voraussetzungen akzeptierten (oder denen sie aufgezwungen werden), übernommen, modifiziert und zum Teil verzerrt. Vom humanistischen Standpunkt aus schränkt man den Menschen zu sehr ein, wenn man ihn primär als ökonomisches Wesen einstuft. Aber auch hier sieht man, wie der Einfluß von Pluto die verborgenen inneren Impulse enthüllt, jene inneren Konflikte im Individuum, die in diesem Fall zur Schaffung einer die Geschichte und das Schicksal der Menschheit prägenden politischen Philosophie führten.

KAPITEL 5

Pluto in den Häusern

Die Hausstellung von Pluto im Geburtshoroskop weist sowohl auf den Lebensbereich hin, in dem sich die persönlichen Schwierigkeiten kristallisieren, als auch auf die Ebene, auf der der einzelne einen wertvollen gesellschaftlichen Beitrag zu leisten vermag. Das kann auf zweierlei Weise geschehen. Einmal ist die soziale Wirksamkeit Ergebnis eines erfolgreichen inneren Kampfes mit den persönlichen Schwierigkeiten, ein andermal wird im Prozeß dieses inneren Kampfes und als Folge des Drucks, der aus dem Konflikt entsteht, unerwartet ein Talent freigesetzt, das sich sozial positiv auswirkt. In diesem Fall muß das eigentliche Problem nicht unbedingt gelöst werden, ja es ist manchmal für den Rest des Lebens nicht mehr wirklich zu bewältigen. Beides bedeutet jedenfalls eine Erneuerung, denn schon der Versuch, sich zu verändern, wirkt sich positiv aus.

Je nach dem Grad der Selbsterkenntnis sollte es dem einzelnen Menschen mehr oder weniger klarwerden, welche Lebensbereiche einer Neuorientierung bedürfen, um zu einer höheren Ebene der Erfahrung zu gelangen. Sind dies Bereiche, die mit bestimmten Schatteneigenschaften zusammenfallen, kann das jedoch eine Art psychologische Blindheit bewirken, durch die der Betreffende daran gehindert wird zu erkennen, daß vielleicht gerade seine eigene Einstellung oder seine Weise des sozialen Ausdrucks Ursache der meisten Lebensprobleme ist. Eine Kenntnis der Hausposition Plutos kann der Schlüssel sein, der viele innere Türen öffnet, denn sein Einfluß wird unfehlbar stark sein. Man sollte sich damit beschäftigen, um herauszufinden, was das »Hindernis« einem sagt und wohin man seine Kräfte bewußt lenken müßte, um die darin gebundene psychische Energie freizusetzen.

Das ist sicher nicht leicht. Es scheint oft sogar ein unüberwindliches Problem zu werden und – wie die Transite Plutos – nicht enden zu wollen. Aber man kann es nicht abschütteln, es bleibt im Bewußtsein, wird eine Obsession. Oft merkt man dabei gar nicht, daß ganz allmählich die Möglichkeit zu einer Veränderung entsteht. Es ist wie eine alte Hülse, die abgestreift werden muß, und das erfordert viel bewußte Auseinandersetzung und Bemühung.

An irgendeiner Stelle muß diese Hülse aufgebrochen werden, damit die darin gefangene Energie frei werden kann und man mit Hilfe der neugewonnenen Vitalität andere Ausdrucksformen entwickelt. Das kann bedeuten, daß man einen »Sprung ins kalte Wasser« machen muß. Man fühlt, es ist ein notwendiger Schritt in eine gute Richtung, ohne allerdings einen realen objektiven Beweis zu haben, daß es die richtige Entscheidung ist. Das Leben kann dadurch vollkommen umgekrempelt werden, man gerät in eine Krise oder an einen Wendepunkt und muß ganz entschieden mit der Vergangenheit brechen. Das kann so aussehen, daß jemand einfach damit aufhört, das zu tun, was er bisher getan hat, daß er seinen hektischen Lebensstil, was Arbeit und gesellschaftliche Verpflichtungen anbelangt, beendet und zu überlegen beginnt, was er eigentlich mit seinem Leben anfängt und ob es ihn erfüllt.

Um ein Gefühl für die Realität Plutos zu bekommen, sollten Sie versuchen, sich in den Lebensbereich hineinzudenken, in den Ihr Radix-Pluto fällt, und beobachten, inwieweit er auch in das übrige Leben hineinwirkt, also ein entscheidender Teil Ihrer persönlichen Existenz ist, den Sie wohl als Ihre verwundbare Seite empfinden. Wo immer Pluto im Geburtshoroskop steht oder wo eine starke Skorpion-Betonung zu finden ist, entdecken Sie wahrscheinlich ein mächtiges Energiereservoir, mit dem man behutsam und bewußt umgehen muß, um etwas Positives daraus zu machen – denn es vermag das Leben ebenso zu zerstören, wie es zu seiner Erneuerung beitragen kann.

Wie auch immer das Ergebnis solch einer Auseinandersetzung aussehen mag, die Lösung des Problems liegt stets in der Hausposition Plutos im Geburtshoroskop. Dabei darf man nicht vergessen, daß bei der Erfüllung des tieferen Sinnes von Pluto die individuelle Wandlung immer auch einen Beitrag zur Entwicklung und Bewußtwerdung auf einer weiteren gesellschaftlichen Ebene darstellt. Es ist eine Möglichkeit, sich seiner inneren Beziehung zur kollektiven Mentalität der Gesellschaft, in der man lebt, bewußt zu werden.

Pluto im 1. Haus

Das 1. Haus ist der Bereich der persönlichen Identität, und wenn Pluto im Geburtshoroskop in diesem Haus steht, weist das darauf hin, daß sich Schwierigkeiten und innere Konflikte in der Lebenserfahrung des isolierten Selbst konzentrieren.

Pluto wird versuchen, Sie durch Ihr Identitätsgefühl zur Transformation zu führen. Ihre Kindheit könnte schwierig gewesen sein, vielleicht weil Sie Ihr Zuhause verloren oder weil Konflikte zwischen Ihren Eltern und finanzielle Sorgen dazu führten, daß die Erfüllung grundlegender materieller Bedürfnisse viel Aufmerksamkeit und Kampf erforderte. Sicher leben Sie in dem Gefühl, eine harte und schwere Jugend gehabt zu haben, die sich auf die Entwicklung Ihrer Persönlichkeit, Ihre Lebenseinstellung und Ihr Selbstwertgefühl auswirkte.

Da Pluto alle Bemühungen untergräbt, wenn Sie seinen verborgenen Absichten nicht gerecht werden, erleben Sie vielleicht, daß Menschen und Situationen in Ihrer Umwelt oft Ihre Versuche, Ihr persönliches Wesen und Ihre Ziele zum Ausdruck zu bringen, durchkreuzen. Da Sie sich dadurch wahrscheinlich frustriert und eingeschränkt fühlen, sind Sie wohl zutiefst unsicher, was Sie hinter einer defensiven und reservierten Haltung zu verbergen versuchen. Sie leben vermutlich am liebsten als Einzelgänger, und die anderen Menschen haben es schwer, hinter Ihre Maske zu sehen und Sie besser kennenzulernen. Am liebsten halten Sie eine gewisse Distanz zu ihnen.

Die anderen erleben Sie wahrscheinlich als eine willensstarke, ja dominierende Persönlichkeit, die fast etwas Besessenes hat, wenn es darum geht, ein Ziel zu erreichen. Das kann in engen Beziehungen, in der Ehe und am Arbeitsplatz Probleme schaffen, da Ihnen nichts und niemand so wichtig ist wie Ihre persönlichen Pläne.

Sie geraten leicht in Versuchung, mit den Menschen zu spielen, sei es durch Herrschsucht, Konfrontationen oder das

Ausnutzen Ihrer Macht, was auch Ihr Bedürfnis nach Selbstbestätigung und einer Festigung Ihres Identitätsgefühls zum Ausdruck bringt. Zu diesen Spielen können emotionale und geistige Manipulation gehören, Tendenzen, die Sie unbedingt zügeln sollten.

Ihre intimen Beziehungen sind wahrscheinlich außerordentlich intensiv und haben etwas Schicksalhaftes; sie brechen gleichsam über Sie herein, ohne daß einer der beiden Partner die Entwicklung steuern könnte. Aus ihnen können Sie ein Höchstmaß an transformativer Energie beziehen, vorausgesetzt, es gelingt Ihnen, Gleichgewicht zwischen sich und Ihrem Partner zu schaffen, ihm zuzuhören und ihn nicht dominieren und kontrollieren zu wollen, um sich dadurch sicher zu fühlen.

Sie müssen zu einer Erneuerung durch tiefere Einsicht in Ihr eigenes Wesen gelangen und erkennen, wie unruhig Sie unter Ihrer kühlen Oberfläche sind, denn dann können Sie die ungenutzte Energie auf positive und schöpferische Weise freisetzen. Sie können sehr willensstark und konzentriert sein und sollten das zum Wohle der anderen nutzen, indem Sie sich höheren sozialen Idealen widmen. Das wird Ihnen auch helfen, zu einem erneuerten Identitätsgefühl auf höherer Ebene zu gelangen.

Pluto im 2. Haus

In diesem Haus geht es um den richtigen Umgang mit den Ihnen zur Verfügung stehenden, vor allem materiellen Mitteln, und der Pluto-Einfluß wird hier Ihr Bedürfnis verstärken, sich dadurch sicherer zu fühlen, daß Sie sich mit greifbaren physischen Zeichen Ihres Erfolgs umgeben.

Der Drang, sich dieses Gefühl von Sicherheit, Macht und Kontrolle durch Geld und Besitz zu verschaffen, kann zu starken inneren Spannungen führen, da alle Energien und Gedanken nur auf materielle Ziele gerichtet sind. Das kann sich natürlich unmittelbar auf Ihre Beziehungen zu anderen Menschen auswirken, wozu zum Beispiel gehört, daß Sie für Heim und Familie zuwenig Zeit und Interesse haben, es sei denn, Sie betrachteten beides als Ihren Besitz. Zudem kann Ihre Neigung zu Egozentrik und Habgier zu Schwierigkeiten mit dem Gesetz, mit der Steuer, mit Spekulationen oder Erbschaften führen. Wenn Sie die Familie allein ernähren, neigen Sie vielleicht dazu, Ihre Machtposition auszunutzen und die anderen finanziell zu gängeln, anstatt alles liebevoll mit ihnen zu teilen.

Wichtig wäre es für Sie, neue, umfassendere Werte zu finden und positiven persönlichen Sinn in sich selbst zu entdecken, der nicht von materiellem Besitz und Macht abhängig ist. Die Energie, die hinter diesem starken Drang steht, müßte frei und Ihre Wünsche und Motive sollten reiner werden, damit Sie erkennen, daß man Besitz zum Nutzen anderer verwalten und mit ihnen teilen kann. Wenn Ihre Lebensentscheidungen weiter von solchen Zwängen beherrscht sind, werden Sie letztlich scheitern. Die wachsende Entfremdung von anderen Menschen wird vielleicht zu finanziellen Problemen führen. Deshalb möchte Pluto Sie verändern, möchte Ihnen helfen, den materiellen Impuls neu zu verstehen; und er würde schließlich all Ihre Bemühungen um Sicherheit untergraben, wenn Sie nicht bereit sind, Ihre Einstellung in diesem Punkt zu ändern. In manchen Fällen kann die Reaktion auf diese Tendenz auch zu einer pervertierten Form von Materialismus führen, bei der einem übertriebene Kleinlichkeit jede Lebensfreude nimmt, was ebenso einseitig ist wie die Neigung zu übertriebener Großzügigkeit und Verschwendungssucht. Denn die wirkliche Qualität eines Menschen läßt sich nie an der Größe seines Bankkontos, an seinem Haus oder seinem Auto messen, sondern sie drückt sich darin aus, wie er lebt. Lebt er mit einem sozialen Bewußtsein und Anteilnahme am Wohlergehen aller, bringt er tolerantes Verständnis und einen liebevollen Geist zum Ausdruck? Das ist das entscheidende Kriterium. In materiellem Besitz kann man nun einmal keine wirkliche Sicherheit finden, das Streben danach ist nur eine der vielen Illusionen, die unsere heutige Konsumgesellschaft nährt.

Pluto im 3. Haus

Bei dieser Radix-Position Plutos liegt die Betonung auf der Kommunikation, dem Selbstausdruck und dem Mitteilen von Ideen durch das gesprochene oder geschriebene Wort.
Das Kommunikationsbedürfnis kann hier etwas Zwanghaftes haben und ist sowohl eine Bemühung, mit anderen in Kontakt zu treten, als auch der Drang, sich von einer inneren Überaktivität zu befreien. Während diese Energie auch durch die Hände übermittelt werden kann, zum Beispiel beim Heilen, werden Sie doch eher den Weg über die Sprache wählen, für die Sie eine natürliche Begabung haben, ein Talent, durch das Sie vielleicht sogar zum einflußreichen Redner werden.
Diese Energie ist im wesentlichen mit der Mentalebene verbunden; Sie haben wahrscheinlich einen scharfen Geist, festumrissene Lebensvorstellungen und die Fähigkeit, Ihre Meinungen überzeugend darzulegen. Sie können eigene, originelle Ideen entwickeln, und es liegt Ihnen, sie mitzuteilen, damit andere helfen können, sie zu verbreiten.

Da Ihre Überzeugungskraft groß ist, können Sie Einfluß über die Menschen gewinnen. Sie sollten sich aber hüten, dieses Talent zu mißbrauchen, indem Sie andere übervorteilen oder versuchen, sie zu dominieren.

Auch wenn Sie die Fähigkeit haben, sich so klar auszudrücken, müssen Sie einräumen, daß der Inhalt Ihrer Ideen nicht notwendigerweise richtig sein muß. Jeder, der sich so geschickt mitzuteilen vermag, gerät in Gefahr, eingebildet zu werden, die anderen als minderwertig zu sehen, sie von oben herab zu behandeln und zu glauben, was er denkt und sagt, sei selbstverständlich richtig. Das ist eine gefährliche Illusion für den Betreffenden selbst wie für andere, die keinen Raum läßt für wirkliche Kommunikation.

Weiter kann die Tendenz bestehen, auf festgefahrenen Überzeugungen und Meinungen zu beharren und dadurch unzugänglich für Kompromisse und Veränderungen zu sein, die im Laufe der Zeit als natürliches Ergebnis von mehr Lebenserfahrung und gründlicherem Nachdenken möglich sein sollten. Ihre Lebensanschauung und Sinngebung ist etwas Persönliches, das nicht unbedingt für andere zutrifft, deshalb ist jeder Dogmatismus einengend und unproduktiv.

Pluto möchte Sie zu der Erkenntnis führen, daß Ihre Gedanken und Äußerungen je nach dem Maß Ihres gesellschaftlichen Einflusses stärkere oder schwächere Konsequenzen haben. Sie müssen also Verantwortung übernehmen für alles, was Sie der Welt vermitteln, und sich deshalb Ihrer Motive und Inhalte sehr bewußt sein, denn beides wird unvermeidlich Auswirkungen haben.

In Ihren Beziehungen werden Sie gegen eine Tendenz zur Manipulation kämpfen müssen und sollten lernen, Ihrem

Partner auch zuzuhören und ihn nicht nur als jemanden sehen, der dazu da ist, Ihren Geist und Ihre Klugheit zu bewundern.

Wahrscheinlich neigen Sie dazu, Ihre Beziehung viel zu analysieren und zu intellektualisieren. Dabei haben Sie oft eine gewisse Distanz zu Ihren eigenen Gefühlen, bei denen Ihnen nicht recht wohl ist, denn Gefühle sind nicht so leicht in flüssige Worte zu fassen. Manchmal sind Ihre Worte nur Schaumschlägerei, hinter denen Sie sich verbergen, und oft ist weniger wirkliche Substanz da, als es anfänglich schien. Es kann geschehen, daß Sie auch selbst allmählich einen Substanz- und Sinnverlust im Leben empfinden und die anderen Sie im Grunde als hohl ansehen, als jemanden, der nicht wirklich etwas zu geben hat. Wenn Sie mit dieser Energie jedoch kreativ umgehen und ein wirkliches Bewußtsein für die anderen entwickeln, können Sie sehr viel Positives aus ihr beziehen.

Pluto im 4. Haus

Sie haben das starke Bedürfnis nach physischer und emotionaler Sicherheit und wahrscheinlich die Tendenz, sich in Ihr Zuhause und auch Ihr Inneres, Ihr Gefühlsleben, zurückzuziehen, um scheinbaren Bedrohungen aus der Umwelt auszuweichen oder um sich vor dem Gefühl der Lebensunsicherheit zu schützen.

Im Grunde versuchen Sie, sich Ihre eigene »Trutzburg« zu bauen, in der Sie der Herr sind, ebenso wie Sie am liebsten über Ihre nächste Umgebung die totale Kontrolle hätten. Dieses Bedürfnis, sich ein privates Reich zu schaffen, rührt wohl aus Ihrer Kindheit her, in der Sie vielleicht nicht genug

physische und emotionale Sicherheit bekamen, möglicherweise durch den Verlust von Vater oder Mutter, oder wo Sie unter Machtkämpfen innerhalb der Familie zu leiden hatten. Als Erwachsener werden Sie viel Energie darauf verwenden, sich Ihre Burg und Ihre Familie zu erhalten. Beides ist sehr wichtig für Sie, weil es einen emotionalen und physischen Raum schafft, der Ihnen die Möglichkeit zum Rückzug und zur Entspannung bietet, eine Form der kontrollierten Sicherheit. Ihr Bedürfnis, diese Kontrolle und Stabilität aufrechtzuerhalten, kann jedoch dazu führen, daß Sie eine sehr dominierende Haltung einnehmen und sich hartnäckig durchzusetzen versuchen. Möglicherweise werden dadurch auch familiäre Spannungen entstehen. Sie versuchen sozusagen, die anderen gefangenzuhalten, indem Sie eine schützende, aber auch einschränkende Barriere zwischen Ihrem Zuhause und der Welt errichten. Sicher werden Sie sich gegen neue Ideen und neue Menschen etc. wehren, die in Ihr häusliches Leben eindringen und es gefährden können. Wahrscheinlich fällt es Ihnen auch sehr schwer, sich bewußtzumachen, welche Grenzen Sie da den anderen ziehen, wie Sie ihre Bewegungsfreiheit und ihren Erfahrungshorizont einschränken. In der häuslichen Umgebung herrschen Sie so, daß die anderen von Ihnen abhängig sind und sich Ihren Forderungen fügen müssen. Sie brauchen einen Partner, der zwar grundsätzlich Ihr Bedürfnis nach häuslicher Geborgenheit unterstützt und Ihre Wertvorstellungen teilt, der Sie aber auch ergänzt und für Sie und die Familie offene Kontakte zur Außenwelt aufrechterhält.
Bis zu einem gewissen Grad neigt wohl jeder im häuslichen und familiären Bereich zu solch einem Verhalten, mit dieser Pluto-Plazierung tritt oft eine gewisse Zwanghaftigkeit zutage, die für Sie selbst wie für andere problematisch werden

könnte. Das kann bis zu einer Zerrüttung des häuslichen Lebens führen. Möglicherweise erleben Sie viele Umbrüche als unmittelbare Folge Ihres Versuches, Ihr Sicherheitsbedürfnis zu erfüllen, vor allem wenn Sie Ihrer Familie dabei Zwang antun.
Wahrscheinlich fühlen Sie den Drang, den Dingen auf den Grund zu gehen, und haben durch eine natürliche Verbindung zum Unbewußten tiefe Einsichten in das Emotionalleben anderer Menschen. Doch auch Ihr eigenes Unbewußtes bleibt davon nicht unberührt. Pluto wird versuchen, die Bedingungen zu schaffen, die Ihr Bedürfnis nach physischer und emotionaler Sicherheit in greifbarer Form transformiert und Sie zu tieferer Selbsterkenntnis führt, durch die Sie zu einem inneren Sicherheitsgefühl und Unabhängigkeit von äußeren Stützen gelangen. Sie sollten sich darum bemühen, ein inneres Zentrum des Friedens und der Erfüllung zu finden, denn das ist letztlich dauerhafter als alles, was man sich in der Außenwelt schafft.

Pluto im 5. Haus

Vermutlich liegt Ihnen sehr daran, sich wichtig zu fühlen, gesehen zu werden, bekannt und anerkannt zu sein. Kurz gesagt, Ihr Selbstwertgefühl wird durch die Anerkennung anderer gestärkt.
Das kann auf vielerlei Weise eine Kompensation sein und auf einem Gefühl der inneren Unsicherheit und Unzulänglichkeit, einem Mangel an Selbstvertrauen und Selbsterkenntnis beruhen. Sie glauben, Sie würden irgendwie besser oder bedeutender werden, als Sie sich wirklich fühlen, wenn es Ihnen gelingt, ein Bild nach außen zu projizieren, das von

den anderen anerkannt wird. Anerkennung kann einem leicht zu Kopf steigen.

Da Sie in diesem Bedürfnis, sich wichtig zu machen, frustriert werden können und da Lebensumstände eintreten können, die Ihnen die negativen Aspekte der öffentlichen Anerkennung zeigen, werden Sie sich mit diesem Drang, »jemand« zu sein, gründlich auseinandersetzen müssen. Dazu gehört eine wirkliche Selbstprüfung und Einsicht in Ihr wahres Wesen und in Ihre Fähigkeiten. Vor allem aber ist es wahrscheinlich wichtig für Sie, nach etwas wirklich Wertvollem zu streben, das die anderen als Ausdruck Ihrer persönlichen Fähigkeiten oder Talente anerkennen können. Es ist nämlich sehr frustrierend, wenn man merkt, daß man seine »Berühmtheit« gar nicht verdient hat.

Wahrscheinlich haben Sie ein gewisses schöpferisches Talent im künstlerischen Bereich, und wenn es Ihnen gelingt, diese Energie auch praktisch zum Ausdruck zu bringen, werden Sie sich vielleicht auf ganz neuen Gebieten hervortun können.

Liebesaffären und Kinder ziehen Sie wahrscheinlich an, beides gehört zu Ihrem Bedürfnis, die Freuden des Lebens zu genießen, von denen Sie glauben, sie stünden Ihnen aufgrund Ihres Anerkanntseins zu. Sexuelle Liebe wird für Sie von besonderer Bedeutung und Intensität sein, und Sie werden eine dauerhafte Partnerschaft brauchen, damit Sie immer jemanden haben, der Ihnen Ihr Bild widerspiegelt. Solch tiefergehende emotionale Erfahrungen mit geliebten Menschen und Kindern werden Ihnen helfen zu lernen, Ihr Selbstverständnis neu zu definieren, was hoffentlich dazu führt, daß Sie innerlich gefestigter und zufriedener werden. Sie sollten sich bemühen, das Herrschen und Beherrschtwerden aus Ihren Beziehungen auszuklammern.

Pluto im 6. Haus

Hier wird Pluto in Ihnen den Drang wecken, anderen zu helfen und etwas Wertvolles und Sinnvolles aus Ihrem Leben zu machen. Dieses Bedürfnis wird alle Ihre Handlungen und Entscheidungen bestimmen und Ihnen immer Wegweiser sein.

Anderen nützlich sein zu können gibt Ihnen ein Gefühl der Befriedigung und verleiht Ihrem Leben Sinn, und so sind Sie im Grunde ein kooperativer Mensch. Das, was Sie für andere tun, wird aber möglicherweise nicht immer geschätzt und verstanden, und Sie sollten darauf achten, wie Sie diesen Impuls zum Ausdruck bringen, damit Sie wirklich helfen können und nicht primär Ihre eigenen Bedürfnisse ausleben. Es gibt hunderterlei Möglichkeiten, anderen zu dienen; manchmal nimmt das sehr direkte Formen an, manchmal subtilere, wie beispielsweise bei einer meditativen Arbeit, bei der man versucht, spirituelle Energien in die Welt zu senden. Besondere Begabungen und spezielles Wissen können auf vielerlei Weise eingesetzt werden; Sie fühlen sich vielleicht zu einer Tätigkeit berufen, bei der das möglich ist, vielleicht als Lehrer.

Wahrscheinlich enttäuscht es Sie, daß Ihre Bemühungen nicht immer den gewünschten Erfolg haben und daß die Menschen gewöhnlich das, was Sie tun, nicht wirklich schätzen. Das ist unvermeidlich, und Sie sollten Ihre Einstellung dahingehend verändern, daß Sie solche Reaktionen zulassen. Es ist nicht gut, nach unmittelbaren positiven Reaktionen Ausschau zu halten, sondern Sie sollten sich bemühen, um des Dienens willen zu dienen, nicht um etwas Bestimmtes dabei zu erreichen. Sie geben, weil es Ihr Wesen ist zu geben und weil Sie etwas Wertvolles zu vermitteln haben. Sie sollten sich immer sehr bewußt sein, aus welchem Impuls heraus Sie etwas für andere tun, und sichergehen, daß Sie nicht zu stark in die persönliche Freiheit der anderen eingreifen und ehrlich davon überzeugt sind, etwas wirklich Wertvolles zu geben. Sie werden immer wieder neu herausfinden müssen, auf welche Weise Sie am besten helfen können, und sollten sich bei der Arbeit mit anderen Menschen um viel Sensibilität und Wachheit bemühen.

Vielleicht entdecken Sie, daß es besser für Sie ist, an sich selbst und an Ihrer inneren Erneuerung zu arbeiten, um als Vermittler spiritueller Energien wirken zu können. Gesundheit ist ein wichtiger Bereich für Sie; vielleicht haben Sie eine Begabung zum Heilen. Wenn Sie sich hier weiter ausbilden, können Sie anderen dienen und helfen. Vielleicht führen Probleme mit der eigenen Gesundheit zu Veränderungen Ihrer Grundhaltung und Wertvorstellungen. Solche Erfahrungen können Ihr Leben stark verändern und ihm eine völlig neue Richtung geben.

Es wäre sehr sinnvoll für Sie, bei Ihrer Arbeit oder Ihrer Karriere den Schwerpunkt so zu legen, daß Sie etwas für andere tun können. Das befriedigt Sie selbst und ist die beste Möglichkeit, Ihre Energien einzusetzen; denn wenn es Ihnen nicht gelingt, sie in Bahnen zu lenken, wo Sie heilend wirken können, werden sie immer als unerfüllter Drang in Ihnen wirken. Sie werden sich nie wirklich wohl fühlen, wenn Sie sie nicht sinnvoll einsetzen.

Pluto im 7. Haus

Der Lebensbereich, der der Erneuerung bedarf und für Sie von besonderer Bedeutung sein wird, ist derjenige enger und intimer Beziehungen. Die Art, in der Sie mit Ihren Beziehungen umgehen, ist der Schlüssel dafür, ob Ihr Leben Sie zufrieden macht und emotional erfüllt. Wenn Sie hier nicht Vernunft und Umsicht walten lassen, werden Sie wahrscheinlich unter beträchtlichen emotionalen Schmerzen und Ängsten leiden, denn Sie werden immer wieder erleben, wie eine Beziehung, die Ihnen positive Aussichten bot, zu Ihrer Enttäuschung und Ihrem Kummer scheitert.

Die Pluto-Energie wird Sie in enge Beziehungen zu anderen Menschen treiben und wird in Ihren intimeren Partnerschaften immer nach großer Intensität suchen. Sie haben das Bedürfnis, sich von anderen gemocht zu fühlen, und sind grundsätzlich bereit, anderen viel zu geben. Dazu gehört auch, deutlich zu machen, daß Sie dem anderen in der Partnerschaft oder Ehe großen Freiraum zu lassen bereit sind.

Das Problem kann darin liegen, daß Sie nicht fähig sind, kooperativ mit anderen zusammenzuleben, vor allem weil es für Sie selbst wie für Ihre Mitmenschen schwer ist, mit Ihrer Intensität zu leben. Das mag gar nicht so deutlich zutage treten, aber die anderen spüren es als subtile Energieübertragung, die sie vielleicht als Manipulation oder unausgesprochenen Druck wahrnehmen, gegen den sie sich auf irgendeine Weise wehren. In intimen Beziehungen gibt es viele Machtkämpfe auf einer energetischen Ebene, die nicht offen zum Ausdruck kommen, die aber letztlich über Erfolg oder Scheitern der Beziehung entscheiden.

Im Grunde ist Ihre Haltung gegenüber Nähe und engen Beziehungen sehr ambivalent. Sie müssen erst lernen zu verstehen, was in Ihnen selbst und in anderen vorgeht. Sie können sich einerseits von der erhofften Intensität und dem Bedürfnis nach der Nähe eines Menschen angezogen fühlen, haben zugleich aber Angst vor der Macht einer Beziehung, Ihr Leben auf unbekannte Weise zu verändern und ihm eine andere Richtung zu geben. Wenn also eine Ehe oder eine dauerhafte Partnerschaft gelingen soll, werden Sie hart daran arbeiten müssen, bestimmte Aspekte Ihres Wesens zu verändern. Sie müssen versuchen, jeder Neigung, Kontrolle über andere auszuüben (was bei Ihnen eine Form des Selbstschutzes ist), zu widerstehen, und müssen vielleicht erst lernen, wie notwendig die eine Beziehung tragende gegenseitige Hingabe ist und wieviel Disziplin sie erfordert. Das bedeutet, daß beide Beteiligten an sich arbeiten müssen, miteinander an einem Strang ziehen, sich einander anpassen und sich um emotionale Einfühlsamkeit bemühen. Sie sollten den Mut haben, Ihr Herz jemand anderem ganz anzuvertrauen, was Sie wahrscheinlich sehr scheuen, denn die Tiefe und Intensität Ihrer Gefühle verursacht Ihnen im Grunde Unbehagen und Angst. Sie müssen das Wesen dieser inneren Intensität verstehen lernen, und je eher es Ihnen gelingt, sie freizusetzen und sie so zu transformieren, daß sie Ihnen bewußt ist, desto besser wird es Ihnen gelingen, mit diesem Lebensbereich zurechtzukommen.

Pluto im 8. Haus

Dies ist das Haus der Erneuerung, und die Wandlung, die Pluto in Ihnen bewirken will, ist eine umfassende und vollständige Neuorientierung, die alle Ebenen – die physische, emotionale, mentale und spirituelle – umfaßt.

Wahrscheinlich versuchen Sie, die Pluto-Energie zu benutzen, um sich selbst und andere gemäß Ihren persönlichen Wünschen zu beeinflussen. Mit starkem Willen werden Sie dieses Ziel verfolgen, und Ihre Ausdauer ist meist stärker als der Widerstand, auf den Sie treffen.

In Ihren Beziehungen haben Sie wahrscheinlich die Tendenz, die anderen dahingehend zu manipulieren, daß sie sich Ihren Vorstellungen fügen. Sie bestehen darauf, daß man sich nach Ihren Wünschen verändert und sich Ihnen so anpaßt, daß Ihre Persönlichkeit immer im Vordergrund steht.

Im Verfolgen Ihrer ehrgeizigen Pläne werden Sie viel Energie darauf verwenden, sich eine geeignete Plattform zu schaffen und Ihren Einflußbereich zu vergrößern. Sie versuchen, das entweder durch Ihren gesellschaftlichen Rang oder eine Machtposition zu erreichen – oder auch durch die Erforschung des Okkulten, weil Sie glauben, sich dadurch Techniken erwerben zu können, die Ihren Einfluß erhöhen.

Möglicherweise jagen Sie Ihren Zielen zu fanatisch und einseitig nach, was sich auf enge Beziehungen negativ auswirken könnte. Sie müssen darauf achten, daß Sie anderen Menschen den Freiraum lassen, sie selbst zu sein, ebenso wie Sie darauf bestehen, sich durchzusetzen und Ihre eigenen Wege zu gehen. Es wäre besser, Sie könnten sich mehr auf die Veränderungen konzentrieren, die in Ihnen selbst notwendig sind, als andere dazu zu zwingen, sich Ihrem Willen zu beugen.

Sie haben im Grunde ein eher ernsthaftes Temperament und sehen auch das Leben von der ernsten Seite, alles hat bei Ihnen Bedeutung und Sinn, aber dieser Sinn bezieht sich immer darauf, ob sich Ihre Absichten verwirklichen lassen oder nicht. Spielereien und Trivialitäten mögen Sie gar nicht gern, denn Sie glauben immer, Sie hätten keine Zeit zu verlieren.

Sexualität ist wahrscheinlich sehr wichtig für Sie, einerseits zur Freisetzung von Energie, andererseits als Domäne, in der Sie Ihre Macht und Ihren manipulativen Einfluß ausüben können. Hier spielen möglicherweise zwanghafte Elemente eine Rolle, und wenn Sie sich nicht zügeln, wird das Ihr Leben sehr negativ beeinflussen, es sei denn, Sie bemühten sich um eine innere Wandlung und Neuorientierung.

Anfangs werden Sie sehr selbstsüchtig und ganz damit beschäftigt sein, Ihren Weg zu verfolgen, wobei die anderen sich anzupassen haben. Pluto wird versuchen, dagegen anzugehen, eine Krise in Ihnen bewirken, die zu mehr Einsicht und Ganzheit führt, indem Sie die treibenden Kräfte befreit. Das mag für Sie persönlich eine sehr schmerzhafte Lektion sein, doch Sie können außerordentlich viel daraus lernen. Die Umbrüche geschehen wahrscheinlich in Ihrem Machtbereich, in Ihrer Ehe oder in Ihren sexuellen Beziehungen, gerade dort, wo Sie der stärkste Ehrgeiz treibt und wo Sie am härtesten getroffen werden. Ihre Neigung zu Starrheit und Selbstgerechtigkeit kann negativ auf Sie selbst zurückfallen, wenn es Ihnen nicht gelingt, dieses Muster zu transformieren.

Pluto im 9. Haus

Sie werden das Bedürfnis nach einer starken ideologischen Grundlage haben, die Ihr Leben strukturiert und definiert, Ihnen bei Ihren Entscheidungen hilft und Ihrem Leben eine klare Richtung verleiht. Ihre Identität wird durch Ihre Überzeugungen bestärkt, sie sind die zentrierende Energie, die Ihnen das Gefühl von Festigkeit und Dauerhaftigkeit vermittelt.

Die Bereiche, für die Sie sich interessieren und aus denen Sie Ihre ideologische Basis beziehen, sind Moral, Ethik, Politik, Erziehung, Recht und Religion. Ihr soziales Gewissen und Ihr Verantwortungsgefühl werden durch die Beschäftigung damit geweckt, und Sie werden vielleicht versuchen, bei der Lösung sozialer und weltweiter Probleme mitzuarbeiten. Es ist Ihnen wichtig, zu helfen, etwas zur Linderung des Leidens in der Welt beizutragen und gegen Heuchelei und Ungerechtigkeit zu kämpfen.

Wenn Sie Ihre »Ideologie« einmal gefunden und gefestigt haben, werden Sie das Bedürfnis verspüren, sie anderen zu vermitteln, was zu übertriebenem Dogmatismus und Selbstgerechtigkeit führen kann, vor allem im ersten Rausch der Begeisterung. All jene, die meinen, die Wahrheit oder die richtigen Antworten zu besitzen, leiden an dieser Sucht, andere zu missionieren. Diese Wahrheit mag für Sie und Ihren engsten Umkreis gelten, kaum aber für alle; nicht jeder ist beispielsweise für die Astrologie zu gewinnen.

Ihre intuitiven Fähigkeiten werden Sie in eine grundsätzlich harmonische Richtung führen und sich auch für andere positiv auswirken, und Sie werden ehrgeizig für Ihre Überzeugungen kämpfen und sich öffentlich dafür einsetzen. Viel hängt davon ab, was für einer Ideologie Sie sich verschreiben, ob sie umfassend ist oder die persönlichen Freiheiten einschränkt. Wofür Sie sich auch entscheiden, es wird Ihre Persönlichkeit formen, deshalb sollten Sie sehr genau überlegen, worauf Sie sich einlassen. Im Extremfall können Sie zum religiösen Fanatiker oder politischen Revolutionär werden, der anderen seine Weltanschauung aufzwingen will und eher das Trennende als das Verbindende sieht – wie viele religiöse oder politische Führer.

Die Erneuerung, die Pluto von Ihnen verlangt, besteht darin,

daß Sie Ihre ganz persönliche Weltanschauung entwickeln, die nicht von der Ideologie irgendeiner Gruppe abhängt. Er erwartet von Ihnen die Stärke, auf den eigenen Füßen zu stehen und den Mut zu haben, für die eigenen Überzeugungen einzutreten. Dazu gehört, daß Sie sich selbst wie anderen die persönliche Freiheit zugestehen, zu suchen und zu entdecken. Sie sollten nicht versuchen, jemanden zu überzeugen, sondern die anderen Menschen ermutigen, ihren eigenen Weg zu finden und von dem Bedürfnis frei zu werden, sich durch unkritische Übernahme von Gruppenideologien ein Gefühl der Sicherheit zu verschaffen.
Es wird sehr befreiend wirken, wenn Sie gegen die alten, unterschwelligen Tendenzen ankämpfen, Wirklichkeit und Wert Ihrer Grundüberzeugungen persönlich erfahren oder herausfinden, wo sie unbrauchbar sind. Pluto wird versuchen, Ihren Drang nach fester Struktur und Ausrichtung zu unterminieren, indem er Bedingungen schafft, die Ihr Vertrauen in feststehende Überzeugungen erschüttern und sie zerbröckeln lassen. Das geschieht jedoch nur, weil er Sie zu neuen Horizonten führen will, damit Sie Ihre einzigartige Identität zum Ausdruck bringen und Ihr Licht in Freiheit leuchten lassen können.

Pluto im 10. Haus

Der starke Impuls der Pluto-Energie vermittelt sich im 10. Haus durch die Anlage und das Bedürfnis, Autorität auszuüben. Wahrscheinlich streben Sie nach einer Machtposition und nach der dazugehörigen Anerkennung. Sie werden versuchen, die Ihnen eigene Willenskraft zu entwickeln, sie Ihrem Drang nach Erfolg nutzbar zu machen und sich dann tatsächlich im sozialen Bereich oder in Ihrer Karriere allmählich so hervortun, wie es Ihnen vorschwebt.

Dieses Streben nach Autorität ist zum Teil in dem Bemühen begründet, Ihr Identitätsgefühl klar zu definieren, sich aus der Anonymität herauszuheben, »jemand« zu sein. Wahrscheinlich sind Sie überzeugt, daß die Menschen an der Spitze diese Position zu Recht errungen haben, daß sie im Grunde den anderen überlegen sind, und daß für das soziale Gleichgewicht die Erhaltung des Status quo und eine elitäre Führungsschicht notwendig sind. Sie haben Sinn für das Wesen der Autorität und können erfolgreich mit Menschen in Machtpositionen arbeiten, was Ihnen möglicherweise zu einer Karriere in der Politik, in der Regierung, in der Lokalverwaltung, wo Hierarchien und Bürokratie eine Rolle spielen, zugute kommen kann.

Wenn es Ihnen nicht gelingt, persönlich die höheren Stufen des sozialen und öffentlichen Prestiges zu erreichen, werden Sie versuchen, mit denen Kontakt zu halten, denen das gelungen ist, um durch solche Beziehungen an ihrer Macht teilzuhaben.

Dieser Drang kann auch so zum Ausdruck kommen, daß Sie gegen das Establishment opponieren, extreme revolutionäre oder freiheitliche Ansichten vertreten oder Ihren Einfluß und Ihre Macht dazu benutzen, um bestehende Autoritätsstrukturen zu reformieren. Auf dem Weg der unmittelbaren Konfrontation wird meist nur ein bestehendes System, das man ablehnt, durch ein neues ersetzt, das sich auf die Unterstützung durch einzelne oder eine Gruppe stützt. In beiden Fällen wird sich eine mächtige Minderheit gegen die Mehrheit durchsetzen, was historisch betrachtet im Leben nie so gut funktioniert wie in der Theorie. Im allgemeinen verhält sich das neue Regime nicht weniger diktatorisch als das alte und setzt sich nur durch, weil es jeden Widerstand unterdrückt.

Jeder Versuch von Ihnen, Veränderungen in Gang zu setzen, wird Kontroversen erzeugen und Ihre Anhänger wie Ihre Gegner polarisieren. Auch werden Sie sich oft mißverstanden fühlen. Es hängt sicher viel davon ab, wie Sie mit Menschen umgehen, denn dadurch legen Sie die Grundlagen für Ihren zukünftigen Erfolg oder Ihr Scheitern.

Sie müssen Ihre persönlichen Motive und Wertvorstellungen dahingehend überprüfen, ob es Ihnen nur um Ruhm und Erfolg geht, um von den Illusionen über Autorität und Macht freizuwerden und um Ihr Identitätsgefühl nicht mehr so stark mit dem Erreichen Ihrer ehrgeizigen Ziele zu verbinden. Pluto, der alles verändern und auf den Kopf stellen will, wird Sie gerade in diesen Bereichen zwingen, zu neuen Einsichten zu kommen. Wenn Ihre persönliche Identität davon abhängt, daß Sie eine Machtposition innehaben, müssen Sie darauf gefaßt sein, daß Pluto Ihren Einfluß und Ihren Ruf untergräbt oder Ihnen vollständig entzieht. Sie müssen die soziale Verantwortung erkennen, die mit der Autorität einhergeht, und müssen lernen, sie zum Nutzen der anderen einzusetzen. Selbst wenn Ihr unmittelbarer Einflußbereich »nur« Ihre Familie wäre, gilt das gleiche.

Wir begegnen in der Geschichte immer wieder dem Mißbrauch von Autorität, selbsternannten Führern und Menschen, die bereit sind, ihnen zu folgen. Wenn wir in ein neues Zeitalter eintreten wollen, muß jeder Mensch sein eigenes inneres Licht leuchten lassen und lernen, seinen eigenen Weg zu gehen, gemeinsam mit anderen, einig mit ihnen über das Ziel und über die Freiheit jedes einzelnen.

Pluto im 11. Haus

Sie werden den starken Drang haben, sich auf andere zu beziehen, von ihnen akzeptiert zu werden und dadurch eine Selbstaufwertung und das Gefühl der Sicherheit zu gewinnen. Ihre Zugehörigkeit zu bestimmten Gruppen oder die Verbindungen zu einem großen Freundeskreis geben Ihrem Leben Halt und Richtung. Das ist wichtig für Sie, da Sie wahrscheinlich ein innerer Impuls motiviert, bestimmte Ziele anzustreben, die Ihnen eigentlich gar nicht richtig klar sind, die aber wie ein Magnet wirken, der Sie in eine bestimmte Richtung zieht.
Die Tendenz Ihrer Bestrebungen ist wahrscheinlich reformerischer Art, Sie glauben, in bestimmten Lebensbereichen etwas zugunsten des Allgemeinwohls verändern zu müssen, wobei Ihnen die Gegenwart nicht so wichtig ist wie eine Orientierung auf das Zukünftige hin. Vielleicht möchten Sie an der Sicherung der Zukunft arbeiten und die Lebensqualität für einen größeren Kreis von Menschen verbessern.
Ihre sozialen Ideale können also eine motivierende Kraft sein, Ihre Lebensrichtung bestimmen und die Zusammenarbeit mit einer Gruppe notwendig erscheinen lassen. Es wäre jedoch wichtig, daß Sie die in der Gruppe bestehenden Anschauungen immer überprüfen, um festzustellen, ob Sie auch wirklich mit ihnen übereinstimmen und sie unterstützen können. Bei den meisten ideologischen Gruppierungen ist problematisch, daß sie wenig Raum lassen für Widerspruch. Und Sie sollten herausfinden, ob Ihre Gruppenzugehörigkeit oder Ihr Freundeskreis Ihnen genug Freiraum läßt, um Ihre eigenen Gedanken und Zielvorstellungen zu entwikkeln.
Wenn Sie sich der Überzeugung und der Struktur einer

Gruppe nicht mehr vollständig anpassen wollen, um weiter dazuzugehören, werden Sie ein höheres Maß an Selbstvertrauen entwickeln müssen, das Ihnen viel mehr Sicherheit und Erfüllung geben wird.

Da der soziale Kontext so wichtig für Sie ist, müssen Sie sichergehen, daß Ihre Motive klar und realistisch sind, daß Sie nicht versuchen, andere zu übervorteilen, oder ihre individuellen Rechte mißachten. Der soziale Idealist will immer Veränderung in Übereinstimmung mit seiner persönlichen Vision von einer idealen Welt. Das bedeutet oft, daß er anderen seine Weltanschauung aufdrängt. Das läßt sich vielleicht gar nicht vermeiden, aber man muß Einsicht in die Zusammenhänge haben, darf den Sinn für Humor nicht verlieren und sollte sich immer um ein hohes Maß an Objektivität bemühen.

In einer sehr nahen Beziehung werden Sie wahrscheinlich immer versuchen, den geliebten Menschen so zu verändern, daß er zu Ihnen paßt, ein Bemühen, das sehr oft Konflikte heraufbeschwört, da die meisten Menschen sich gegen Veränderungen wehren. Viel klüger ist es, sich einander anzupassen, das Anderssein des Gegenübers zu schätzen, die Partnerschaft als Ergänzung und Veränderungen als natürlichen Prozeß zu sehen, ohne daß der eine durch die Hartnäckigkeit des anderen zu etwas gezwungen wird.

Wahrscheinlich wird Pluto alle starren Strukturen und Ideologien, die Sie durch die Identifikation mit einer Gruppe unreflektiert übernommen haben, unterminieren. Sie werden dadurch vielleicht in eine Phase kommen, in der Sie alles in Frage stellen, und daraufhin freiwillig oder gezwungenermaßen die Gruppe verlassen müssen, aber das ist unvermeidlich, wenn Sie Ihr eigenes Licht und Ihre eigene Freiheit entdecken wollen.

Pluto im 12. Haus

Eine Pluto-Stellung im 12. Haus kann schwierig sein, da bestimmte Bereiche der Persönlichkeit im Unbewußten verborgen sind, aber dennoch einen starken Einfluß haben, weil aus ihnen Motive und Bedürfnisse entstehen, die über Ihr Leben und Ihre Entscheidungen bestimmen.
Natürlich gilt das in gewissem Ausmaß für alle Pluto-Plazierungen, bei denen unterschwellige Impulse, die zu zwanghaftem oder triebhaftem Verhalten führen, aus dem Bereich des Unbewußten kommen. Im 12. Haus jedoch können diese Einflüsse so stark sein, daß sie die bewußte Persönlichkeit manchmal vollständig überfluten. Dagegen muß man sich zu schützen versuchen, indem man sich bemüht, diese Impulse dadurch zu transformieren, daß man sie an die Oberfläche bringt und ins Bewußtsein integriert.
Sie sind mit Ihren eigenen Gedanken und Gefühlen beschäftigt, als seien Sie von den inneren Prozessen, die ständig in Bewegung sind, vollkommen fasziniert. Sie können wie besessen sein von Ihren eigenen Problemen. Aber selten stellen Sie sich ihnen in dem Versuch, diese immer wieder auftauchenden Blockierungen zu lösen. Der Tradition nach wird das 12. Haus mit dem Ende und der Auflösung und dem Karma (dem Gesetz von Ursache und Wirkung, Aktion und Reaktion) assoziiert. Wahrscheinlich leiden Sie an Schuldgefühlen und Selbstquälereien, ja Sie wollen vielleicht leiden, um dadurch zu büßen für irgendwelche unbekannten Sünden, die Sie begangen zu haben glauben.
Sicher wird es Ihnen schwerfallen, wirklich mit sich zurechtzukommen und innere Harmonie zu empfinden. Das ist um so gravierender, da Sie eine Art mediale Sensibilität für das verborgene Leben der anderen besitzen, deren Gedanken

und Gefühle Sie durch eine starke Beziehung zum Unbewußten wahrnehmen. Das kann sich so auswirken, daß Sie verwirrende und widersprüchliche Gedanken, Gefühle und Impulse in sich selbst spüren, die eigentlich gar nicht aus Ihnen kommen, sondern die Sie mit Ihrer Sensibilität von jemand anderem aufgefangen haben. Da Sie so stark auf das innere Leiden Ihrer Mitmenschen reagieren und sich selbst leicht unsicher fühlen, ziehen Sie sich wahrscheinlich gerne zurück, um von der seelischen Atmosphäre Ihrer sozialen Umwelt nicht belastet zu werden. Wenn Ihnen klar wird, was da geschieht, könnten Sie mit einer seelischen Schutzhülle arbeiten, die das Eindringen solcher Einflüsse verhindert, und finden vielleicht zu einer Form intuitiver innerer Führung, die Sie in Ihrem Leben und Handeln geleiten könnte. Es wird für Sie notwendig sein, einen geistigen Weg oder eine spirituelle Überzeugung zu finden, die in Ihre widersprüchlichen emotionalen Muster Klarheit bringt. Eine Transformation auf dieser emotionalen Ebene ist für Sie ungeheuer wichtig, damit Sie sich von Ihren neurotischen und negativen Schuldgefühlen befreien können. Sie könnten, wenn das gelingt, zu einem größeren inneren Gleichgewicht kommen. Bis dahin werden Sie sich immer bemühen, eine gewisse Distanz zwischen sich und den anderen aufrechtzuerhalten, und es wird Ihnen schwerfallen, mit einer Gruppe so verschiedenartiger Menschen, wie man sie beispielsweise am Arbeitsplatz findet, zusammenzusein. In einer engen persönlichen Beziehung sollten Sie sich um größtmögliche Aufrichtigkeit bemühen, denn in einer solch förderlichen Atmosphäre könnten Sie die Auseinandersetzung mit Aspekten aus Ihrem Unbewußten zulassen und durch die verwandelnde Kraft der Beziehung besser mit diesem Teil Ihrer Persönlichkeit zu Rande kommen.

KAPITEL 6

Transite durch die Zeichen und Häuser

PLUTO-TRANSITE

Pluto braucht für seinen Durchgang durch alle Tierkreiszeichen länger als die anderen Planeten, nämlich etwa 245 Jahre und vier Monate. Pluto läuft zirka sieben Monate lang jedes Jahr scheinbar direkt und ist dann fünf Monate lang rückläufig.

Aspekte des transitierenden Pluto zu Planeten im Geburtshoroskop, als Konjunktion, Opposition, Quadrat oder Trigon, werden im Leben eines einzelnen Menschen wahrscheinlich nur je einmal gebildet; innerhalb der Dauer eines engen Aspektes von zwei Jahren wiederholt er sich allerdings dreimal, während einer Dreijahresperiode fünfmal. Es ist unwahrscheinlich, daß der transitierende Pluto mit allen Geburtsplaneten eines Horoskopes in Konjunktion tritt.

Während der normalen Lebensdauer eines Menschen von siebzig bis achtzig Jahren durchläuft Pluto nur drei bis sechs Tierkreiszeichen, was davon abhängt, in welchem Zeichen er bei der Geburt steht. Steht er zwischen Löwe und Wassermann, werden im Laufe eines Lebens fünf oder sechs Zeichen durchlaufen, steht er zwischen Wassermann und Krebs, womöglich nur drei oder vier.

Pluto braucht 30 Jahre, um die Zeichen Widder und Zwillinge zu durchlaufen, 31 Jahre für das Zeichen Stier, 25 Jahre für Krebs und Fische, 19 Jahre für Löwe und Wassermann, 14 Jahre für Jungfrau und Waage, 12 Jahre für das Zeichen Skorpion und 13 Jahre für Schütze und Steinbock.

Es ist interessant, sich einmal näher anzusehen, in welchem er am kürzesten bleibt. Widder, Stier, Zwillinge und Krebs bilden zusammen eine Periode von 116 Jahren und stellen die Grundlage des neuen Impulses für diesen Zyklus dar. Widder ist gleichsam der Keim eines neuen Impulses für die Gesellschaft, bei Stier beginnt die Verwurzelung in einem festen Boden, mit den Zwillingen wird er geistig aufgenommen und verbreitet sich durch soziale Kommunikation, während er bei Krebs in dem emotionalen Wunsch aufgeht, sozial verwirklicht zu werden, und in Konflikt gerät mit dem Bedürfnis nach Sicherheit.

Die Zeichen Löwe bis Steinbock, in denen Pluto zirka 85 Jahre verweilt, erleben die Verwurzelung in der Gesellschaft, ihre Auswirkungen und das Wirksamwerden der Förderer wie der reaktionären Feinde der evolutionären Weiterentwicklung. Im Zeichen Wassermann ist der Impuls bereits in einer Gruppe verkörpert, was sein Weiterwirken im nächsten Zyklus sichert. Sinn und Ziel des Impulses sind klar erkannt und akzeptiert, wenn bisher auch nur von einer aufgeschlossenen Minderheit.

Im Zeichen Fische ist das Ende des Zyklus erreicht. In diesem Stadium wird die alte Ordnung noch weiter aufgelöst und durch etwas Neues ersetzt, was soziale Konflikte heraufbeschwört, die den nächsten Zyklus energetisch aufladen.

Die Reifeperiode kann leicht hundert Jahre in Anspruch

nehmen, bevor das Neue deutlich gesehen und erkannt wird und die Phase der Untergrundaktivität hinter sich gelassen hat. Es kann mehrere Zyklen dauern, bis der neue Impuls sich ganz durchgesetzt hat, und in jedem Zyklus geschieht ein entscheidender Fortschritt in der Veränderung der Gesellschaft, der notwendig ist, damit die umfassende Vision, über die Pluto wacht, allmählich ganz erfaßt werden kann.

Die meisten von uns werden nach dem Transit Plutos durch den Krebs (zu Beginn des Ersten Weltkrieges) geboren worden sein, und so ist unser aller Leben überschattet von der Phase der sozialen Konflikte, in der sich die Gesellschaft mit der neuen Art, zu leben und zu denken, auseinandersetzen muß und in der die alte Ordnung ausgedient hat. Wer für die progressiven Ideen offen ist, wird sich für die neuen Ideale mit sozialem Engagement und Verantwortungsgefühl einsetzen, wobei für die Verwirklichung die Qualität des Zeichens, das Pluto gerade durchläuft, entscheidend ist. Das ist unsere kollektive Teilnahme, das Opfer, das wir bringen in der Zeit des aufsteigenden Phoenix.

Die sozialen Auswirkungen der Bewegung Plutos durch die Tierkreiszeichen sind traumatisch und werden immer den Verfall überholter gesellschaftlicher Strukturen bewirken, die dann durch neue ersetzt werden. Die unmittelbaren Auswirkungen sind beides, negativ wie positiv, immer aber üben sie dauerhaften Einfluß aus. Wenn Pluto sich zum Ziel gesetzt hat, daß etwas zerfallen soll, so ist das unvermeidlich, auch wenn man versucht, die alten Zustände wiederherzustellen. Pluto ist nicht sentimental!

Für den einzelnen hat Pluto oft sehr unangenehme Auswirkungen, da er die bestehenden Verhältnisse in Frage stellt und nicht erlaubt, daß man sich in der Illusion von Sicherheit wiegt. Weil seine Transite durch die Zeichen und Häuser

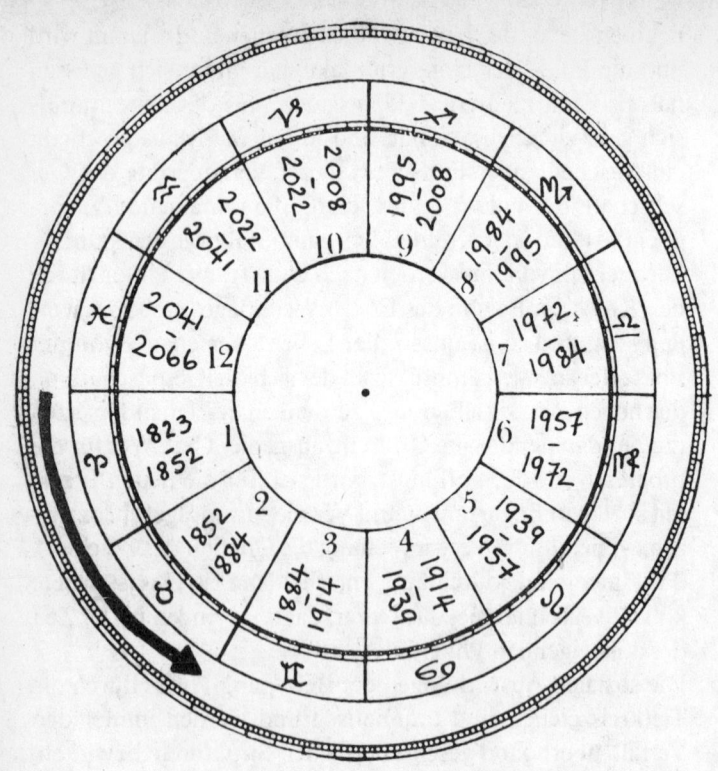

Abb. 8:
Zyklus der Transite durch die
Zeichen und Häuser.

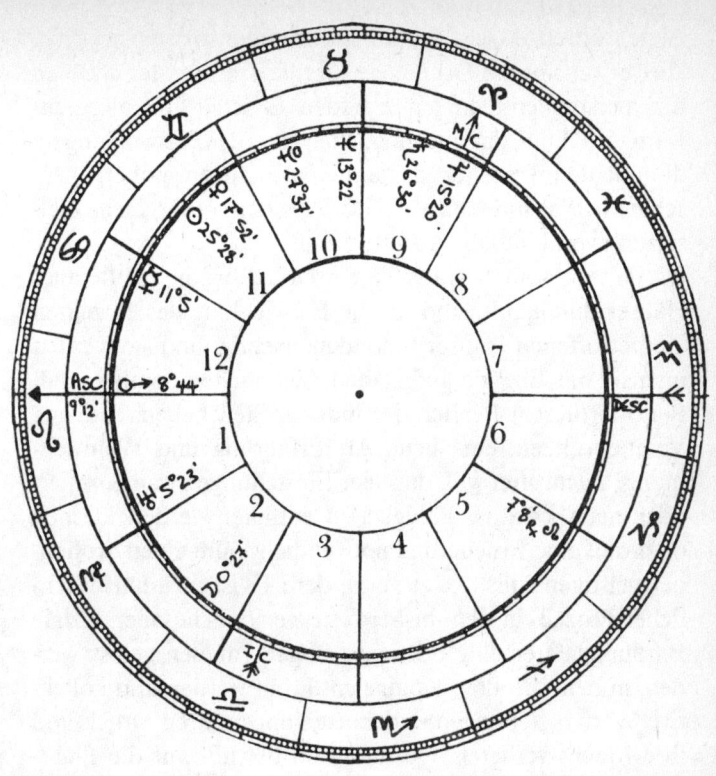

Abb. 9:
Horoskop von Alice Ann Bailey (1880–1949),
englische Mystikerin,
die 1923 die »Arkanschule« gründete,
eine bis heute lebendige esoterische Vereinigung.
Pluto Trigon Mond; Quadrat Uranus;
Radix-Pluto im 10. Haus.

lange währen, ist sein Einfluß nicht immer so offensichtlich, aber er scheint die Grundlage für alle Transite der anderen transpersonalen Planeten zu bilden. Er schafft ein allgegenwärtiges Klima, das alle möglichen sozialen Entwicklungen, die mit den Transiten der anderen Planeten einhergehen, schließlich absorbiert, weil sich alles der verborgenen Zielsetzung von Pluto unterordnen muß.

Da Pluto in seinen Transiten ein Drittel bis die Hälfte aller Häuser durchläuft, sind für die Entwicklung des einzelnen die betroffenen Häuser besonders wichtig, und sie werden intensiv mit Energie aufgeladen. Sie machen deutlich, daß Pluto in diesem Bereich des individuellen Lebens radikale Veränderungen, eine neue Art Erfahrung und Wahrnehmung, wachrufen will, daß hier Einstellungen transformiert oder neue kreative Fähigkeiten entfaltet werden können oder daß eine Erneuerung notwendig ist, um einen drohenden geistigen Stillstand zu verhindern. Es ist ein unausweichlicher Prozeß, in dem bisher feste persönliche oder soziale Bindungen freiwillig oder gezwungenermaßen gelöst werden, in dem die alten Könige entthront werden und kollektive Wertvorstellungen und Einstellungen ihren Druck und ihre Macht verlieren. Ob man nun bewußt auf die Pluto-Energie reagiert oder versucht, sich ihr zu widersetzen – Pluto ist ein sehr anspruchsvoller Gott, der für das, was er gibt, viel fordert und niemals ein Nein als Antwort akzeptiert.

Das Leben ist ein immerwährender Prozeß, in den sich die Transite wie ein innerer Zeitmesser im richtigen Augenblick einschalten. Wir haben nun die Wahl, wie wir auf geschehende Veränderungen reagieren, ihnen widersetzen können wir uns nicht. Es ist viel besser, wenn wir uns freiwillig entscheiden, positiv auf Pluto-Transite zu reagieren, die Tatsache zu akzeptieren, daß Pluto in einen Bereich eindringt oder dort gegenwärtig ist. Eine bewußte Entscheidung, mit dieser Energie zu arbeiten, wird die Transformation dieser Energie erleichtern. Dann ist es nicht nötig, daß man unter den Druck äußerer Ereignisse gerät, die diesen Prozeß fast gewaltsam in Gang setzen. Es ist nicht gut, unbewußtes Opfer solcher Lebensprozesse zu sein. Wenn man bereitwillig daran teilnimmt, ist das ergiebiger und gesünder.

Die Transite durch die Häuser sind weitreichend und spiegeln immer tief verwurzelte Schwierigkeiten wider, den offenbar notwendigen Durchbruch zu einer grundlegenden Umwandlung zu schaffen. Sie können sehr schmerzhaft und langwierig sein, man hat das Gefühl, daß alle Aspekte der Persönlichkeit auf die Probe gestellt und umstrukturiert werden. Das spezielle Haus deutet darauf hin, in welchem Lebensbereich sich unmittelbar etwas ändern muß, im Grunde jedoch muß die Erneuerung alle Lebensbereiche umfassen.

Diese Veränderungen können zu einer Entwicklung führen, bei der sich eine ganz persönliche Lebensanschauung und Einsicht herauskristallisiert, bei der man ein vollständigerer Mensch wird und aus dem Kokon der kollektiven, gesellschaftlich geprägten Werte und Überzeugungen schlüpft. Das ist ein schwieriger, oft traumatischer Vorgang. Meist fühlt man sich in diesen Zeiten sehr allein und isoliert, auch wenn man das Glück hat, von anderen Unterstützung zu erfahren. Man erkennt, daß diese inneren Veränderungen ganz ureigene sind und daß einem bei dieser Metamorphose niemand wirklich helfen kann. Es ist ein Stadium der Erneuerung, in dem der Phoenix sich aus der Asche erhebt, eine läuternde Erfahrung, in der man mit den Widersprüchen seines vielfältigen Selbst umgehen lernt. Ein Durchgang Plutos im 1. Haus beispielsweise bedeutet die Auflösung des gegenwärtigen Identitätsgefühls und die Möglichkeit, der Ganzheit näherzukommen. Dazu kann eine Reinigung von all den psychologischen Schlacken gehören, die sich im Laufe der Zeit angesammelt haben und die das gesunde innere Gleichgewicht stören. Verstopfung ist durchaus nicht nur ein physisches Phänomen.

Die Position von Pluto im Geburtshoroskop weist darauf hin, wo der Mensch im Laufe seines Lebens immer wieder auf Hindernisse stoßen wird, auf einen entscheidenden Lebensbereich, der in irgendeiner Weise gewandelt werden muß und zum Maßstab dafür wird, ob Wachstum und Gelingen möglich sind. Die Transite durch die anderen Bereiche, in denen ebenfalls kleinere Veränderungen gefordert sind, hängen immer auch mit der Lösung des Grundproblems zusammen. Entwickelt man sich in den durch die Transite berührten Bereichen weiter, wird das seine Auswirkungen auch auf die grundlegende Erneuerung haben, die mit der Geburtskonstellation gefordert ist. Diese enge Beziehung sollte in Betracht gezogen werden, damit man in den Zeiten des inneren Umbruchs die Richtung erkennen kann, in der Zukünftiges Gestalt annehmen will.

Während Pluto-Transiten, wo er sich entweder in ein neues Haus oder Zeichen bewegt oder einen engen Aspekt mit einem Geburtsplaneten bildet, ist deutlich zu spüren, wie im Unbewußten starke Energien freigesetzt werden. Das ist sehr anregend und weckt oft schlafende Erinnerungen, die vergessen oder unterdrückt waren oder Verbotenes betrafen. Nun werden Aspekte des Selbst oder Erfahrungen ins Bewußtsein gehoben, durch die man zu tieferer Einsicht in das individuelle Wesen oder in das zukünftige Leben gelangen kann. Es scheint notwendig zu sein, daß man auf irgendeine Weise bewußt mit ihnen arbeitet, daß ein Integrationsprozeß

stattfindet, durch den die Konfrontation mit unterdrückten Erfahrungen zu einem Akt der Selbstheilung werden kann.
Der Bereich, der von Pluto stimuliert wird, hat immer eine emotionale Dimension. Das ist auch die Hauptursache für die Schmerzen und das Unbehagen, die einen inneren Konflikt begleiten. Wenn Pluto eine Phase zu Ende bringt und den Beginn eines neuen Zyklus vorbereitet, sind emotionale Unruhe, Instabilität und innere Spannungen zu erwarten. Sehr häufig bekommen die Menschen in diesen Zeiten plötzlich ein stärkeres Bewußtsein für ihre Sterblichkeit, manchmal durch den Tod eines Bekannten oder Freundes, zuweilen einfach durch die inneren Prozesse, die sie spüren lassen, wie sehr alles von der Unausweichlichkeit des Todes überschattet ist. Allein dieses Bewußtsein kann in einem Leben große Veränderungen bewirken, denn die Menschen beginnen ihre Lebensweise in Frage zu stellen und nach mehr Erfüllung zu suchen. Oft finden sie dann heraus, daß sie die begrenzte Zeit, die ihnen zur Verfügung steht, lieber anders nutzen wollen, und versuchen, sich ihr Leben entsprechend einzurichten.
Bei manchen Menschen bewegen sich durch Pluto-Transite neue Gefühle, die Emotionen werden aufgewühlt. Vor allem Männer neigen oft unter äußerem Druck dazu, ihre emotionalen Reaktionen zu verdrängen, sie messen ihrem Gefühlsleben keinen großen Wert bei. Pluto kann dazu beitragen, daß unkontrollierbare Leidenschaften geweckt werden, daß »die Dämme brechen«, was in einem relativ stabilen Leben natürlich große Probleme auslösen kann. So läßt sich beispielsweise ein Mann oder eine Frau mittleren Alters auf eine bedenkliche Liebesaffäre ein oder glaubt, er/sie müsse sich auf irgendeinem Gebiet beweisen oder seine/ihre Identität oder Attraktivität bestätigen. Oft wird das persönliche

Identitätsgefühl erschüttert durch die zerstörerische Pluto-Energie; die Maske, die man in der Gesellschaft trägt, zerbricht – zusammen mit einer Unzahl von Vorspiegelungen und Illusionen über sich selbst, über andere und die Art, wie man lebt. Wenn solch eine grundlegende Desillusionierung geschieht, ist es schwierig zu entscheiden, wie es weitergehen soll, denn die alte Lebensweise ist zerstört, und da sie so trügerisch war, gibt es kein Zurück.

PLUTO-TRANSITE DURCH DIE ZEICHEN

Pluto im Widder (1823–1852)

Dies ist der Anfangsimpuls des neuen Zyklus der Pluto-Transite durch die Häuser. Es ist eine Zeit der Neuanfänge, in der die Samen gesät werden, die in den nächsten 250 Jahren aufgehen.
Pluto wird neben Mars als Herrscher von Widder betrachtet, und die erneuernde Wirkung von Pluto in diesem Zeichen drückt sich durch die Widder-Eigenschaften aus, feurige Energie und Enthusiasmus, die auf aggressive und unmittelbare Weise ausgelebt werden. Typisch für die Widder-Energie ist das Bedürfnis, das persönliche Selbst durch Handeln zu bestätigen, als Initiator neuer Projekte zu wirken, neue Wege einzuschlagen. Das Selbst wird erlebt durch selbstgeschaffene Herausforderungen, um in der Konfrontation die Individualität des »Ich bin« zu spüren.
Das führt oft dazu, daß Handlung und Bewegung nur zu der Befreiung von der durch die Widder-Energie geschaffenen inneren Spannungen dienen und häufig unüberlegt und ohne einen Gedanken an die Folgen geschehen. Ungeduld

und Impulsivität können Probleme heraufbeschwören und dazu führen, daß vieles nur halb und flüchtig getan wird.
Diese Pluto-Phase leitete eine Phase der Welterforschung und der individuellen Pioniertaten ein, das Viktorianische Empire breitete sich aus, und die Europäer begannen den Kontinent Nordamerika zu kolonialisieren und zu erforschen. Der Einfluß der englischen Kultur, Sprache und Lebensart wurde anderen Kulturen durch den Export des durch Waffen gestützten Imperialismus aufgepfropft. Forscher wie David Livingstone in Afrika waren ein Symbol für die typische Widder-Aktivität, in neue Bereiche vorzudringen. Jede entlegene Ecke der Welt wurde Ziel des Expansionsimpulses.
Die nordamerikanische Wildnis war das Ziel der wagemutigen Forscher und Siedler, die versuchten, eine neue Nation zu bilden und ein neues Leben zu beginnen. Weil sie sich ein Leben in Freiheit davon versprachen, überquerten immer mehr Europäer den Atlantik auf der Suche nach neuen Möglichkeiten und Abenteuern. In Europa entstanden revolutionäre Bewegungen, die die Machthaber und die bestehenden Monarchien stürzen wollten. Diese Bewegungen bezogen ihre Kraft aus dem Bedürfnis, die individuelle Freiheit durchzusetzen, dem Volk mehr Macht zu geben, sich gegen die alte, etablierte Ordnung zu stellen und die herrschende Elite zu stürzen. Solche Aktivitäten waren ein Ausdruck der umstürzenden Wirkung Plutos in Verbindung mit den typischen Widder-Eigenschaften. Es war der Beginn einer neuen Ära, in der es um die Selbstentdeckung des Individuums ging, aber auch um mehr Wissen über die Länder und Rassen der Welt und ihre bewußte Integration. Dieser Prozeß ist natürlich immer noch im Gange, aber in der Widder-Phase wurde der erste Impuls für den gegenwärtigen Pluto-Zyklus

gegeben, der bis zum Jahre 2070 dauern wird, und die Transite von Pluto durch die folgenden Zeichen zeigen die Weiterentwicklung dieser Anfänge.

Pluto im Stier (1852–1884)

Der Impuls, der dieser Phase zugrunde lag, war das Bedürfnis, zu einem Gefühl der Verwurzelung und der gesellschaftlichen Stabilität zu kommen, die auf festen Grundlagen ruhte und sich durch bestimmte, der sozialen Klasse angemessene Verhaltensweisen des einzelnen (wie beispielsweise im viktorianischen England) ausdrückte.
Zunächst äußerte sich das in der Betonung der materiellen Produktivität, des materiellen Erwerbs und einer verbesserten Lebensqualität. Grundlage dazu war die gesellschaftliche Integration der »neuen Technologie«, wie sie aus der europäischen industriellen Revolution entstand, und der zunehmende Einsatz von Maschinen, die die Produktivität steigerten. Es war eine Periode der starken ökonomischen Expansion in Europa, in der ein weltweiter Export- und Importmarkt entstand und der internationale Handel zu blühen begann. Diese ersten Schritte zu einem weltweiten ökonomischen System, in dem die Nationen als Lieferanten und Verbraucher von Gütern und Rohstoffen immer abhängiger voneinander wurden, führten zu neuen Freundschaften und Allianzen, aber auch zu verstärkten Spannungen zwischen ökonomischen Rivalen im Wettbewerb um dieselben Märkte.
Der von der Stier-Energie beeinflußten Generation ging es um die Eroberung der Erde und Materie. Man verspürte den Drang, die geheimnisvoll in der Materie verborgenen Ur-

energien zu entdecken und praktisch zu nutzen. Es ging vor allem um praktischen Nutzen und Antworten auf die Geheimnisse des Lebens, die greifbar und konkret waren. Das führte zur Evolutionstheorie, wie sie Darwin sah; sie schien eine Antwort auf die Frage nach den Ursprüngen des Menschen zu geben, förderte aber auch die Entwicklung des wissenschaftlichen Materialismus und eine Weltanschauung, die das Universum als Maschine und nicht als lebenden Organismus sah. Diese Einstellung ist auch im heutigen Denken noch tief verankert.

Die Einschätzung und Interpretation des menschlichen und sozialen Lebens vor dem Hintergrund ökonomischer Theorien und die wachsende Bedeutung des Staatsbegriffes verdeutlichten diese Tendenzen. 1867 veröffentlichte Karl Marx *Das Kapital*, ein heute noch sehr einflußreiches Werk, das die spätere Entwicklung des Kommunismus und Sozialismus untermauerte. 1871 war die dynamischste politische Kraft in Europa der Nationalismus, der durch die erfolgreichen Versuche Bismarcks, die deutschen Staaten zu vereinigen, zum Ausdruck kam und noch wuchs.

Es gibt in dieser Zeit zwei interessante Beispiele für die subversive Wirkung Plutos. Die Darwinsche Evolutionstheorie unterminierte den Einfluß der Kirche auf das gesellschaftliche Denken und untergrub die fundamentalistische Bibelgläubigkeit, die damals noch vorherrschte. Von da an verlor die Kirche stetig ihren Einfluß auf das Denken, und eine neue Priesterschaft des wissenschaftlichen Materialismus gewann die Oberhand. Gleichzeitig mit dem Schwinden des kirchlichen Einflusses wurde die abendländische Geisteskultur durch die östlichen, metaphysischen Philosophien befruchtet. Madame Blavatsky und die Theosophische Gesellschaft taten erste Schritte in diese Richtung und versuchten, für ein neues Gottesbild und eine neue Anschauung der Rolle des Menschen in der Welt und im Universum einzutreten, die den sich verändernden Zeiten und der Zukunft angemessener war als die der bestehenden Kirche. Diese Saat muß jedoch erst noch vollständig aufgehen.

Pluto in den Zwillingen (1884–1914)

In dieser Periode kündigte sich das moderne Zeitalter der internationalen Kommunikation und der weltweiten Reisen an, das durch die großen Fortschritte im Bereich von Wissenschaft und Technologie, des hier rasch anwachsenden Wissens und seiner praktischen Anwendungsmöglichkeiten, realisierbar wurde. Besonders bedeutungsvoll waren die Forschungen über die Nutzbarmachung der elektrischen Energie und ihrer Technologie durch Wissenschaftler wie Edison, Bell und Tesla. Dadurch wurde die Grundlage für die Abhängigkeit unserer heutigen Technologie von der elektrischen Energie gelegt, die für unsere Massenkommunikationsmittel und Computersysteme, aber auch in allen anderen Bereichen des modernen Lebens eine entscheidende Rolle spielt.
Im Zeichen Zwillinge ist Kommunikation sehr wichtig, und so wurden neben der wachsenden Abhängigkeit von der elektrischen Energie auch neue Transportmittel entwickelt, die für die Entstehung der internationalen Verbindungen in unserer modernen Gesellschaft entscheidend waren. Es entstanden die ersten Automobile und Flugzeuge (erste Flüge 1903); beides sollte im Ersten Weltkrieg eine wichtige Rolle spielen. Diese technischen Entwicklungen boten den Menschen neue Bewegungsfreiheit und die Möglichkeit, den Horizont physisch wie geistig zu erweitern.

Das Zeichen Zwillinge steht nicht nur für Kommunikation, sondern auch für die geistigen Fähigkeiten. So wuchsen in dieser Zeit die intellektuelle Neugier und der Wissensdurst. Für jene, die neue Wege gehen wollten, brach eine Phase des Nonkonformismus und der künstlerischen Freiheit an, denn im Zeichen Zwillinge geht es auch um die Wahrung der Individualität. Hier deutete sich eine Richtung an, die sich von der Vorherrschaft des Materialismus und der sozialen Strukturen des vorangegangenen Stier-Transits befreien und zu mehr Beweglichkeit und individueller Unabhängigkeit kommen wollte.

Durch die wachsende Benutzung der neuentwickelten Telefone, Automobile und Flugzeuge begann die Welt kleiner zu werden, und das trotz der stark nationalistischen Einstellung, die in allen Ländern immer noch vorherrschte. Es war eine Phase, in der mehr Gewicht auf den analytischen Verstand gelegt wurde, in der man danach strebte, alles zu identifizieren und zu klassifizieren, und in der die Sprache und das geschriebene Wort häufig als die wesentlichsten Kommunikationsmittel betrachtet wurden. Dieses analytische Denken, das im Zeichen Zwillinge seinen Anfang nahm, ist auch heute noch vorherrschend und führt in einer immer komplexeren Welt, in der vor allem die Einzelerscheinungen gesehen werden, zu immer mehr Verwirrung. Ein Prozeß der Synthese wäre notwendig, die Schaffung einsichtiger ganzheitlicher Systeme, die eine holistische Sicht ermöglichen. Analyse ist notwendig, aber sie führt erst zu Vollständigkeit, wenn auch die Synthese gefunden wurde.

Pluto hat hier die Aufgabe, ein neues System der Weltkommunikation anzuregen, ein Bewußtsein für die Einheit der Welt entstehen zu lassen und, wenn möglich, alle trennenden Grenzen zwischen den Menschen, sei es im engsten Um-

kreis, national oder international, niederzureißen. Die Folgen der Neuerungen im Verkehrswesen zeigen, wie ambivalent Pluto sich immer auswirkt. Von der Idee her sozial, kreativ und positiv, bringen Auto und Flugzeug zwar mehr persönliche Freiheit mit sich, lassen aber auch neue soziale Gefahren und Probleme entstehen: schädliche Mengen von Abgasen, Landschaften, die durch Straßenbau und Verkehr zerstört werden, die Weiterentwicklung von Flugzeugen zu Atomraketen und der Computerkommunikation zu »Star Wars«. Zudem entstehen durch die Emigration von Menschen in neue Länder, in denen sie sich eine Verbesserung des Lebensstandards erwarten, Probleme durch die Vermischung der verschiedenen Rassen.
Die Zwillinge-Phase endete zu Beginn des Ersten Weltkrieges, eine reale und negative erste Reaktion auf die ersten Ansätze, sich der Vision der Einen Welt zu nähern.

Pluto im Krebs (1914–1939)

In dieser Krebs-Phase wurden in den europäischen Industrienationen Reaktionen auf die Belastungen und Spannungen unübersehbar, die daraus entstanden, daß die Verwirklichung der Pluto-Vision für den Gesamtzyklus so zögernd angegangen wurde.
Das Zeichen Krebs wird mit Häuslichkeit, Emotionalität und Gefühl assoziiert und hat mit einem Sicherheitsgefühl zu tun, das in der unmittelbaren Umgebung oder im Besitz von Grund und Boden gesucht wird. Dieser Impuls stimulierte jetzt den separatistischen Egoismus und schuf in allen Nationen der Welt starke nationalistische Bewegungen. Man betonte nicht nur die jeweiligen nationalen Eigenschaf-

ten und Charakteristika, sondern war von einem ungesunden, emotionalen Fanatismus beseelt, der nur nach Vorwänden suchte, sich öffentlich kundzutun. Die nationalen Grenzen und das Identitätsgefühl wurden zu wichtigen Kriterien für den Menschen, und die Begriffe Mutterland und Vaterland gewannen verstärkte Bedeutung.

Die Umgebung veränderte sich aufgrund neuer landwirtschaftlicher Techniken, man setzte Chemikalien ein, um das Wachstum anzuregen, und baute Staudämme zur Gewinnung von Wasserkraft. Die verbesserten Transportmöglichkeiten brachten es mit sich, daß landwirtschaftliche Produkte entferntere Märkte erreichen konnten. Die Landwirtschaft stellte sich von einer Produktion im kleineren Rahmen auf erweiterte Produktionssysteme um, und national orientierte Konzerne begannen, die Produktion mit Hilfe von Kapital zum Landerwerb und zum Einsatz neuer Technologien zu steigern.

Jedes Sicherheitsgefühl wurde in dieser Zeit von der ökonomischen Instabilität und internationalen Auseinandersetzungen untergraben. In Amerika war die Wallstreet Schauplatz des Börsenkrachs, in Deutschland entstand durch die von 1923 an wachsende Inflation der Nährboden für die Ausbreitung des Nationalsozialismus, in Großbritannien und Amerika verursachte die große Depression von 1929 Arbeitslosigkeit und Not für Tausende von Menschen. Weltweit wirkte sich der Sturz des russischen Zaren und die Revolution von 1917 aus.

In die Zeit dieses Transits fiel auch die Entdeckung von Pluto, und sein Durchlaufen des Zeichens Krebs scheint verschiedene für die Geschichte des 20. Jahrhunderts einflußreiche Bewegungen angeregt zu haben. 1919 entstand als Vorläufer der späteren Vereinten Nationen der Völkerbund, dessen Ziel es war, alle Nationen der Welt zur friedlichen Zusammenarbeit zum Wohle aller Menschen anzuregen; im gleichen Jahr etablierten sich aber auch in Italien und in Deutschland die faschistische und die nationalsozialistische Partei. 1925/26 wurde Hitlers Buch *Mein Kampf* veröffentlicht, während die Inflation in Deutschland katastrophale Ausmaße annahm und der Einfluß Hitlers und der Nazis wuchs. In Italien herrschte seit 1925 Mussolini, in Rußland war Stalin ab 1927 »unumschränkter Diktator«.

Die zerstörerische Pluto-Energie war in dieser Krebs-Phase besonders stark. Trotz des für Krebs typischen Sicherheitsbedürfnisses führte der Pluto-Einfluß hier genau zum Gegenteil. In der Zeit von 1914 bis 1945 herrschte in der Welt kaum je Frieden oder Stabilität, und es scheint, als hätte Pluto versucht, die Veränderungen zu beschleunigen und Elemente ins Spiel zu bringen, die für den gesamten Zyklus sehr bedeutend sein sollten. Als Reaktion auf den sozialen und ökonomischen Druck und die wachsende Angst der Menschen vor dem drohenden Zusammenbruch zeigten die Regierungen in den wichtigsten westlichen Nationen neue Verhaltensweisen. In Amerika führte Präsident Roosevelt in der Wirtschafts- und Sozialpolitik den New Deal ein, in Europa herrschte der Faschismus, in Rußland der Kommunismus. Als Folge des Ersten Weltkrieges veränderten sich die traditionellen Grundlagen der Familie und des Lebensstils in den verschiedenen Nationen beträchtlich, vor allem da viele Familien ihre männlichen Mitglieder im Krieg verloren hatten. Das führte zur Veränderung der Frauenrolle in der Gesellschaft, zu einer Erweiterung ihrer Aufgaben und einer Verbesserung ihres Status.

Da die Nationen auf der parteigängerischen Politik, auf Isolationismus und auf nationalistischen sowie rassistischen

Vorstellungen beharrten, war die Sicherheit, nach der die Menschen sich sehnten, nicht zu verwirklichen. Die Spannung zwischen den Nationen wuchs, und der Ausbruch verheerender Kriege spiegelte den tiefen Zwist zwischen den Völkern wider. Dabei wäre die Aufgabe gewesen, die gesellschaftlichen Verhältnisse und die Menschen so zu verändern, daß der Weg in eine Zukunft in wirklicher Sicherheit eingeschlagen werden konnte. Am Ende der Krebs-Phase machte sich in Deutschland durch Hitler und die nationalsozialistische Partei das alte Denken wieder breit, das mit seinen nationalistischen Träumen und Vorstellungen von einem »Tausendjährigen Reich« und mit der Idee des rein arischen »Übermenschen« die Welt schon bald in den zweiten großen Krieg dieses Jahrhunderts riß. Das war der Zusammenstoß der alten und der neuen Energien, der alten und neuen Götter, Krebs und Pluto.

Pluto im Löwen (1939–1957)

Diese Phase ist für die Entfaltung des Pluto-Zyklus von großer Bedeutung, denn hier erlebte die wissenschaftliche Anwendung der Atomenergie mit ihren weltweiten Auswirkungen die entscheidende Wende, wodurch eine Herausforderung für die ganze Menschheit entstand, der sie sich erst noch stellen und die erst noch richtig erkannt werden muß.
Der Transit begann damit, daß über die Welt ein neuer Krieg hereinbrach, der durch übertriebenen Nationalstolz und Expansionsdrang entfacht wurde und in dem die Länder versuchten, ihre ökonomische und militärische Macht aggressiv zu demonstrieren. Löwe ist ein Zeichen des Führens und Herrschens, und in dieser Periode rissen politische Diktato-

ren wie Hitler und Mussolini die Macht an sich, die zwar während des Krebs-Transites schon ihren Aufstieg erlebten, jetzt aber den Höhepunkt ihres Einflusses erlangt hatten.
In dieser Zeit kamen die negativen Aspekte der Macht deutlich zutage, extreme politische Skrupellosigkeit, Totalitarismustendenzen und die Unterdrückung aller Gegenkräfte. Die Verbindung der Löwe- und der Pluto-Energien schien den richtigen Umgang mit persönlicher wie mit nationaler Macht zu erschweren. Der wachsende nationale Egoismus steigerte alte aggressive und gewalttätige Tendenzen der verschiedenen Gruppen noch und förderte die elitäre Selbstherrlichkeit einzelner Nationen.
Pluto ist im Zeichen Löwe, einem Feuerzeichen, erhöht; eine Analogie kann darin gesehen werden, daß die neuentdeckten katastrophalen Möglichkeiten der Atomenergie am Ende des Zweiten Weltkrieges erstmals zu einem verheerenden Einsatz kamen. Die Menschheit hatte nun die Möglichkeit, sich selbst und den Planeten auszulöschen. So zeigt sich die negative Seite der Pluto-Vision als die mögliche Weltzerstörung, während die positive Seite die Einheit der Welt und die kreative, humane Nutzung wissenschaftlicher Erkenntnisse sucht. Immer geht es um den persönlichen und den nationalen Umgang mit Macht, die entweder zum Wohle aller oder selbstherrlich für egoistische Zwecke genutzt werden kann.
Als Folge des Krieges begannen die Kolonialreiche der westlichen Nationen zu zerbrechen, und neue, unabhängige Staaten entstanden. Die Proklamation des Staates Israel im Jahre 1948 führte zu den Spannungen im Nahen Osten und zum arabisch-israelischen Konflikt; eine neue Form von Nationalismus entstand, die das Joch der kolonialen Unterdrückung abschüttelte und nach einer neuen Identität suchte, so im Fall von Indien, das 1947 unabhängig wurde.

In den Nachkriegsjahren wurden verschiedene idealistische Organisationen geschaffen oder erneuert. Der ehemalige Völkerbund fand 1945 eine neue, erweiterte Konzeption in Form der Vereinten Nationen, und zwischen 1955 und 1957 entstand die Europäische Wirtschaftsgemeinschaft, in der sich die Länder aus einer politischen Idee heraus zusammenschlossen. In Großbritannien faßten sozialistische Ideale Fuß, zu der neuen Politik gehörten die Einrichtung eines Wohlfahrtsstaates, das National Health Service, und eines neuen Erziehungssystems, das nicht mehr auf dem Klassenwesen basierte, sondern auf der Begabung des einzelnen.

In China entstand 1949 die neue Volksrepublik, deren Grundlage kommunistische Prinzipien waren; und am Ende des Transits wurde mit dem Start des sowjetischen Erdsatelliten »Sputnik« (1957) der erste Schritt in den Weltraum vollzogen.

Der Kampf um die Weltherrschaft polarisierte sich zwischen den beiden größten Staaten (von ihren jeweiligen Alliierten unterstützt). Es war der fortgesetzte Kampf zwischen zwei unterschiedlichen politischen Systemen und Ideologien, dem Kapitalismus, wie er sich in Amerika verkörperte, und dem sowjetischen Kommunismus. Die beiden ökonomischen und militärischen Großmächte benutzten vielfach andere Nationen, um für sie Stellvertreterkriege auszutragen. Wenn eine Versöhnung zwischen beiden Mächten stattfinden könnte, wie sie in den letzten Jahren ja in Gang gesetzt zu werden scheint, dann würde die Pluto-Vision der Einheit ihrer Verwirklichung viel näher rücken. Damit wäre eine Chance für die Zukunft gegeben.

Pluto in der Jungfrau (1957–1972)

In dieser Phase erholte sich die Welt von den Verwüstungen des Krieges, und alles konzentrierte sich auf materiellen Wiederaufbau und Fortschritt. Jungfrau ist ein Erdzeichen und wird deshalb hauptsächlich mit materiellen und praktischen Belangen assoziiert. Der Einfluß von Pluto wird sichtbar in den nun beginnenden Veränderungen im Bereich der persönlichen Gesundheit, der Arbeitswelt und Industrie, die starke Auswirkungen auf die materielle Lebensqualität der Menschen haben.

Das Zeitalter des Computers begann, der nun in beinahe alle Lebensbereiche hineinwirkt. Die Geschäftswelt, die Industrie und das Militär waren die ersten, die sich die neue Technologie zunutze machten. Zugleich wurden durch die wachsende Automatisierung in Fabriken und Büros Arbeitsplätze reduziert, Menschen wurden durch Maschinen ersetzt.

Die medizinische Versorgung und das ärztliche Wissen verhalfen zusammen mit den multinationalen pharmazeutischen Fabriken vielen Menschen im Westen zu einer verbesserten Lebensqualität, wenn auch diese Errungenschaften von nicht wenigen besonders seit den achtziger Jahren sehr in Frage gestellt wurden. Die Gefahren chemischer Verseuchung und den damit verbundenen Nebenwirkungen führten zum neuerwachenden Interesse für eine herkömmliche, natürliche Lebensweise, und so gewannen naturbelassene Lebensmittel und alternative Therapieformen wieder an Bedeutung.

Man wurde sich damals auch immer mehr bewußt, welche Gefahren für die Menschheit die materialistische Wissenschaft mit sich brachte: das Risiko der Kernwaffen und der Kernenergie, die Umweltzerstörung und die soziale Enthumanisierung. Die während des Löwe-Transits geborene Generation, die so sehr auf Individualismus pochte, löste einen Jugendkult aus, für den der Siegeszug des Rock 'n' Roll, der Beatles und der Hippie-Bewegung in den sechziger Jahren charakteristisch war.

Der Einfluß der »neuen Musik« ging einher mit neuen Moden und einem neuen Lebensstil, und die Ablehnung traditioneller sozialer Verhaltensweisen führte zu starken gesellschaftlichen Veränderungen und größeren individuellen Ausdrucksmöglichkeiten. Das Aufkommen bewußtseinsverändernder psychedelischer Drogen beeinflußte das Leben vieler Millionen nach Kriegsende geborener Menschen. Diese Drogen boten denen, die mit ihnen experimentierten, neue Möglichkeiten der Selbsterfahrung und der Anschauung vom Leben und dem Universum. Die Hippies reagierten auf die Pluto-Energie, indem sie forderten: »Make love not war«, und sprachen sich damit für das Leben und für Erneuerung aus. Damit waren sie durchaus in Einklang mit der Pluto-Vision für unseren Planeten; sie fielen jedoch einer gewissen Naivität zum Opfer und zerbrachen an einer zynischen Gesellschaft, die bis heute den wirklichen Sinn dieser Alternative noch nicht begriffen hat. Diese kurze Blütezeit war der schlichte Ausdruck einer Möglichkeit, die Pluto-Vision zu leben, aber sie ging am Widerstand der Welt zugrunde, jedoch auch an ihrer eigenen Unfähigkeit, sich ohne Hilfe letztlich schädlicher Drogen zu verändern.

Gleichzeitig mit der Erforschung des inneren Raumes durch Drogen gelang es dem Menschen, sich aus den planetarischen Grenzen zu befreien, indem er in den Weltraum vorstieß und auf dem Mond landete. Auf den Fotos der Astronauten konnte die Menschheit zum erstenmal die Welt als einen schwebenden Ball im Raum sehen. Das ist ein sehr wichtiges Bild, denn es zeigt die Eine Erde, ein Symbol der Pluto-Vision, der transpersonalen Sicht.

Neue wirksame Formen der Geburtenkontrolle wurden entwickelt, was zu einer bewußteren Entscheidung für Ehe und Familie und zu einem plötzlichen Aufkommen neuer sexueller Freiheiten und einer neuen Moral führte. Die Familie verlor unter dem Einfluß der neuen gesellschaftlichen Entwicklungen an Bedeutung, und durch die neuen sexuellen und moralischen Wertvorstellungen, durch eine erhöhte Mobilität im Bereich der Arbeit und den Wunsch nach individueller Lebensgestaltung wuchsen die Möglichkeiten zur persönlichen Befreiung von den Einschränkungen durch althergebrachte soziale Normen. Kaum ein Lebensbereich blieb unangetastet, immer mehr Menschen wehrten sich gegen den genormten Lebensstil und suchten nach einer besseren, persönlicheren Lebensweise.

Die für das Zeichen Jungfrau typische Tendenz zu einer gewissen Engstirnigkeit und einem analytischen Denken, das nach Wissenserweiterung strebt, um die Materie unter die Kontrolle des Geistes zu bringen, wurde durch den Pluto-Einfluß gründlich in Frage gestellt. Es sollte deutlich werden, daß der Verstand ein guter Diener, aber ein gefährlicher Herr ist, wenn nicht als Gegengewicht ein Bewußtsein für den Weltzusammenhang und eine Achtung für den Wert und die Qualität des menschlichen Lebens vorhanden ist.

Pluto in der Waage (1972–1984)

Im Bild der Waage haben wir die beiden Waagschalen, die selten im Gleichgewicht oder in Harmonie sind, sondern meist unregelmäßig hin und her schwanken. Im Leben ein-

zelner Menschen wie in dem ganzer Nationen mit einem starken Waage-Einfluß scheint der Umgang mit dieser Energie auf positive und ausgeglichene Weise schwer zu sein.
In dieser Phase begann in Politik und Gesellschaft eine Gegenbewegung zu der Freizügigkeit, die die sozialen Strukturen in den vorangegangenen Jahren erschüttert hatte. Es kamen Rückschläge für die gewerkschaftliche Macht wie für die sexuelle Freiheit und die »permissive society«, für den Individualismus im Lebensstil, für spirituelle Bewegungen und Sekten, kreative Erziehungssysteme etc. Plötzlich sehnte man sich wieder danach, in ein »goldenes Zeitalter« zurückzukehren, in dem die gesellschaftlichen Strukturen überschaubar waren und die Menschen sich sozial akzeptierten Verhaltensmustern unterwarfen, in denen Moral herrschte unter der Kontrolle einer politischen Elite, die sicher war zu wissen, was für alle gut ist. Im Grunde war es eine Bewegung gegen die schon damals immer rascher vor sich gehenden Veränderungen.
Pluto will im Zeichen Waage auf die dringende Notwendigkeit hinweisen, mehr Kooperation walten zu lassen und ein Bewußtsein weltumspannender Verantwortung und Zusammengehörigkeit zu entwickeln.
Natürlich haben wir in den achtziger Jahren globale Probleme, da der Gebrauch neuer Technologien und Energiequellen Umweltschäden hervorruft, sich negativ auf die traditionellen Arbeits- und Handelsmärkte auswirkt und in gewissen Bereichen Krisensituationen schafft, in denen Hunger, Gewalt, die Selbstzerstörung von ganzen Gesellschaften unvermeidlich sind. In diesem negativen Sinn ist die Welt mehr als je zuvor eins. Bevor es zu spät ist, müssen die Menschen sehen und begreifen lernen, daß alle Trennungen und Spaltungen nur zu Unheil und Leiden führen und

daß die einzige Hoffnung in der Einheit und Zusammengehörigkeit liegt. Das ist nicht mehr als eine pragmatische Erkenntnis, die dem gesunden Menschenverstand entspricht.
In der Waage beginnt wieder die Konfrontation zwischen den alten und neuen Kräften, die Polarität zwischen den Bedürfnissen, alte Zustände wiederherzustellen und zukunftsorientierte Ideen zu wecken. In dieser Periode begann sich im Mittleren Osten mit der neuen islamischen Republik und in Amerika durch christliche Bewegungen der Fundamentalismus wieder durchzusetzen. Im Großbritannien Margaret Thatchers fand eine Rückkehr zu viktorianischen Werten statt. Der Kommunismus in der UdSSR begann sich zu wandeln, ältere, etablierte politische Führer traten in den Hintergrund. Gleichzeitig begab sich China auf neue Wege, indem es versuchte, Aspekte des westlichen Kapitalismus ins kommunistische System einzugliedern.
Es war eine Zeit der Ungewißheit für die Weltwirtschaft, die neuen Technologien wirkten sich auf die Arbeitsplätze aus, und viele Millionen Menschen in der westlichen Welt wurden arbeitslos, gerieten inmitten der Konsumgesellschaft in finanzielle Not. Es ist eine Übergangsperiode, in der herkömmliche Industriezweige und Produktionsweisen durch neue ersetzt werden, die aber noch nicht ganz ausgereift sind oder erst gesellschaftlich akzeptiert werden müssen. Soziale Werte werden immer mehr in Frage gestellt, vor allem gewisse wissenschaftliche Trends, die sich auf die Lebensqualität und den Menschen negativ auswirken. Man ist auf der Suche nach positiveren Möglichkeiten, sucht nach einem neuen Weg, den man einschlagen kann.

Pluto im Skorpion (1984–1995)

Während dieses Transits vermitteln sich die Pluto-Energien der Welt durch ein Zeichen, mit dem sie die stärkste Verwandtschaft haben, dem Skorpion. Das bedeutet, daß diese Energien weitgehend unvermindert wirken können und damit sicherlich eine große Herausforderung für die Menschheit darstellen. Wie sich der übrige Pluto-Zyklus bis hin zu den Fischen gestaltet, wird weitgehend davon abhängen, wie weit die Skorpion-Phase von Erfolg oder Scheitern geprägt ist. Wahrscheinlich werden weltweite Veränderungen jetzt noch rascher aufeinanderfolgen, und die einzelnen Nationen werden mit Verwirrung und rückwärtsgewandtem Denken auf die unvermeidlichen Umstrukturierungen reagieren, die durch Pluto auf vielerlei Weise stimuliert werden. Die Spannungen in der Welt werden anwachsen, und man wird glauben, an bewaffneten Konflikten nicht vorbeizukommen, vor allem in den Ländern der dritten Welt und im Nahen Osten, Gegenden, die politisch ohnehin schon nicht sehr stabil sind. Angesichts dessen ist es ungeheuer wichtig, daß die Supermächte vermeiden, sich in Stellvertreterländern noch mehr auf unmittelbare Konflikte einzulassen.

Skorpion und Pluto sind transformative Energien, und so sind Wiedergeburt und Erneuerung die entscheidenden Themen in einer Periode, in der überall Altes von Neuem abgelöst wird. Die Welt steht vor globalen Problemen, die noch nicht gelöst sind, da die Führungsmächte und die Politiker immer noch in einer von gefährlichem separatistischem Denken geprägten Haltung verharren. Das muß sich mit dem Ausgang des Fische-Zeitalters ändern, die Menschheit nähert sich dem Tage ihres Selbstgerichtes, an dem sie die Folgen ihres Handelns ernten wird. Es mag zwar sehr negativ klingen, aber es ist wahrscheinlich, daß die Menschheit in dieser Phase in größte Gefahr geraten wird, und die einzige Rettung liegt darin, daß die globale Einheit verwirklicht wird und geistig eine radikale Umkehr stattfindet. Die drohenden Gefahren sind vor allem ein Atomkrieg, Hungersnöte, Seuchen und Umweltverschmutzung. Eine weitere weltweite Gefahr ist das Anwachsen von Geschlechtskrankheiten, vor allem von Aids, eine Krankheit, die veranschaulicht, wie Pluto/Skorpion sich durch den Sexualtrieb auswirken und wie offenbar einige, seit der Jungfrau-Phase errungene individuelle Freiheiten wieder in Frage gestellt werden müssen. Dazu gehören Freiheiten der Homosexuellen und ihre Akzeptanz durch die Gesellschaft, aber auch die allgemeine sexuelle Freizügigkeit. Natürlich kann es nicht darum gehen, zu einer überholten Haltung zurückzukehren, aber es müssen neue und tiefere Einsichten in den Sexualtrieb und in das Wesen der sexuellen Energie gewonnen werden.

Vor allem muß die Welt positive Schritte tun hin zur Verwirklichung der Idee einer globalen Zusammengehörigkeit, zur Achtung vor dem menschlichen Leben, unabhängig von Rasse, Farbe oder Glauben, zu einem brüderlichen Miteinander in Toleranz und gegenseitigem Verständnis. Wahrscheinlich wird in dieser Periode ein evolutionärer und revolutionärer Impuls frei, dessen Perspektive universell ist und der von okkulten Kräften gestützt wird. Die gemeinsame Sorge um den Planeten wird wachsen und der kollektive Einfluß der Umweltschützer zunehmen. Im Idealfall sollte sich eine neue Form der Politik durchsetzen, die eine Brücke ins Wassermann-Zeitalter schlägt, die die gegenwärtigen Probleme lösen hilft und die Grundlagen für gesellschaftliche Wandlung und ein globales Bewußtsein schafft. Die neue Politik wird den Menschen in den Mittelpunkt stellen, und

damit wäre das, was für den einzelnen gut ist, auch für die ganze Welt gut. Sie müßte radikal sein, dabei aber zukunftsorientiert, während die bestehenden sozialen und politischen Modelle die in ihnen liegenden Konfliktmuster und unlösbaren Gegensätze nicht verändern und durchbrechen können.
Pluto im Skorpion konfrontiert den Menschen mit der Realität der Welt, wie er sie sich gestaltet hat. Er muß erkennen, wieviel Dunkles und Zerstörerisches in ihm ist, das der Erlösung bedarf. Aber auch wenn diese Energie sein Schattenselbst stimuliert, will sie letztlich Erneuerung bewirken. Die alte Ordnung zerbricht, und wie der Phoenix ersteht das Neue aus ihrer Asche.

Pluto im Schützen (1995–2008)

Ob sich dieser Transit positiv auswirken kann, hängt davon ab, welche Fortschritte die Menschheit während der Skorpion-Krise gemacht hat. Bei der Schütze-Energie liegt das Gewicht auf Glauben, Gesetz, Erziehung und Reisen, philosophischem Idealismus und dem Bedürfnis nach großer persönlicher Freiheit.
Solche Tendenzen werden sich natürlich auf die Bereiche Religion und Politik auswirken. In der Welt der Religion wird der bestehende Glaube immer mehr in Frage gestellt, da ein neuer religiöser Impuls in der Gesellschaft spürbar wird, der umfassender, verständiger und moderner ist. Für eine neue Welt ist eine neue Formulierung des religiösen Impulses notwendig, der zwar die wesentlichen spirituellen Werte umfaßt und der Menschheit einen Weg weist, der aber die Menschen nicht durch das Festhalten an archaischen und

sozial gefährlichen Vorstellungen einander entfremdet. Die Religion sollte auf die persönliche Erfahrung spiritueller Wirklichkeiten gegründet sein, nicht auf blinden Glauben und Unterordnung unter das Diktat einer Priesterschaft.
In der heutigen Welt sind die bestehenden Weltreligionen in vielen Aspekten überholt, und die meisten befinden sich in der Endphase ihrer natürlichen Lebensdauer. Eine Synthese ihrer gemeinsamen und grundlegenden Wurzeln wäre ein erster Schritt in die Zukunft, der vielleicht zu einer einheitlichen Weltreligion führen könnte. Sie würde moderne wissenschaftliche Überzeugungen und modernes Wissen mit einer Erkenntnis dafür verbinden, daß die Menschheit einen spirituellen Sinn im Leben braucht; beides nähert sich dem Geheimnis des Lebens aus zwei verschiedenen, doch einander ergänzenden Richtungen, könnte sich aber so verbinden, daß eine gemeinsame Grundlage geschaffen wird.
Die für den Schützen typische Suche nach Unabhängigkeit könnte Veränderungen in jenen Ländern bewirken, die persönliche Freiheiten einschränken, und neue, dem Menschen besser angemessene Ideologien unter Führern, die auf diesen Impuls reagieren, werden aufkommen. Das wird in repressiven Regimes wahrscheinlich zu inneren Konflikten führen.
Es ist zu erwarten, daß gegen Ende dieser Phase die neuen sozialen Impulse politischer, religiöser und wissenschaftlicher Art sich in ein neues Gesamtmuster globaler Verantwortlichkeit eingefügt haben werden und daß sich die Welt auf die Wassermann-Vision zubewegen wird. Bleibt dieser Schritt aus, werden die Grundlagen der Gesellschaft weltweit durch die Reaktion auf den Druck notwendiger Veränderungen erschüttert werden. Das könnte positive Ansätze ins Negative verzerren, indem zum Beispiel eine autoritäre

Religion immer totalitärer herrschende Regimes unterstützen, damit eine Minderung individueller Freiheiten herbeiführen und die Gefahr eines internationalen Konfliktes wachsen lassen würde.

Pluto im Steinbock (2008–2022)

Steinbock ist ein Erdzeichen, und in dieser Phase wird ein Konflikt entstehen zwischen den überholten sozialen, politischen und ökonomischen Strukturen und jenen, die versuchen, an ihre Stelle zu treten, weil durch sie die neuen Ideen und die Ausrichtung auf die transpersonale Vision zum Ausdruck kommen können.

Die Notwendigkeit neuer politischer Strukturen sollte bis dahin allen Nationen klar sein, wobei die wichtigste Frage ist, ob man erkannt hat, in welcher Richtung man gehen will und wie die Strukturen beschaffen sein müssen, damit man die neugesetzten Ziele erreichen kann. Das Bedürfnis nach globaler Verantwortlichkeit und die Einsicht in die Abhängigkeit der einzelnen Nationen voneinander wird dominieren, die Nationen werden eine Einstellung entwickeln müssen, die den Gesamtzusammenhang berücksichtigt, wobei sie gleichzeitig dafür sorgen, daß ihre nationale und rassische Identität geachtet wird und sich in das große Ganze einordnen kann.

Durch die Einwirkung Plutos werden sich verfestigte Strukturen in der Politik und im Geschäftsleben wahrscheinlich auflösen, und man wird klar erkennen, daß die alten Denkmuster ungeeignet sind, die anstehenden sozialen Probleme zu lösen. Der Keim des zukünftigen visionären Ideals wird in der Seele der Menschheit aufgehen, und der Wunsch, das

Neue konkret zu verwirklichen, wird übermächtig, selbst um den Preis zusätzlicher sozialer Belastungen und globaler Spannungen, die dadurch entstehen, daß bestehende Verhaltensmuster und Lebensanschauungen immer stärker in Frage gestellt werden. Es werden mehr Menschen die neuen Ideale bewußt aufgreifen und in die Welt weitertragen.

Während des letzten Pluto-Steinbock-Transits setzten sich neue politische Konzepte durch, vor allem in der Neuen Welt durch die Unabhängigkeitserklärung von 1776 und die Durchsetzung der Grundlagen westlicher Demokratie und der Menschenrechte.

Der Beginn des neuen Jahrtausends wäre der richtige Zeitpunkt zur Entstehung einer effektiveren Form der Weltregierung. Unsere heutigen Vereinten Nationen sind ein Grundmodell, werden aber ihre Ziele so lange nicht wirklich erreichen, wie die Nationen nicht bereit sind, auf einer globalen Plattform zum wirklichen Wohle der Menschheit positiv zu kooperieren. Solange sie hauptsächlich in Form von Machtblöcken gegen oppositionelle Gruppen angehen, wird immer Zwist zu erwarten sein; wird das Bedürfnis nach Zusammenhalt jedoch groß genug und werden die ersten Schritte zur Zusammenarbeit unternommen, dann wird sich die Situation verändern.

Da das Zeichen Steinbock mit Autorität und Führung assoziiert wird, könnten manche Länder anfänglich mit dem Versuch reagieren, die Menschen durch starke autoritäre Regimes zu unterdrücken. Pluto wird solche Versuche unterminieren, und es werden sich, auf der Basis der Entwicklung des vorangegangenen Schütze-Transits mit seinem Bedürfnis nach mehr Freiheit, in allen Ländern Gruppen bilden, die solche Regierungsformen bekämpfen. Das kann zu internationalen Spannungen führen; bis dahin wird jedoch die

UdSSR in ihr spezielles kommunistisches System Elemente der Demokratie und des Kapitalismus integriert haben und dadurch eine innere Erneuerung bewirken, durch die der Dialog und die Kooperation mit dem Westen erleichtert werden. Dadurch löst sich die größte Bedrohung des Weltfriedens auf, und es ist zu hoffen, daß die Supermächte durch die Zusammenarbeit zur Sicherung des Friedens die notwendigen Veränderungen in der Welt unterstützen und lebende Symbole dafür sein werden, wie Gegensätze in Harmonie miteinander existieren können.

Pluto im Wassermann (2022–2041)

Das Bild für dieses Sternzeichen ist der Wasserträger, der die starke Lebensenergie des Wassers innehat und spendet. Wie jeder weiß, stehen wir auf der Schwelle des neuen Wassermann-Zeitalters, und so ist anzunehmen, daß dieser Transit von Pluto durch das Zeichen Wassermann entscheidende Auswirkungen haben wird. Er wird wahrscheinlich den Tod der alten Zivilisation sehen und erleben, wie die Samen des neuen Zyklus erste Sprossen aus der Erde senden und in der neuen Welt Wurzeln schlagen. In dieser Zeit wird auch eine Saat gesät, die erst sehr viel später in diesem Zyklus aufgeht. Sie wird von jenen Menschen in der Gesellschaft als Zukunftsvision gesehen, die das innere Entwicklungsmuster des Lebens auf der Erde erahnen.
Das Zeichen Wassermann hat mit Individualität, universeller Brüderlichkeit und Gruppenbewußtsein zu tun und wirkt als Luftzeichen stimulierend auf Geist und Intellekt. Wahrscheinlich werden in dieser Phase wissenschaftliche Entwicklungen stattfinden, die mit den Bedürfnissen des zu-

künftigen Zyklus und der Förderung weltweiter humanitärer Ideen unmittelbar zusammenhängen.

Im letzten Pluto-Wassermann-Transit entstanden in Amerika ein freier demokratischer Staat mit einer Verfassung und der Bill of Rights von 1791 (der verfassungsmäßigen Garantie der Grundrechte), Frankreich erlebte die Revolution von 1789, in der man für die Ideale Freiheit, Gleichheit, Brüderlichkeit eintrat, und in Europa fanden Revolten gegen die überholten aristokratischen und diktatorischen Regierungssysteme der damaligen Zeit statt. Das revolutionäre Ideal wurde in Frankreich nicht verwirklicht und ist auch bis heute noch in der ganzen Welt ein unerreichtes Ziel.

Die neue politische Richtung wird sich im Westen wie im Osten durchsetzen, basierend auf den im Zeichen Steinbock und in der vorhergehenden Zeit gelegten Grundlagen. Die Menschen werden sie in dieser Phase mehr unterstützen und positiver darauf reagieren, da sie die wichtigsten Impulse der Wassermann-Energie zum Ausdruck bringt, die klar als positiver und kreativer Ansatz erkannt werden.

Pluto in den Fischen (2041–2066)

Das ist das letzte Zeichen, das Pluto in diesem Zyklus durchläuft. Es ist eine Endphase, die Kulmination des gesamten Zyklus. In dieser Zeit wird man sehen und einschätzen können, ob der gesamte Transit sich positiv oder negativ entwickelt hat. Wahrscheinlich werden die Bedürfnisse der Welt und die Hoffnung auf den Beginn des neuen Zeitalters im wesentlichen noch unbefriedigt sein, obwohl vieles sich gebessert hat und man der planetarischen Zukunftsvision nähergekommen ist.

Die Entwicklungen, die stattgefunden haben, werden relativ weitreichend sein, gehen aber wesentlich von den westlichen Nationen aus und verbreiten sich dann in die weniger weit entwickelten Länder der Welt. Das liegt daran, daß die Nationen, die mit den durch den Fortschritt in der Technologie verursachten Problemen konfrontiert sind, die Auseinandersetzung damit noch vor sich haben, wie notwendig ein globaler Zusammenhalt ist und welche Umstrukturierungen und Anpassungen noch geleistet werden müssen. Sie werden durch die äußeren Umstände gezwungen sein, sich in den Evolutionsstrom einzufügen und die Bewegungen mitzutragen, die internationale Veränderungen anstreben.

Die Weltsituation wird wahrscheinlich so aussehen, daß die modernen westlichen Nationen beginnen, die neuen universellen und humanitären Werte und Vorstellungen zu erkennen, zu verwirklichen und sie mit den sich entwickelnden Staaten zu teilen. In den Nationen, auf die sie Einfluß haben, werden sie Wachstum und Transformation anregen, während diese anderen Nationen in der gesellschaftlichen Entwicklung nachziehen werden.

Der Transit durch das Zeichen Fische wird eine Zeit der Träume bringen, in der man in die Vergangenheit zurücksieht, um herauszufinden, wie die Gegenwart sich gebildet hat – vielleicht, um in sentimentalen Erinnerungen dem alten Lebensstil nachzutrauern. Man wird aber auch in die Zukunft sehen, von den großen Zeiten träumen, die kommen werden, an die zukünftigen Ziele und die Erfüllung von Wünschen denken. In den verschiedenen Nationen der Welt wird sich diese Haltung widerspiegeln, denn man wird die unterschiedlichsten Regierungsformen und Lebenseinstellungen, die in dem gesamten Zyklus eine Rolle spielten, nebeneinander wiederfinden – also liberale, autoritäre, totalitäre, sozialistische, diktatorische und New-Age-Tendenzen. All das wird gleichzeitig bestehen, vor allem in den Ländern des Ostens und der dritten Welt. Aus dieser Situation können natürlich Konflikte entstehen, aber die westlichen Nationen werden bis dahin wohl eine viel größere Einheit erreicht und sich mit der UdSSR und den Staaten Osteuropas verbunden haben.

Das Leben besteht für jeden einzelnen immer wieder aus Entscheidungen, welche Richtung er einschlagen möchte, aber am besten ist er beraten, wenn er sich mit den anderen Menschen brüderlich verbunden auf einen gemeinsamen Weg begibt.

PLUTO-TRANSITE DURCH DIE HÄUSER

Pluto im Transit durch das 1. Haus

Das dominierende Thema während dieses Transits wird die Bemühung sein, ein höheres Maß an Selbsterkenntnis zu gewinnen, das dann den Prozeß der persönlichen Integration unterstützen kann. Wahrscheinlich verspüren Sie das Bedürfnis nach Selbsterforschung und innerer Suche, denn Sie merken, Sie müssen Ihr eigenes Wesen und die Richtung, in der Ihr Leben sich bewegt, erforschen, als sei gleichsam eine Vorbereitung für anstehende Veränderungen notwendig. Es wird sich wahrscheinlich auf den Verlauf der folgenden Transite auswirken, in welchem Maß das in dieser Phase gelingt.

Wahrscheinlich werden Sie sich jetzt mit sozialen, politischen oder religiösen Aktivitäten mehr beschäftigen wollen, was entweder eine intensivierte Fortsetzung bisher bestehender Interessen ist oder der Beginn einer neuen Ausrichtung. Wahrscheinlich fühlen Sie sich sehr dazu gedrängt, sich persönlich mit der Sache, die Sie zu der Ihren gemacht haben, zu identifizieren, und bemühen sich, in Ihrem persönlichen Leben ein gutes Beispiel für die Überzeugungen und Prinzipien zu sein, die Sie dabei vertreten. Das könnte eine recht radikale Veränderung Ihrer Lebensweise mit sich bringen, da die plutonischen Energien dazu bestimmt sind, alle alten, festgefügten Ordnungen zu untergraben, damit das Neue an die Stelle überholter, einschränkender Verhaltensmuster treten kann. Das mag sich manchmal im übertriebenen Eifer des Neubekehrten äußern – eine Tendenz, vor der Sie sich hüten sollten, indem Sie sich ein realistisches Augenmaß für das, was angemessen ist, bewahren.

Ihre gesamte Einstellung sich selbst und Ihrem Leben gegenüber könnte sich durch den Einfluß von Pluto dauerhaft verändern. Diese Veränderungen entstehen durch die Synchronisation äußerer Umstände, durch die Konfrontation mit Situationen und Erfahrungen, durch die Sie auch das Bedürfnis nach inneren Veränderungen bekommen und deren Unvermeidlichkeit Sie sogar bereitwillig akzeptieren. Es kann zum Beispiel passieren, daß eine Reihe unausweichlicher Ereignisse Sie dazu zwingen, sich einen neuen Umkreis zu suchen, weil das Alte für Sie einfach keine Gültigkeit mehr hat. Das mag zunächst zu einem Identitätsverlust führen, wenn die dazu notwendigen Erfahrungen anfangs negativ und sehr erschütternd sind, ebenso wie die Auflösung einer lange währenden Beziehung es mit sich bringen kann, daß bestehende Verhaltensmuster gründlich in Frage gestellt werden. Sie könnten aber auch eine Stärkung Ihres Identitätsgefühles erleben, indem Sie sich in einer Gruppe Gleichgesinnter engagieren. Ob so oder so, es geht letztlich um das

gleiche, die persönliche Integration soll vertieft werden, damit Sie mehr und mehr zu Ihrem wahren Selbst kommen.
Dazu wird es erforderlich sein, daß Sie Ihre besonderen Talente und Fähigkeiten in Ihrem neuen Lebensrahmen zum Ausdruck bringen. Es wird auch innere Kämpfe zur Befreiung von den eingefleischten, gewohnheitsmäßigen Denk- und Gefühlsmustern bedeuten, damit Sie die Freiheit haben, sich geistig wirklich neu zu orientieren, ohne immer wieder so leicht in die alten Muster zurückzufallen.
Sie werden spüren, daß Ihnen plötzlich große Energie zufließt, und könnten in Gefahr geraten, sie auf destruktive Weise auszuleben, indem Sie versuchen, alle Hindernisse, die Sie Ihrer Meinung nach vom Erreichen Ihrer neuen Ideale und Ziele abhalten könnten, zu beseitigen. Diese Kraft wird Ihr ganzes Leben durchdringen, und Sie werden anfangs einige Schwierigkeiten haben, zu verstehen, was da vor sich geht, und damit umzugehen.
Wahrscheinlich werden Sie ein verstärktes Bewußtsein für politische Angelegenheiten haben und sich mit solchen politischen und sozialen Gruppen verbinden, die Ihre neuentdeckten Überzeugungen teilen. Sie sollten diese Phase nutzen, um politische, religiöse oder soziale Richtungen auf die ihnen zugrunde liegenden Ursachen und prägenden Wertvorstellungen hin zu untersuchen, und wenn Ihnen das gelingt, werden Sie immer klarere Erkenntnisse gewinnen und sehen, wie Ihre Wahrnehmungsfähigkeit sich verändert und erweitert.
Sie sollten jede Tendenz zur Rücksichtslosigkeit, Hartnäckigkeit und Selbstgerechtigkeit beim Vertreten Ihrer Ideen vermeiden, vor allem aber jeder Versuchung widerstehen, Ihren Willen um jeden Preis durchzusetzen, sei es durch physische Kraft oder durch die geistige Macht der Manipula-

tion. Dieser Gefahr könnten Sie entgegenwirken, wenn Sie versuchen, Toleranz, Kooperationsbereitschaft und Mitgefühl auf den verschiedenen Ebenen walten zu lassen, auf denen Sie den Impuls dieses Transits zum Ausdruck zu bringen versuchen.

Pluto im Transit durch das 2. Haus

Auf die Klärung und Belebung des Transits durch das 1. Haus folgt nun hier das Thema, wie Sie die Ihnen angeborenen Talente, Eigenschaften und Fähigkeiten anwenden und einsetzen können, um Ihre persönlichen Ziele und Bestrebungen zu verwirklichen.
Sie müssen einen tiefen Blick ins eigene Innere tun, um auf aufrichtige und realistische Weise die Art und die mögliche Anwendung dieser Gaben zu realisieren und einzuschätzen, und dann auch bereit sein, ihnen eine sinnvolle Richtung zu geben. Der Schlüssel zum Erfolg ist eine wirklich praktische Organisation Ihrer persönlichen Möglichkeiten.
Sie sollten einen Rückblick auf Ihr gesamtes bisheriges Leben tun. Dazu gehören die körperlichen und schöpferischen Gaben, die Sie entwickelt haben, Ihr Wissen und erlernte Fähigkeiten, Ihre persönliche Lebensphilosophie und jene Überzeugungen, die Sie im alltäglichen Leben zum Ausdruck bringen, Ihre augenblickliche finanzielle Situation, familiäre Verantwortlichkeiten und andere Verpflichtungen. Das alles sollten Sie in Betracht ziehen und feststellen, ob Sie Ihre Möglichkeiten besser nutzen könnten als bisher. Die meisten Menschen haben Begabungen und Fähigkeiten, die durch irgendwelche Umstände ungenutzt bleiben, und könnten viel mehr zuwege bringen, als sie meinen. Das ist die

Herausforderung, der Sie sich während dieser Phase gegenübersehen. Es wird verschiedene Möglichkeiten für Sie geben, mehr zu erreichen und mehr Erfüllung zu finden, vorausgesetzt, Sie sind bereit, auch mehr Energie einzusetzen als bisher. Die Neuorientierung kann sich in schöpferischem Tun auswirken, in der Hingabe für eine gute Sache, in zusätzlichen häuslichen Interessen oder darin, daß Sie sich eine andere Arbeit suchen.

In gewissem Sinne sind Sie gefordert, vor der Welt Ihre Fähigkeiten zu beweisen und offen und klar zu zeigen, worin Ihre ganz persönlichen, einzigartigen Möglichkeiten liegen. Bei manchen Menschen bewirkt diese Phase, daß unter dem Einfluß einer starken Ideologie, wie sie während des Transits durch das 1. Haus in den Vordergrund rückte, eine starke Wandlung der persönlichen Einstellung zu Besitz eintritt. Wahrscheinlich werden Sie Ihre materiellen Mittel nutzen, um irgendeine gute Sache zu unterstützen, oder Sie sehen sie aus einer völlig neuen Perspektive. Ihre Einstellung gegenüber materiellen Dingen wird sich auf jeden Fall ändern, Sie werden vielleicht nicht mehr so sehr an Ihrem Besitz hängen, sondern ihn als etwas sehen, was Sie auch zum Wohle der anderen verwalten. Manche werden aber vielleicht auch das Bedürfnis haben, Ihre Talente dafür einzusetzen, sich finanziell und materiell auf eine sicherere Basis zu stellen.

Es kann gut sein, daß dieser Pluto-Transit Ihnen hilft, Talente in sich zu entdecken, deren Sie sich vorher gar nicht bewußt waren oder die Sie nicht entwickelt hatten. Das könnte vor allem geschehen, wenn Sie sich mit politischen oder spirituellen Dingen beschäftigen. Sie entdecken vielleicht wirklich schöpferische Fähigkeiten, die Sie dort einsetzen können, wo Sie tätig werden wollen. Das kann in manchen Fällen dazu führen, daß Sie zu einer Art Vermittler neuer Im-

pulse für die Gesellschaft werden, daß Sie auf eine Weise Einfluß nehmen oder gesellschaftliche Veränderungen in Gang setzen können, die dem Bewußtsein nicht unmittelbar zugänglich ist.
Dies ist eine außerordentlich günstige Zeit, in der Sie Ihre Talente im höchsten Maße und auf allen möglichen Gebieten nutzen können. Wenn Sie sie richtig einsetzen, wird Ihnen das unerwartet hohen Nutzen bringen, Ihnen ein vertieftes Selbstverständnis schenken und Ihnen die Möglichkeit zu mehr persönlicher Befriedigung und Erfüllung geben.

Pluto im Transit durch das 3. Haus

In dieser Phase sollten Sie den anderen Ihre Fähigkeit beweisen, Probleme mit Hilfe Ihres Intellekts und durch die in Ihrem bisherigen Leben entwickelte Geisteshaltung zu lösen. Jetzt sehen Sie sich vor allem vor der Aufgabe, Ihre Fähigkeiten praktisch anzuwenden.
Je vernünftiger man das Leben anpackt, ohne dabei seine persönlichen Überzeugungen und Prinzipien zu verraten, desto mehr tut man dafür, die Grundlagen zu einem Zustand natürlicher innerer Harmonie zu schaffen. Dazu verhilft einem am meisten eine gut entwickelte Intelligenz, durch die man geschickt mit der Welt umgehen kann, wie sie ist. Es ist also eine pragmatische Haltung gefordert, die sich auf eine realistische Einschätzung des Lebens stützt. Sie ist oft viel schwerer zu erreichen, als man meint. Den meisten Menschen gelingt es nicht, die Welt so zu nehmen, wie sie ist, sie wiegen sich in Illusionen und flüchten vor der Wirklichkeit. Diese »Lebenstechniken«, die für ein erfolgreiches Funktionieren innerhalb unserer Gesellschaft notwendig zu sein

scheinen, muß jeder lernen. Dazu bedarf es vieler Jahre der Erfahrung in Kindheit und Jugend, die zu einer bewußten Anpassung an die heutige Welt führen. Es gilt dann, ganz pragmatisch zu beweisen, wie sich der individuelle Lebensstil in die Gemeinschaft einfügt. Eine besonders wichtige Lebenstechnik liegt in der Fähigkeit, gute Beziehungen zu anderen aufzubauen; und man kann einen Menschen durchaus dazu hinführen, diese Fähigkeit zu entwickeln. Es gibt Menschen, die nicht begreifen, in welcher Beziehung sie zur Gesellschaft stehen, die sich ihr entfremden und von ihr abwenden.
Die Erziehung sollte in Zukunft viel gezielter auch soziales Training umfassen, durch das schon bei den Kindern Gefühl und Bewußtsein für die Menschengemeinschaft entwickelt wird.
Sie werden vielleicht herausfinden, daß eine Technik des Fragens und Infragestellens Ihnen sehr von Nutzen sein und Ihre Einsicht vertiefen kann, vor allem wenn Sie von Lösungen, die andere Ihnen für Lebensprobleme vorschlagen, nicht überzeugt sind. Auch wenn Sie eine Reaktion von anderen herausfordern, geht es Ihnen doch vor allem darum herauszufinden, was Ihr persönlicher Weg ist, und das braucht oft Zeit. Sie sollten allerdings auch darauf vorbereitet sein, daß auch andere Sie auf ähnliche Weise in Frage stellen.
Es ist zu hoffen, daß Sie keine Zeit verlieren, indem Sie Träumen und Phantasien nachjagen, von denen Sie glauben, Sie könnten Ihnen in der Außenwelt Erfüllung bringen. Sie werden erkennen, daß dauerhafte Erfüllung nur aus dem eigenen Inneren kommt.
Möglicherweise findet in dieser Periode eine Beziehung zu einem Menschen, der Ihnen sehr nahesteht, einem Freund,

Verwandten oder Elternteil ihr Ende. Das kann durch den Tod des Betreffenden geschehen, durch den Sie etwas nach innen gekehrter werden und der Sie anregt, über den Sinn des Lebens nachzudenken, der aber auch Ihrer Entscheidungs- und Handlungsfreiheit gewisse Beschränkungen auferlegen könnte. Zumindest werden Sie das Bedürfnis spüren, sich von Dingen zu befreien, die Sie binden, und nach Möglichkeiten suchen, mehr Unabhängigkeit zu verwirklichen.

Man müßte Ihnen raten, sich in dieser Zeit nicht zu sehr mit extremen Ideen zu befassen, wozu Sie leicht als Reaktion auf Ihre augenblickliche Situation und als Ausdruck Ihres Unabhängigkeitsbedürfnisses neigen. Vergessen Sie nicht, wie notwendig es für Sie ist, zu fragen und zu suchen.

Es wird problematisch sein, wenn Sie sich zwar von alten Denkweisen befreien, sich aber schnurstracks auf eine neue Ideologie und einen Lebensstil stürzen, die Sie nicht hinterfragt haben, nur weil Ihr Bedürfnis, sich zugehörig zu fühlen, so stark ist. Die wenigen, die wirklich zu freiem Denken in der Lage sind, lassen sich nirgends eindeutig zuordnen, sind unabhängig.

Sie werden auf Ihre Art, sich auszudrücken, sorgfältig achten müssen und sollten in diesem Stadium nicht zu radikal sein, weil Sie sich mit übermäßiger Begeisterung für neue Ideen einsetzen. Ihre Lebensweise und die Techniken, die Sie sich angeeignet haben, um gut durchs Leben zu kommen, sollten Sie zu jeder Zeit überprüfen können. Vielleicht halten sie dieser Prüfung stand, vielleicht müssen sie jedoch verändert, erweitert oder angepaßt werden, sie können aber auch unter dem Druck des realen Lebens vollständig ihren Sinn verlieren. Vermeiden Sie die Gefahr, den Gedanken anderer gegenüber aggressiv-kritisch zu sein, Ihre eigenen aber als unantastbar zu betrachten. Sie sollten Ihre eigenen Ideen und

Vorstellungen sogar unbarmherziger überprüfen als die der anderen. Wenn Sie Ihre Intelligenz auf diese Weise einsetzen, wachsen Ihr Gefühl für das richtige Augenmaß und Ihre Fähigkeit zu Toleranz und Einsicht.

Pluto im Transit durch das 4. Haus

Nach dem Transit durch das 3. Haus werden Sie nun entdecken, daß Sie sich mehr auf Ihre eigenen Möglichkeiten und Fähigkeiten verlassen sollten, und dazu könnten auch Veränderungen im persönlichen und im häuslichen Leben gehören. Dazu gehört ebenso, daß Sie sich klarmachen, inwieweit es für Sie notwendig ist, soziale, politische oder spirituelle Aktivitäten zu entfalten.

Sie werden sich stärker mit denen verbinden wollen, die Pläne und Ideen für neue gesellschaftliche Lebensformen entwickeln. Durch Ihren Kontakt mit gleichgesinnten Menschen werden Sie entdecken, daß Ihr Entschluß, noch mehr Ihren Absichten und Überzeugungen entsprechend zu leben, sich verstärkt.

Denken Sie daran, daß Sie jetzt vor allem die Grundlagen für Späteres legen. Die Zeit und die Sorgfalt, die Sie jetzt aufwenden, sind für die Zukunft von großer Bedeutung. Sie sollten sich sehr genau ansehen, was Sie als Ihre Wahrheit annehmen, und darauf achten, welche Trends gerade in der Gesellschaft aktuell sind. Lassen Sie immer Raum für neue Ideen und neue Interpretationsweisen, und überprüfen Sie die Ideologie, der Sie sich zuwenden, anhand Ihrer Lebenserfahrung. Seien Sie sich bewußt, daß Ihre Überzeugung sich im Laufe der Zeit verändern kann, daß Ihr gegenwärtiger Enthusiasmus nicht unbedingt von Dauer sein muß, und ver-

meiden Sie jede Art von Dogmatismus, der immer ein Ergebnis geistiger Kleinkariertheit ist. Ihre »Wahrheit« sollte sich verändern und entwickeln, wenn sie eine lebendige Wahrheit ist – ebenso wie Sie selbst.
Eines der wichtigsten Ergebnisse dieser Phase des Prozesses sollte eine größere innere Stabilität sein, eine Festigung Ihres Zentrums, von dem aus Sie die Welt erfahren. Es ist eine vielschichtige Welt, und die Lebensauffassung, die Sie zum Ausdruck bringen, sollte umfassend sein, dazu dienen, die Menschen zu vereinen, und sie ermutigen, auf sehr praktische Weise in Harmonie und Frieden miteinander zu leben. Es gibt viele Ideologien in der Welt, die zwar hohe Tugenden zu predigen scheinen, in der Praxis jedoch die Menschen nur auseinandertreiben und zu politischen und religiösen Kriegen führen.

Pluto im Transit durch das 5. Haus

In dieser Phase wird durch Pluto schöpferische Kraft frei, und so haben Sie die Möglichkeit, kreativer zu sein und über Ihre gegenwärtigen Fähigkeiten und Begrenzungen hinaus neue Ausdrucksmöglichkeiten zu entdecken. Kreativität kann sich auf alle Lebensbereiche erstrecken, man kann sein eigenes Leben als einen fortwährenden kreativen Akt betrachten, denn jeder entscheidet selbst, wie er es gestaltet und führt.
Die wichtigsten Themen in dieser Phase werden für Sie schöpferischer Selbstausdruck, Vergnügungen und soziale Kontakte, Liebesaffären, spekulative Abenteuer und Kinder sein. Es ist eine Zeit, in der Sie in diesen Zusammenhängen spielen und experimentieren, neue Dimensionen der Le-

bensfreude entdecken, Ihre eigene Natur erforschen und neue Aspekte Ihrer individuellen Persönlichkeit kennenlernen.
Es wird Ihnen vielleicht klarwerden, daß Sie Ihre eigenen emotionalen Triebe, Motive und Zwänge verstehen und beherrschen lernen müssen, denn Sie werden sich gedrängt fühlen, bestimmte Erfahrungen zu machen, um sie zu befriedigen oder sich mit ihnen auseinanderzusetzen. Bleiben diese starken emotionalen Bedürfnisse auf der unbewußten Ebene, wird es Ihnen nicht gelingen, Ihr Leben bewußt zu steuern, sie können sich dann sehr negativ auswirken und schränken Ihre Möglichkeiten ein, Befriedigung zu finden und sich schöpferisch auszudrücken.
Sie sollten gegen die Tendenz ankämpfen, Ihre persönlichen Bedürfnisse auf Kosten anderer zu erfüllen, vor allem in Liebesbeziehungen oder in Ihrer beruflichen Laufbahn. Auch sollten Sie sich nie zu ungestümen Aktivitäten hinreißen lassen, bevor Sie nicht sicher sind, daß Sie Ihre wirklichen Motive durchschaut haben. Während Sie Ihre eigene Rücksichtslosigkeit zu bekämpfen versuchen, werden Sie möglicherweise merken, daß die der anderen Ihr Leben unmittelbar beeinflußt.
Pluto hat immer die Tendenz, Pläne und Absichten zu untergraben, wenn sie nicht dazu geeignet sind, einem umfassenderen Lebensplan zu dienen. So merken Sie vielleicht, daß Ihre schöpferische Kraft aus irgendwelchen unerklärlichen Gründen blockiert ist; dennoch müssen Sie sich weiter bemühen, vielleicht durch eine neue Einstellung oder durch ein vertieftes Selbstverständnis, durch das Ihnen klar wird, wohin Ihr Weg eigentlich geht. Wenn Sie sich in dieser Zeitspanne auf neue Liebesaffären einlassen, werden sie sich wahrscheinlich in der Zukunft problematisch entwickeln

oder fordern, daß Sie bestimmte Lektionen lernen. Bevor Sie sich auf irgendwelche gewagten Spekulationen einlassen, sollten Sie die Sache genau überprüfen. Der Schlüssel zum Erfolg liegt darin, in welchem Maß Sie Ihre neuen schöpferischen Bestrebungen zu der erlangten Selbsterkenntnis in Bezug setzen können. Wenn Sie nicht klug damit umgehen, wird dieser schöpferische Aspekt der Pluto-Energie Ihnen Schwierigkeiten machen. Nutzen Sie ihn positiv, so kann er Ihrem Leben eine neue Richtung geben und Sie sehr fördern.

Pluto im Transit durch das 6. Haus

In dieser Zeit liegt der Schwerpunkt auf den Themen Gesundheit, Arbeit und Dienst an anderen. Wahrscheinlich möchten Sie sich jetzt persönlich mehr dafür einsetzen, eine gute Sache zu unterstützen, an die Sie glauben. Sie möchten sich intensiver und aktiver mit einer Richtung beschäftigen, die Ihrer Meinung nach zu sozialen Verbesserungen führt, durch die man bestimmte Problembereiche angehen und die Lebensqualität ganz im allgemeinen verbessern kann. Dazu kann es erforderlich sein, daß Sie sich persönlichen Herausforderungen stellen, weil beispielsweise Freunde oder Verwandte mißbilligen, was Sie tun, weil sie an Ihren Fähigkeiten zweifeln und zu scheitern fürchten, weil Sie empfindlich sind gegenüber Kritik an Ihren Überzeugungen oder weil Sie vielleicht sogar selbst an der Tiefe dieser Überzeugungen zweifeln.

Es ist eine Zeit, in der Sie sich überprüfen und wahrscheinlich merken, daß das, was Sie fühlen und denken, nicht unbedingt an ideale Maßstäbe heranreicht. Sie werden diesen Mangel sehr heftig spüren, was Sie dazu anregen wird, mehr zu tun, Fortschritte zu machen und zu versuchen, Ihren Idealen erfolgreicher gerecht zu werden.

Da Pluto in dem Lebensbereich, auf den er einwirkt, oft exzessive Reaktionen hervorruft, müssen Sie darauf achten, daß Sie sich nicht zu elitär oder fanatisch für Ihre spezielle Sache einsetzen. Wenn Sie solche Tendenzen an sich merken, sollten Sie sich ganz bewußt um Ausgewogenheit bemühen. Das könnte zu einer neuen Form von Anteilnahme an sozialen Aktivitäten führen, bei denen Sie sich mehr mit anderen und nicht mehr soviel mit sich selbst beschäftigen.

An Ihrer Arbeitsstätte können größere Veränderungen oder Auseinandersetzungen auftreten. Vielleicht entschließen Sie sich noch zu einer anderen Laufbahn oder zu einer neuen Stelle, die Ihren Überzeugungen mehr entspricht. Das kann mit Aktivitäten in sozial engagierten Gruppierungen zu tun haben. Möglicherweise werden Sie durch reaktionäre oder radikale Ideologien, die sich störend auf Ihre Arbeit auswirken, unmittelbar beeinflußt.

Wenn Sie grundsätzlich mit der Pluto-Energie kooperieren, um persönliche Veränderungen zu bewirken und sich sozial mehr zu engagieren, werden Sie diesen Impuls positiv nutzen können. Sie werden auf Ihre Gesundheit achten müssen, da Sie aufgrund innerer Kämpfe, vor allem Spannungen, die aus dem Widerstand gegen Veränderungen entstehen, krank werden könnten. Eine Krankheit fungiert oft als ein Medium, das den widerstrebenden Menschen zu Veränderungen zwingt, sie ist symptomatisch für notwendige innere oder äußere Neuorientierungen im Leben. Eine Krankheit vermag einen Raum zu schaffen, in dem man die notwendigen Wandlungen überdenken kann, in ihr liegen oft verborgene Möglichkeiten für Positives, das zutage treten möchte.

Pluto im Transit durch das 7. Haus

Sie werden sich während dieses Transits vor allem mit Ihrer Beziehung zu Ihrem sozialen Umfeld sowie Ihrer Aufgabe und Stellung in der Gesellschaft beschäftigen, wozu wahrscheinlich auch das Engagement für eine sozial orientierte Aufgabe gehört, wie es sich im 6. Haus entwickelt hat. Sie werden sich vor allem mit dem beschäftigen, was Sie für die gegenwärtigen Probleme der Gesellschaft halten, und Sie glauben, daß Sie sich persönlich darum bemühen müssen, befriedigende Lösungen zum Wohle aller zu finden. Ihr Bewußtsein für Ihre soziale Verantwortung wächst noch, und Sie sollten sich sehr um gute Zusammenarbeit mit gleichgesinnten Menschen bemühen, um für den sozialen Fortschritt wirklich etwas tun zu können. Ihre persönlichen Beziehungen werden davon bestimmt sein, ob Sie in Einklang mit Ihrem sich entwickelnden sozialen Bewußtsein und Ihren Idealen stehen. Es geht also mehr um die gemeinsamen Ziele der Gruppe als um persönliche Freundschaften. Um solch eine Gemeinsamkeit aufrechtzuerhalten, braucht man oft Selbstdisziplin ebenso wie wirkliche Begeisterung für ein Ziel, denn Spannungen im persönlichen Bereich sind immer wieder zu erwarten.

Es könnte sogar sein, daß Sie selbst Ursache dieser Spannungen sind, ob zu Recht oder zu Unrecht. Der Einfluß Plutos auf Sie kann zu übertriebenem Eifer, ja Fanatismus für Ihre Sache führen, eine Tendenz, vor der Sie sich unbedingt hüten sollten. Vielleicht vertreten Sie auch eine besonders puristische Einstellung hinsichtlich Ihrer Überzeugungen und Ideale, die vielleicht vollkommen richtig sein mag, der aber dennoch keineswegs alle zustimmen müssen.

Sie haben wahrscheinlich den Drang, sich mit anderen über

Themen auseinanderzusetzen, über die Sie besonders gut Bescheid wissen. Das gibt Ihnen zwar ein Gefühl der Überlegenheit, kann sich aber zeitweise recht destruktiv auswirken. Es wird manchmal gut sein, die Dinge in Frage zu stellen, aber wenige Menschen ertragen es, wenn Ihre Überzeugungen erschüttert werden, und vor allem sollte man das nicht mit der verborgenen Absicht tun, ihnen dann doch nur die eigenen Ideen aufzudrängen. Wenn für jemanden noch nicht der Zeitpunkt gekommen ist, überholte Ansichten aufzugeben, werden Sie nur auf Widerstand stoßen und Ihre Beziehung gefährden. Sie haben vielleicht die besten Absichten, sollten sich aber in solchen Situationen immer sehr bewußt sein, was Sie tun.

In jedem Wissensgebiet gibt es verschiedene Ebenen der Vermittlung. Was auf der einen Ebene »die Wahrheit« ist, kann auf einer höheren Ebene schon wieder falsch sein. In Ihrer Verantwortung liegt es, diese Tatsache zu erkennen und die Wahrheit entsprechend Ihrer eigenen Wissensebene nach Ihren besten Fähigkeiten zu vermitteln, ohne dabei zu übersehen, daß Sie sich durch mehr Wissen und wachsende Erfahrung wieder verändern kann.

Einige Ihrer Beziehungen können während dieser Phase radikale Veränderungen erleben, wobei aber viel davon abhängt, wie Sie selbst mit der starken und einflußreichen Pluto-Energie umgehen und wie Sie sie zum Ausdruck bringen. Vielleicht haben Sie das Gefühl, sich aus allen einschränkenden Beziehungen befreien zu müssen, um den Weg verfolgen zu können, den Sie als Ihr Schicksal erleben. Wenn das wirklich unvermeidlich wird, versuchen Sie, es mit soviel Bewußtsein und Sensibilität wie möglich zu tun, um die anderen möglichst wenig zu verletzen, denn wenn Sie dabei unpersönlich und hart sind, würde das nur für Ihre Egozentrik sprechen. Manche Menschen folgen ihrer Berufung, sich sozialen Veränderungen und dem Wohle anderer zu widmen, recht unbarmherzig und verursachen damit in ihrer Familie oder bei ihnen nahestehenden Menschen viel Kummer, so als gehörten diese nicht zu ebenjener Gesellschaft, die ihnen so am Herzen liegt.

Pluto im Transit durch das 8. Haus

In dieser Phase werden Sie sich vor allem mit der Qualität Ihrer Beziehungen beschäftigen, sie vielleicht anders werten, ihre Bedeutung für Ihr Leben herauszufinden versuchen und sich fragen, ob sie ein lebendiges Miteinander sind oder nur oberflächliche Verbindungen, die aus irgendwelchen in der Vergangenheit liegenden Gründen aufrechterhalten werden. Sie werden zwar dazu neigen, Ihre Beziehungen aus Ihrer persönlichen Perspektive heraus und nach Ihren Bedürfnissen und Zielen zu beurteilen, sollten aber darauf achten, daß auch die anderen etwas davon haben, mit Ihnen zusammenzusein.
Sie müssen die Art und Weise, in der Sie sich ausdrücken und mit zwischenmenschlichen Beziehungen umgehen, vielleicht ein wenig verändern, um allmählich befriedigendere Kontakte aufzubauen. Dazu kann es gehören, daß Sie der Neigung entgegenwirken, Menschen auszunutzen, nur um Ihre eigenen Ziele und Wünsche verwirklichen zu können. Das geschieht recht leicht, vor allem in Zeiten, in denen Sie sehr auf Ihren eigenen Weg konzentriert sind und sich so intensiv mit etwas beschäftigen, daß Sie für die anderen und deren Bedürfnisse nicht mehr wach genug sind.
Vielleicht beschäftigen Sie sich plötzlich gerne mit der Ex-

pansion finanzieller und geschäftlicher Interessen, indem Sie Vorteil aus aktuellen geschäftlichen oder gesellschaftlichen Trends zu ziehen versuchen oder indem Sie etwas ganz Neues anfangen. Die sich bietenden Gelegenheiten werden Sie in Versuchung führen, Sie werden sich rasch begeistern und vielleicht weniger vorsichtig sein als sonst. Hüten Sie sich vor irgendwelchen zweifelhaften Plänen, versuchen Sie, sich die Dinge genauer anzusehen, und versichern Sie sich, daß auch alles ganz legal und moralisch zugeht. Bei allen Unternehmungen dieser Art sollten Sie versuchen, eine angemessene und rechtschaffene Haltung einzunehmen und im idealen Fall auch an Ihre soziale Verantwortung zu denken. All das wird sich auf Ihre zukünftigen Erfolge auswirken.

Sie werden merken, daß Geld in dieser Zeit auf irgendeine Weise immer eine Rolle spielen wird und auch leicht zum Zankapfel in Ihrem häuslichen Leben werden kann, was manchmal so weit geht, daß Beziehungen zerbrechen und Sie Partnerschaften auf eine völlig neue finanzielle Grundlage stellen müssen.

Da dies ein Haus der Erneuerung und Wiedergeburt ist, können Sie nun in eine beunruhigende Phase kommen, in der feste Grundlagen Ihres Lebens zusammenzubrechen beginnen. Das kann sehr schmerzhaft sein, wäre aber die unvermeidliche und natürliche Konsequenz Ihrer eigenen, in den vergangenen Jahren getroffenen Entscheidungen. Wenn Sie solche Verunsicherungen erleben, könnte das Bedingungen schaffen, die Sie zwingen, eine völlig neue Richtung einzuschlagen, vor allem was Beziehungen und finanzielle Angelegenheiten anbelangt. Lassen Sie sich Zeit, um herauszufinden, welche Lehre Sie aus solch ungewollten Veränderungen ziehen können, und überprüfen Sie aufrichtig, wo Ihre ei-

gene Einstellung bzw. Ihr Mangel an Einfühlung in Ihrem Partner Trennendes heraufbeschworen hat. Für die meisten gilt jedoch, daß eine bewußt herbeigeführte Neuorientierung in ihren Beziehungen und finanziellen Angelegenheiten sich nur positiv auswirken wird und daß die Zeit dafür jetzt gekommen ist.
Wenn Sie Interesse für Gruppen haben, die sich mit der okkulten Seite des Lebens beschäftigen, ist jetzt der Augenblick gekommen, sich gründlicher mit diesen Dingen zu befassen. Sie werden dadurch wahrscheinlich wertvolle Erkenntnisse gewinnen und sich selbst neu und anders sehen, ja Sie können wiedergeboren werden wie ein Phoenix und mehr Festigkeit und Klarheit für Ihren zukünftigen Weg gewinnen.

Pluto im Transit durch das 9. Haus

Wahrscheinlich interessieren Sie sich jetzt mehr für alle Angelegenheiten, die mit Ihren intellektuellen und höheren geistigen Fähigkeiten zu tun haben, und werden sich um Verständnis für die Ursachen der Probleme bemühen, vor die sich die moderne Gesellschaft gestellt sieht. Dazu gehört, daß Sie sich ernsthaft und diszipliniert auf irgendein Studium konzentrieren, entweder aus persönlichem Interesse an solchen Themen und zur Erforschung Ihrer eigenen Möglichkeiten oder um sich eine höhere akademische Qualifikation zu erwerben. Vielleicht möchten Sie jetzt auch mehr reisen und Ihr Wissen über andere Kulturen und Ihre Lebenserfahrungen erweitern.
Sie könnten vertiefte Einsichten in moderne Probleme entwickeln und sogar in die Lage kommen, andere zu beraten und für Ihre Lösungsmöglichkeiten zu interessieren. Viel-

leicht entwickeln Sie ein persönliches Modell für einen sinnvolleren und positiveren Lebensstil für die Menschen, das Sie auf Ihr eigenes Leben anzuwenden versuchen, aber auch anderen vermitteln wollen. Das könnte zu einer radikalen Veränderung Ihres Lebens führen.
Durch Ihre Studien und Ihre neugewonnenen Erkenntnisse werden Sie sich wahrscheinlich aktiver mit zeitgenössischen Einstellungen und Ideen auseinandersetzen, von denen Sie glauben, sie seien überholt und falsch, und die Sie durch Ihr Eintreten für Ihre eigenen Ideen und Überzeugungen zu bekämpfen versuchen. Vielleicht treten Sie damit durch verschiedene Medien an die Öffentlichkeit, oder es spielt sich vor allem in Ihrem Inneren ein Konflikt zwischen Ihren alten Vorstellungen und Überzeugungen und den neuen Erkenntnissen ab. Wahrscheinlich haben Sie das Bedürfnis, der Gesellschaft etwas zu geben, was Sie für wertvoll halten, denn Sie brauchen das Gefühl, sich sinnvoll zu engagieren.
Heuchelei und soziale Ungerechtigkeiten, denen Sie begegnen, werden Sie tief treffen, und das könnte der Auslöser dafür sein, daß Sie versuchen, die gesellschaftlichen Vorgänge im Verhältnis zu Ihren eigenen Erfahrungen und Ihrer persönlichen Rolle im sozialen Leben zu untersuchen. Ihre neuen Erkenntnisse sind, ob Sie sie nun zum Ausdruck bringen oder innerlich erleben, subversiv, sie unterminieren Althergebrachtes, ja sie haben etwas Revolutionäres; und so könnte es leicht sein, daß sich während dieses Transits radikale Veränderungen in Ihnen abspielen. Sie werden sich davor hüten müssen, zu fanatisch oder besessen auf die neuen wichtigen Erkenntnisse zu reagieren, um sie anderen nicht aufzudrängen, sondern sie durch einen bewußt gemäßigten Ausdrucksstil für die anderen annehmbarer und einsichtiger zu machen.

Pluto im Transit durch das 10. Haus

Hier geht es um das Thema Macht und das Problem, persönliche oder soziale Macht auf eine Weise auszuüben, die andere nicht mißbraucht oder ausbeutet.

Sie werden immer noch nach Möglichkeiten suchen, gesellschaftlich zu wirken und Ihre Überzeugungen und Ideale zum Ausdruck zu bringen, um durch Ihre aktive Beteiligung an sozialen Fragen etwas Sinnvolles und Wertvolles beizutragen. Dazu gehört persönliche Macht, durch die der einzelne allein oder innerhalb einer Gruppe starken Einfluß ausüben kann. Vielleicht werden Sie auch zum Wortführer Ihrer Gruppe. Es geht Ihnen immer darum, die Frage »Was kann ich tun, um zu helfen?« zu beantworten.

Jede Neigung zu Übertreibung oder zu Engstirnigkeit würde den Idealen, für die Sie ursprünglich eingetreten sind, nur abträglich sein. Viele Menschen mißbrauchen ihre Ideale auf diese Weise und erreichen dann das Gegenteil von dem, was sie eigentlich beabsichtigten.

Wenn Sie ins Licht der Öffentlichkeit treten, wird Ihr gesellschaftliches Ansehen wachsen oder schwinden, je nachdem, wie Sie sich zuvor verhalten und welche Entscheidungen Sie getroffen haben. Es geht vor allem darum, ob Sie Ihren Einfluß dazu nützen können, Ihre überpersönlichen sozialen Ideale zum Nutzen anderer zu verfolgen, oder ob Sie nur auf die Befriedigung persönlicher Wünsche und des eigenen Ehrgeizes bedacht sind. Bestimmt werden Sie das Bedürfnis haben, gewisse Aspekte der Welt, in der Sie leben, zu verändern und zu reformieren; und dieser Impuls wird sowohl Ihre unmittelbare Umwelt wie auch Ihr häusliches Leben beeinflussen.

Durch Ihre Ideen und durch Ihre Taten werden Sie sich neue

Freunde, aber auch Feinde schaffen. Wahrscheinlich sehen Sie sich heftiger Kritik und Mißverständnissen ausgesetzt und werden vielen Leuten als umstrittene Gestalt erscheinen.

Pluto im Transit durch das 11. Haus

Der Pluto-Einfluß wird Sie zu einem vertieften Interesse an Aktivitäten innerhalb von Gruppen führen, die sich für soziale Verbesserungen und Veränderungen einsetzen. Damit knüpfen Sie an Ihre neugewonnenen Ideale an und entwickeln Sie weiter, und wenn Sie sie in die Tat umsetzen wollen, so ist das der geeignete Zeitpunkt.
Diese Entscheidung bringt es auch gleichzeitig mit sich, daß Sie vermutlich verschiedene Aspekte Ihres persönlichen Lebens und Ihres Charakters erneuern, um sie mit Ihrer neuen Lebensrichtung in Einklang zu bringen und um Ihrer Überzeugung gerecht zu werden. Sie werden sich jetzt vielleicht völlig andere Lebensziele stecken, vieles wird Ihnen plötzlich unwichtig erscheinen, während andere Werte mit einem Mal für Sie höchste Bedeutung gewinnen. In gewissem Sinne sind Sie wie jemand, der zu einem neuen Glauben übergetreten ist.
Dazu gehört auch, daß Ihr gesellschaftliches Leben sich wahrscheinlich verändert, daß Ihr Freundes- und Bekanntenkreis sich erweitert oder verkleinert, je nachdem, für welchen Weg Sie sich entschieden haben und wie Sie diese Entscheidung anderen gegenüber vertreten. Sie sollten dabei nicht vergessen, die Rechte der anderen und ihre Entscheidungsfreiheit zu respektieren, und bedenken, daß das, was im Augenblick für Sie wichtig ist, für die anderen nicht unbedingt ebenso das Wichtigste sein muß (und umgekehrt). Sie

könnten der Versuchung erliegen, in den Übereifer des Neubekehrten zu verfallen, vor allem wenn Sie sich zum erstenmal mit sozialen Aktivitäten befassen, bei denen es um gesellschaftliche Veränderungen geht, und sollten Ihren Enthusiasmus deshalb ein wenig dämpfen. Vielleicht entdecken Sie auch, daß Sie nicht mitmenschliche Harmonie hervorbringen, sondern zwischen sich und Ihrer Familie sowie Ihren Freunden nur Zwietracht säen. Wenn das der Fall ist, sollten Sie sehr bewußt alle Übertreibungen vermeiden und werden dann sicher bald eine reifere und angemessenere Ausdrucksweise entwickeln und Ihr soziales Engagement in maßvollere Bahnen lenken.

In all Ihren Beziehungen mit anderen Menschen sollten Sie auf eindeutige und klare Motive achten. Wenn Sie selbstsüchtig sind, werden Sie finanzielle Verluste und emotionale Enttäuschungen erleben müssen. Das Wesen dieses Pluto-Impulses und die Art, in der Sie wahrscheinlich darauf reagieren, wird es vielleicht auch nötig machen, daß Sie auf Ihre Gesundheit und Ihre Lebensweise bei der Arbeit und zu Hause achten.

Während dieser Phase wird sich Ihr Bewußtsein für soziale Veränderungen und Probleme erweitern, und Sie werden sie allmählich anders sehen, vor allem was Ihre eigenen Möglichkeiten des Engagements und der Einflußnahme anbelangt.

Pluto im Transit durch das 12. Haus

Das ist die letzte Phase in Ihrem gegenwärtigen Pluto-Transit-Zyklus, ein abschließender Höhepunkt und eine Zeit der Aussaat für den neuen Zyklus. Es kann eine schwierige Pe-

riode sein, in der Sie sich verwirrt fühlen und spüren, daß unmittelbare Veränderungen bevorstehen. Aspekte des Unbewußten steigen auf, beunruhigen Sie und drängen zur Bewußtwerdung. Das kann Ihnen merkwürdig vorkommen, aber Sie sollten es zulassen, die unbewußten Inhalte akzeptieren und versuchen, sie ins Bewußtsein zu integrieren. Verleugnen oder unterdrücken Sie sie, so könnten daraus noch mehr Probleme entstehen, bis Sie erkennen, daß es sich um Dinge handelt, die der Befreiung und Lösung bedürfen, ja die zur Vertiefung der persönlichen Integration beitragen und eine Quelle erneuernder Kräfte sein können.
Sie werden es vielleicht sinnvoll finden, sich mit modernen psychologischen Schulen (C. G. Jung, Psychosynthesis, Gestaltpsychologie etc.) zu beschäftigen, die Techniken vermitteln, durch die man zur individuellen Ganzheit gelangen kann. Damit können sich Ihnen neue Welten der Selbsterforschung und -erfahrung öffnen. All das kann dazu dienen, daß Sie sich selbst besser verstehen und das Leben mehr genießen.
Wahrscheinlich werden Sie bestimmte Aspekte der Vergangenheit loslassen müssen, um Raum zu schaffen für den neuen Impuls, der allmählich in Ihnen Gestalt annimmt und der Ihrer »Wiedergeburt« vorangeht. Dazu werden auch frühere Einstellungen, Werte und Überzeugungen gehören, vor allem wenn Sie merken, daß es Ihnen allmählich gelingt, sich mit dem, was früher unbewußt war, mehr vertraut zu machen.
Wahrscheinlich haben Sie den Wunsch, sich zum Beispiel durch Gemeindearbeit unmittelbarer für sozial unterprivilegierte Menschen einzusetzen. Das ist ein Zeichen für Ihr wachsendes soziales Bewußtsein. Vielleicht sind Sie jetzt auch sensibler für die Gedanken, Gefühle und Motive ande-

rer Menschen, eine Folge des vertieften Zugangs zu Ihrem Unterbewußten. Diese Sensibilisierung kann Sie aber auch in Versuchung führen, sich mehr zurückzuziehen. Deshalb wäre es gut, wenn Sie eine Technik lernen könnten, durch die Sie sich seelisch vor zu starken Eindrücken schützen können. Am besten wäre es jedoch für Sie, sich nicht allzusehr mit Ihrer eigenen geistigen und emotionalen Verfassung zu beschäftigen, sondern Ihre inneren Veränderungen zuzulassen, dabei aber im alltäglichen Leben aktiv und tätig zu bleiben.

KAPITEL 7

Der esoterische Pluto

PLUTO, GOTT DES TODES

In der esoterischen oder okkulten Astrologie wird der Planet Pluto mit der formauflösenden Kraft assoziiert, die wir als den Tod kennen, den allgegenwärtigen Gefährten und Zwillingsbruder des Lebens, in dem sich die scheinbare Dualität der Welt, wie wir sie im allgemeinen erleben, widerspiegelt. Als unabdingbare Lehre auf dem okkulten Weg ist für jede wirkliche Weiterentwicklung das Verständnis für den Todesprozeß und die persönliche Erfahrung damit von grundlegender Bedeutung. Der Tod des Alten und die Geburt des Neuen sind der notwendige Übergang, die Initiation für die verheißene Fülle des Lebens.

In der abendländischen Gesellschaft ist der Tod immer noch ein Tabu, etwas, das jeder einzelne so weit wie möglich zu ignorieren versucht, eine Tatsache, die die meisten nur schwer zu akzeptieren vermögen und die dazu führt, daß die Mehrzahl der Menschen große Angst vor dem Sterben oder vor dem Leiden am Verlust geliebter Menschen hat. Obwohl sich die westliche Welt christlich nennt und die Grundlage des Christentums der Glaube an die Auferstehung und das ewige Leben ist, haben die meisten Menschen hier offenbar keineswegs diese Überzeugung, wenn der Tod am Ende des Lebens naht oder dramatisch mitten ins Leben einbricht. Dieser Angst liegt zugrunde, daß man sein Leben lang den inneren psychologischen Todesprozeß vermeidet und zudem den beunruhigenden Glauben an ein Jüngstes Gericht hat, in dem man aufgrund seiner Lebensführung auf ewig für den Himmel oder für die Hölle bestimmt wird.

Der Tod ist das große Geheimnis, ein unbekannter Abgrund, der sich auftut und aus dem noch nie jemand zurückgekehrt ist, um seine Geheimnisse zu enthüllen – es sei denn, er glaube an Reinkarnation oder Spiritismus. Aber gerade in diesem geheimnisvollen Abgrund führt der esoterische Weg den neugierigen Aspiranten zu einer unmittelbaren Begegnung mit den beiden Polen der menschlichen Existenz, der Erfahrung von Leben und Tod und der Initiation.

Die westliche Gesellschaft steht dem Okkultismus sowie magischen und mystischen Erfahrungen immer noch weitgehend feindselig gegenüber, vor allem weil man damit Lebensbereiche betritt, die die Gesellschaft als tabu betrachtet, die aber gerade auf jene Menschen eine starke Faszination ausüben, die es wagen, solche von der Gesellschaft aufgestellten Behauptungen in Frage zu stellen. Man glaubt natürlich, daß Menschen, die nach Antworten in diesen Bereichen suchen, möglicherweise sozial subversiv wirken können, da sie nicht den Konditionierungen der Masse gehorchen. Dabei muß auch bemerkt werden, daß der esoterische Weg normalerweise nicht als der Weg des Todes beschrieben wird, wahrscheinlich weil das die meisten Sucher abhalten würde, die noch nicht zu seiner eigentlichen tieferen Bedeutung vorgedrungen sind, und so wird das spirituelle Leben zunächst einmal in den leuchtendsten Farben präsentiert. Der esoterische Weg ist es ganz gewiß wert, gegangen zu werden, er ist der Schlüssel zur Evolution der Menschheit. Aber ich fürchte, daß viele Sucher das Vertrauen in diesen Weg verlieren, sobald er von Mühsal begleitet ist und ins Dunkle führt, weil man ihnen diesen Weg anfangs ganz anders dargestellt hat. Sie erreichen den Rand des Abgrundes, sehen hinab in die dunkle Tiefe, werden von Schwindel und Angst erfaßt und wenden sich ab, denn sie können nicht glauben, daß das etwas zu tun hat mit dem strahlenden, lichterfüllten spirituellen Leben, von dem man ihnen vorschwärmte.

Niemand hat ihnen gesagt, wie schwierig bestimmte Stadien des Weges sein können und was ihnen dort wirklich begegnen kann. Natürlich könnte man so argumentieren, daß das eine Form der Auslese ist und daß die Menschen, die den Weg nicht weitergehen, noch nicht reif dafür sind, sondern daß nur diejenigen, die sich nicht abschrecken lassen, in der Lage sind, alle Stufen der Offenbarung zu durchleben, und das ist wahrscheinlich auch wahr. Dennoch glaube ich, daß man die Anfangsstadien des Weges im richtigen Licht darstellen müßte, um dem Sucher klarzumachen, durch welche Dunkelheiten er wird gehen müssen, und ihm zu zeigen, wie der Weg jenseits des Abgrundes weitergehen wird und daß er auch dort Hilfe und Erleuchtung finden kann.

Was ist der Tod? Wie wirkt Pluto? Zu Anfang des esoterischen Weges wird einem immer wieder Auflösung begegnen, ein Loslassen all dessen, was die Entwicklung der Seele hemmt und begrenzt. Für den Esoteriker ist der Tod ein Übergang ins Leben, und für das Seelenbewußtsein ist das, was wir in der Welt der Erscheinungen Leben nennen, nichts als Tod. Das Seelenbewußtsein ist jene Bewußtseinsebene, in der nichts getrennt ist, ein Erlebnis der Einheit, des Eins-

seins, und auf diese Ebene »hinaufzusteigen« oder »hinabzufallen« ist das Ziel der Okkultisten und Mystiker. Es geht hier nur um den Todesprozeß innerhalb des Lebens; auf irgendwelche Spekulationen über Erfahrungen nach dem Tod wollen wir uns nicht einlassen. Solche Spekulationen sind im Grunde unproduktiv, wohingegen tiefere Einsichten in diese Prozesse während des Lebens sehr sinnvoll sein können.
Es gibt ein Zen-Koan, das ich schon in einem früheren Kapitel erwähnte und das genau trifft, was ich meine: »Wenn du in diesem Leben nicht erleuchtet wirst, in welchem Leben wirst du es dann?«
Pluto ist der Herrscher von Skorpion, dem traditionellen Zeichen des Todes und der Wiedergeburt, in dem das Alte zum richtigen Zeitpunkt oder am Ende seines natürlichen Zyklus aufgelöst wird. Das, was nicht mehr gebraucht wird, das keinen tieferen Zweck mehr erfüllen kann, wird losgelassen, damit sich der schöpferische Keim in einer geeigneteren Form verkörpern kann. Von der Geburt an führt das Leben täglich eine Stufe auf den Tod zu, und nachdem der Körper den ihm bestimmten physischen Höhepunkt des Erwachsenenalters erreicht hat, beginnt eine progressive abwärtsgerichtete Spiralbewegung hin zum Alter und zum allmählichen Verfall, bis die Lebensader durchschnitten wird und der physische Tod eintritt.
Wir haben uns so sehr mit unserer physischen Gestalt identifiziert, daß dieser Prozeß schwer zu akzeptieren ist, vor allem in der westlichen Welt, in unserer gegenwärtigen materialistischen Periode. Seltsamerweise spiegelt unser Konsumbewußtsein mit immer neuen Bedürfnissen und Wünschen und dem dauernden Ersetzen des Überholten durch Neues und Besseres diesen natürlichen Prozeß, aber wir wenden ihn nie auf uns selbst an. Das Leben und die natürliche Evolution

scheinen nach einem ähnlichen schöpferischen Prinzip zu funktionieren. Aber wir sehen den Fortschritt und die Weiterentwicklung nur auf der materiellen Ebene.
Das Problem liegt darin, daß wir uns in unserem Bewußtsein von der natürlichen Welt abgespalten haben. Wir sehen uns selbst nicht wirklich als Teil der Natur, woher auch die Einstellung rührt, man müsse die Naturkräfte besiegen, und weigern uns so, zu akzeptieren, daß auch wir Teil dieses schöpferischen Prozesses sind, daß wir eine natürliche, begrenzte Blütezeit haben. Deshalb wäre eine Erneuerung der natürlichen Rhythmen und eine Erkenntnis für unsere Verwurzelung in der Natur für unsere Gesellschaft sehr wichtig, da der einzelne dadurch eine stärkere Verbundenheit mit der Welt erleben könnte, anstatt weiterhin auf Entfremdung und Isolation hinzuarbeiten, die unsere zeitgenössische Geisteshaltung hervorbringt.
Die dunkle Seite von Pluto als Gott des Todes, als Zerstörer der beschränkenden Form, kann positiver auch als Gott gesehen werden, der die Fähigkeit zu Befreiung und Erlösung hat. So lichterfüllt können ihn aber nur die wahrnehmen, die unmittelbar in sein dunkles Gesicht gesehen haben. Wenn man den dunklen inneren Abgrund betritt, ist das der Weg zum Licht, der Punkt, an dem das Licht in die Dunkelheit scheint. Die Begegnung mit der inneren und äußeren Dunkelheit ist eine Tradition im Prozeß der Initiation, wo man einerseits die okkulte Blindheit, die das Bewußtsein dem Aspiranten von innen auferlegt, durchlaufen muß, andererseits, wie in den ägyptischen Mysterien, durch die Dunkelheit, die einen umgibt, zum Licht der verborgenen Kammer vordringen muß. Am entscheidenden Punkt auf dem Weg des Suchers durch das Labyrinth der Initiation, den Irrgarten der Pyramide, flüstert ihm jemand im Dunklen zu: »Osiris ist

ein dunkler Gott ...«, ein Satz, der ihn befremdet und erschreckt, da er ja glaubt, Osiris sei der Gott des Lichtes. Unmittelbare spirituelle Erkenntnis, Satori, Erleuchtung, Samadhi, die Öffnung der Chakren oder das Aufsteigen des Feuers der Kundalini-Schlange werden fast immer mit irgendeiner Art von Schock in Verbindung gebracht. Die rituelle Initiation gründet sich oft auf das Prinzip der Schaffung eines erwartungsvoll-erregten, erhöhten Bewußtseinszustandes beim Initianden durch verschiedenste Techniken. (Durch Drogen und Alkohol können ähnliche Zustände hergestellt werden.) Er »springt« dann in eine neue Geistesdimension, weil ihm eine innere Offenbarung zuteil wird, eine Erkenntnis über ein tiefes Geheimnis seinen Geist überflutet oder seine normale Funktion vollständig unterbricht und dadurch einen Raum schafft, in dem Illusionen und Fassaden zusammenbrechen.

Pluto zerstört alle alten Gedankenstrukturen, alle überholten und einschränkenden Ideen, Ideale, Überzeugungen, Selbstbilder und kraftlosen Beziehungen – alles, was das Zutagetreten des neuen Geistes und des neuen Lebens unterdrückt. Er ist wie ein Auslöser für die unaufhörliche schöpferische Erneuerung auf der Erde, er erinnert an die verheißene Fülle des Lebens in einem universellen, überpersönlichen Zyklus. Das Beunruhigende an der Wirkung von Pluto auf die Menschen ist die Unausweichlichkeit seines Einflusses, die Tatsache, daß man nicht das geringste tun kann, um sich gegen den Zerfallsprozeß zu wehren. Man kann sich nicht mehr auf irgendwelche inneren Stützen verlassen, sobald Pluto begonnen hat, ihre Grundlagen aufzulösen. Dennoch versuchen es die Menschen; in unserer Gesellschaft ist nicht viel Bewußtsein für natürliche Transformation und Veränderung vorhanden, und so lösen solche inneren Prozesse Angst aus und wirken als eine Bedrohung, gegen die man kämpfen muß, und nicht als innere Bewegung, die einem positiven Wachstum und einer Vertiefung der Lebensfreude und Intensität vorausgeht.

Die Gesellschaft bevorzugt das Feste, Stabile und Vorhersehbare. Sie schafft eine soziale Konditionierung, die die Konformität der gesellschaftlichen Atmosphäre und Kultur stärkt und dem Denken sowie der persönlichen Erfahrung bestimmte Grenzen setzt. Die Gesellschaft, in der er geboren wird, legt den einzelnen von der Geburt an durch familiäre Beeinflussung, durch die Schule, die religiöse und gesellschaftliche Erziehung auf eine Lebensweise fest, die ihn zum Mitglied der Gesellschaft, zum Bewahrer des Status quo machen soll. Wir alle sind das Ergebnis solch eines Prozesses, der sowohl positive als auch negative Auswirkungen hat. In gewissem Maß hilft er uns, zusammenzuleben und die Spezies zu erhalten, zugleich begrenzt er aber auch die persönliche Freiheit und verhindert inneres Wachstum und Entwicklung. Der einzelne könnte ja sonst dem Herdentrieb entwachsen, und das wäre eine Gefahr für das Kollektiv.

Unser persönliches Identitätsgefühl hängt untrennbar mit dieser Konditionierung, mit unserer national geprägten, emotionalen und mentalen Programmierung zusammen. Unsere Gedanken, Gefühle und Überzeugungen werden als integraler Bestandteil unserer Identität als Einzelwesen betrachtet, und wir sind ja auch unsere Gedanken, Gefühle und Überzeugungen, denn wir leben in dem Glauben, wir müßten aufhören zu existieren, wenn sie uns genommen würden. Ist das aber wirklich der Fall? All diese mit dem persönlichen Bewußtsein verbundenen Programmierungen zu verlieren ist wie ein Tod, der Tod eines alten Selbst. Und genau das ist es, was Pluto bei den Menschen bewirken will.

Pluto zerstört, um uns zu befreien, und ist wie Luzifer ein großer Lichtbringer. Wir zerstören im Namen der Freiheit, um unsere begrenzte, egozentrische Weltanschauung durchzusetzen. Je mehr Menschen wir dazu bringen können, unsere Meinungen und Überzeugungen zu übernehmen, desto stärker ist der Beweis, daß wir recht haben. Das ist das Credo des Predigers und des Politikers. Pluto ist anarchistisch: Er befreit den Menschen, damit er wirklicher wird, damit er mehr er selbst wird und sein Licht leuchten lassen kann. Was Pluto bewirkt, erschreckt die Menschen. Die Konfrontation mit ihm bringt den Tod, und es ist viel einfacher, der Begegnung zu entfliehen und in seiner Konditionierung verhaftet zu bleiben. Diesem Gott aber kann man nicht wirklich entfliehen, jeder Tag bringt jeden einzelnen der Begegnung mit ihm näher.

Widersteht man dem natürlichen Einfluß Plutos, so wird aus der fortwährenden Veränderung und Wandlung fixierter Selbstbilder, Überzeugungen und Ideologien ein Kampf, dauernder Konfliktstoff und Grund zur Verdrängung. Wir identifizieren uns zu stark mit unseren persönlichen Überzeugungen und Gedanken und halten es für vollkommen unmöglich, uns ohne Bezug auf unsere Rolle als Ehemann oder -frau, Eltern, arbeitender Mensch, Anhänger einer bestimmten politischen oder religiösen Überzeugung etc. zu sehen. Wenn Pluto all das von innen heraus untergräbt und durch Transite und Progressionen Veränderungen stimuliert, geraten wir in Panik, wissen nicht, was geschieht oder wie wir damit auf schöpferische und positiv unterstützende Weise umgehen können. Alles, was wir fühlen, ist der kalte Hauch eines bevorstehenden Todes und der Auflösung von etwas im Inneren, mit dem wir uns aufs innigste identifizieren. Pluto ist ein harter und schonungsloser Lehrer, aber wenn wir mit dieser Energie arbeiten und uns diesen Prozessen nicht zu widersetzen versuchen, finden wir Zugang zu einem vollständigeren Leben.

PLUTO UND DAS SYSTEM DER SIEBEN STRAHLEN

Das okkulte System, das sich auf die Vorstellung gründet, der Mensch und das Universum, in dem er lebt, seien aus sieben Energiestrahlen gebildet, wurde nach 1875 von Madame Blavatsky und den Theosophen im Westen publik gemacht. Nach Madame Blavatskys Büchern *Die entschleierte Isis* und *Die Geheimlehre* trugen auch die Bücher von Alice Ann Bailey – die glaubte, mit »Meistern« geheimer Ebenen in Verbindung zu stehen – dazu bei, daß das System der sieben Strahlen eine zentrale Rolle in der Verbreitung von Lehren alter Mysterienschulen spielte. Sicher handelt es sich hier um eine achtbare und einflußreiche Quelle esoterischer Information, und es werden heute noch lebendige Anstöße für jene gegeben, die okkulte Initiationswege gehen wollen.
Allein die Schriften von Alice Ann Bailey umfassen über zwanzig Bände, deshalb ist es nicht möglich, hier im einzelnen auf das darin vermittelte esoterische Wissen einzugehen. Sehr interessant ist es jedoch, die Assoziation des ersten Strahls mit Pluto näher zu betrachten. Der erste Strahl ist die Energie des Willens und der Macht und steht zudem in Zusammenhang mit dem traditionellen Zeichen des Todes und der Wiedergeburt, also dem Skorpion, beherrscht von Pluto. Die Energie dieses Strahls ist der große Auflöser und Zerstörer aller manifestierten Formen und Arten des Lebens am Ende des Lebenszyklus, sei es auf der mikrokosmischen oder

auf der makrokosmischen Existenzebene, und dazu gehören auch Planeten, Sonnen und Sonnensysteme.

Es gibt verschiedene Schlüsselbegriffe, die bemerkenswerte Charakteristika sowohl Plutos als auch des ersten Strahls sind; und ich glaube, daß die Energie, die von beiden ausgeht, außerordentlich ähnlich wirkt, wenn sie mit jemandem in Berührung kommt, der mit einer übereinstimmenden körperlichen und psychischen Struktur darauf reagiert. Diese Eigenschaften sind oft zwanghafte Bedürfnisse, beherrschende Verhaltensmuster, die sich im Inneren oder äußerlich ausdrücken und bei denen es um Willen und Macht, Autorität, Dominieren, Herrschsucht, Zerstörung, Zerfall, Transformation, Auflösung von Hindernissen und den Tod begrenzender Gedanken, Emotionen und Formen geht. Damit ist die grundlegende Orientierung von Pluto beschrieben, sowohl in seiner potentiell schädlichen und negativen Ausdrucksform durch egozentrischen Mißbrauch der Energie als auch in seinem Drang, innere Krisen zu stimulieren und damit die Möglichkeit zu persönlicher Wiedergeburt und Auferstehung zu schaffen. Wie jede Kraft kann sie sich, ungeachtet ihres Wesens, positiv oder negativ auswirken. Bis jetzt sind wir vor allem Zeuge ihrer negativeren Auswirkungen in der Welt geworden, was aber nur ein Vorspiel dafür ist, daß wir auch ihre helle, positive Seite sehen werden, wie sie sich in der planetaren Vision und durch Menschen zeigt, die in der Lage sind, diese Energie schöpferisch zum Wohle der Menschheit zu verkörpern und zu nutzen.

Im Augenblick ist Pluto die dominierende planetarische Energie auf der Welt mit dem zusätzlichen starken Einfluß von Uranus und Neptun. Der Einfluß transpersonaler Energien berührt das Seelenleben stärker als den Intellekt, und so entsteht zur Zeit auf der Erde eine verbindende Bewußtseinsebene, die in die Zukunft, ins Wassermann-Zeitalter, weist. Diese drei Planeten sind in der Astronomie relativ junge Entdeckungen, die in den letzten zweihundert Jahren stattfanden. Es ist eine esoterische Erkenntnis, daß bestimmte Planeten so lange unentdeckt bleiben, bis die Menschheit fähig ist, auf die Energien, die sie symbolisieren und vermitteln, zu reagieren. So war auch Pluto noch am Anfang unseres Jahrhunderts unbekannt.

Der Einfluß des ersten Strahls, wie er durch Pluto vermittelt wird, kann vom Empfänger nicht positiv erlebt werden, solange er nicht den Weg der Schülerschaft geht, denn er ist im Grunde zu stark, um von einem Menschen, der keinen Zugang zur spirituellen Seele hat, richtig eingesetzt zu werden. Bei ihm dient er nur dazu, die trennenden und egozentrischen Machtansprüche und die Überheblichkeit zu verstärken.

Erst in diesem Jahrhundert, seit man von Pluto weiß, hat die Menschheit die Intensität der Kraft des ersten Strahls erlebt, was sich zunächst in Deutschland auswirkte und dann eine Weltkrise heraufbeschwor. Die Menschheit nähert sich einem Stadium ihrer Evolution, in der sie zum »Weltschüler« wird, und viele haben einen Punkt in ihrem Leben erreicht, an dem sie eine Art Bewährungsprobe erleben und sich auf den Weg machen, weil sie nach Sinn, Ziel, Einsicht und Lebensinhalt suchen. Deshalb werden in den letzten fünfundzwanzig Jahren so viele spirituelle Wege angeboten. Pluto ist der Wächter des Tores zur Initiation und beherrscht Skorpion, das Zeichen der Schülerschaft; und er erweckt die richtige Antwort bei jenen Gruppen von Schülern, die sich weit genug entwickelt haben, um positiv und schöpferisch auf diesen Ruf zu reagieren. Teil ihrer Aufgabe ist es, durch diesen Pluto die Energie des ersten Strahls auf die mentale

und emotionale Ebene der Menschheit zu leiten und ihre auflösende Kraft ausstrahlen zu lassen, die allmählich die verfestigten Formen zerfallen läßt und zugleich eine planetarische Vision vermittelt, die eine neue Entwicklungsrichtung für die Zukunft aufzeigt.
Zu dieser entscheidenden ersten Initiation wird die Menschheit hingeführt, es ist das buddhistische »Eintauchen in den Strom«, die esoterische »Geburt des Christus im Herzen«. In diesem Augenblick erlebt der Initiand, wie in seinen mit Ehrfurcht erfüllten Geist das Seelenbewußtsein einbricht, er erfährt das Gefühl der Einheit, und von da an wird das spirituelle Leben für ihn zu einer unerschütterlichen Realität. Es ist ein heftiges Erwachen, die höchstmögliche Erweiterung des Bewußtseins, die der Betreffende in diesem Stadium seiner Entwicklung erleben kann. Es ist ein Eintritt in die Bruderschaft der Schüler und Initianden der esoterischen Welt, die alle als lebende Keime für die Evolution der Menschheit dienen und die als verwandelnde Energien auf allen Ebenen des Lebens dieses Planeten eingesetzt werden.
Diese erste Initiation ist wahrscheinlich für die meisten Menschen die schwierigste, denn sie ist vor allem ein Schritt ins Unbekannte, ein Sprung in den Abgrund. Eine wirkliche Initiation endet niemals, sondern ist nur der Anfang eines neuen Lebens.
Pluto wird mit der Funktion des Solarplexusbereichs im Körper assoziiert, was bemerkenswert ist, da gemäß dem esoterischen System der inneren Energiezentren, der Chakren, die erste Initiation mit dem Aufsteigen der Energiekonzentration vom Solarplexuschakra zum Herzchakra verbunden ist. Dieses Aufsteigen der Energie in das höhere Zentrum entspricht der ersten Bewußtseinserweiterung, die die begrenzte Egozentrik auflöst. Es ist der Tod einer Illu-

sion, des abgetrennten Ego oder Verstandes-Ichs, das Individuum erlebt eine Wiedergeburt (im Hinduismus: »zweimal geboren«) und geht daraus mit einem erweiterten universell orientierten Bewußtseinszustand hervor, da sich jetzt die ihm innewohnende wahre Natur entfaltet und zeigt. Der Schleier, der den einzelnen von der Realität und Wahrheit trennt, löst sich auf. Das ist ein Hinweis auf den zerstörerischen Aspekt Plutos und des ersten Strahls, der zugleich auch den Tod zerstört, denn er zeigt, daß der menschliche Begriff vom Tod Teil der großen Illusion ist, ein Phantasieprodukt, und daß es in Wirklichkeit so etwas gar nicht gibt; es gibt nur die Zerstörung von Scheinbegrenzungen.

Die auflösende Kraft des Todes, die sich in Pluto konzentriert, dient dem Aspiranten dazu, die dualistische Trennung der Gegensätze zu zerstören, von Innen und Außen, Subjektiv und Objektiv, von Licht und Dunkelheit, Gut und Böse, Männlich und Weiblich, Tod und Leben. Das bewirkt die visionäre Erkenntnis der Transzendenz, des Zustandes, in dem die Gegensätze im Bewußtsein versöhnt sind und der Mensch aus einer uralten Verzauberung befreit wird.

Die Fortführung des Initiationsweges besteht in einem andauernden Wachsen und Reifen dieser fundamentalen Erleuchtung, der Initiationsschüler lernt, mit dieser neuen Bewußtseinsebene und den ihm nun zugänglichen Energien zu leben und sie zu nutzen. Dabei darf man nicht vergessen, daß es der Pluto-Energie nur darum geht, die den Menschen innewohnende Lebensenergie von Formen zu befreien, die den erweiterten Ausdruck und höhere Möglichkeiten einschränkten und sich ihnen entgegenstellten. Der Bewußtseinsaspekt wird dabei nie zerstört. Die befreite Energie »wartet« dann darauf, in neugeschaffene, passende Formen aufgenommen zu werden, durch die sie sich klarer und wirksamer ausdrücken kann, wie man ja auch nicht »neuen Wein in alte Schläuche« füllt.

Die Geschichte zeigt deutlich, daß alle Kulturen Zyklen des Aufstiegs und des Niedergangs erlebten, daß sie geboren wurden und starben; und in ihnen spiegeln sich die traditionellen Stadien des Lebens eines einzelnen Menschen in großer zeitlicher Ausdehnung wider. Dennoch scheinen wir zu vergessen, daß unsere westliche Zivilisation den gleichen Gesetzen unterworfen ist. Aber wir sind bereits in eine Übergangsphase unseres Zyklus eingetreten, in der die Welt uneins ist und ins Chaos zu versinken droht. Doch wenn die Welt mit gemeinsamen Kräften an der planetarischen Einheit arbeitet, wird sie einen großen Schritt in eine neue Zukunft tun.

Die Phoenix-Eigenschaft Plutos symbolisiert den Triumph über den Tod, der zugleich ein wirkliches Ende, aber der Anfang eines neuen Lebens ist, das aus der Asche des alten hervorgeht. Alle großen kulturellen Entwicklungen sind diesem unabänderlichen Prozeß unterworfen. Das beginnt beim Niedergang der Religionen, die den spirituellen Bedürfnissen der Menschen allmählich nicht mehr entsprechen, gilt für das Erziehungswesen, das nicht mehr geeignet ist, das schöpferische Potential der Menschen zu befreien, ebenso für Politik und Wirtschaft, die sich auf zuwenig umfassende Ideologien stützen und nicht mehr allen Menschen dienen – also alle gesellschaftlich bestimmenden Kräfte, die nach einem gewissen Höhepunkt ihrer Wirksamkeit zu degenerieren beginnen. Wenn diese Grundlagen sich zersetzen, folgt unweigerlich der gesellschaftliche Niedergang. Die alten Götter sterben in Konflikten und Kriegen, und aus »Ragnarök« – wie dieser Krisenpunkt in den nordischen Mythen genannt wird – erstehen die neuen Götter und die Vision eines gelobten Landes.

Der erste Strahl ist ein Energieimpuls zum Sozialen hin, er bewirkt die allmähliche Entstehung einer neuen Form von Politik und ist damit in Einklang mit der Pluto-Betonung des sozialen Engagements und der gesamten Entwicklungsrichtung des gegenwärtigen Pluto-Transit-Zyklus. Sogar heute gibt es verschiedene international bedeutende Politiker, die auf diese Energie reagieren, die die eigentliche Aufgabe aber unglücklicherweise im Spiegel ihrer eigenen Vorstellungen verzerrt sehen. Man könnte jedoch sagen, daß sie, entgegen ihren eigenen Behauptungen, als zerstörende und trennende Kräfte wirken und daß sie dadurch im Grunde andere nur dazu anregen, die Dinge mehr im großen einheitlichen Zusammenhang zu sehen und neue Wege zu suchen. Was das Einfließen dieser Energie in politische Kanäle bedeutet, wird in Kapitel 8 ausführlicher behandelt.

Dane Rudhyar glaubt, in der Phase, in der Pluto der Erde am nächsten und innerhalb des Orbis von Neptun ist (1989 bis 1991), sei eine neue »Aussaat und Befruchtung« zu erwarten. Pluto durchläuft den Skorpion, und verschiedene Planeten wie Venus (esoterisch das Alter ego der Erde), Saturn (Lehrer, Schatten, Hüter der Schwelle), Uranus (Lichtträger und Erleuchter des Geistes, Herrscher von Wassermann) sowie Neptun (mystische Visionen, Illusionen) sind im Zeichen Steinbock versammelt. Da das Sternbild Steinbock mit dem traditionellen Geburtszeichen des Christus und dem Bild des Tieres, das einen steilen Berg erklimmt, assoziiert wird, könnten neue, impulsgebende Aktivitäten zu erwarten sein. Das heißt, daß entweder während dieser Zeit der Aussaat oder kurz vor der Jahrhundertwende ganz entscheidende Weltereignisse zu erwarten sind; welcher Art sie jedoch sein werden oder auf welcher Ebene sie sich abspielen, kann man nicht genau vorhersagen.

KAPITEL 8

Die transpersonale Vision als Herausforderung

Man sagt, daß die Menschen ohne eine Zukunftsvision untergehen. Die Frage ist nun, ob die Menschheit eine solche Vision hat, ein Ziel, nach dem sie strebt. Diese Frage müßte sich jeder einzelne, aber auch das ganze gesellschaftliche Kollektiv stellen, denn in der Antwort auf sie liegt die Zukunft der Menschheit.
Wir stehen vor der beängstigenden Aufgabe, eine historische Entscheidung treffen zu müssen. Wir sind an einem Punkt angelangt, an dem wir weder einfach innehalten noch uns in die Vergangenheit zurückwenden können. Wir müssen eine bewußte Entscheidung treffen, in welche Richtung die Entwicklung weitergehen soll und welcher der richtige Weg in die Zukunft ist. Wohin streben wir eigentlich, und wie würde die ideale Welt aussehen, in der wir leben wollen? Wie sehen die Fortschritte aus, die wir zum Wohle zukünftiger Generationen, unserer Kinder und Kindeskinder, machen können?
Es ist eine Zeit der Krise, eine Zeit der Entscheidung, ein Wendepunkt, dem große Veränderungen folgen werden. Wir könnten natürlich so weitermachen wie bisher und uns weigern zu erkennen, daß ein unübersehbares inneres Be-

dürfnis nach Veränderung, Wachstum und Neuorientierung vorhanden ist. Wir könnten uns bemühen, den Anschein aufrechtzuerhalten, daß alles in Ordnung sei, daß wir die Dinge unter Kontrolle hätten und wüßten, was wir tun. Sehen wir uns jedoch um, so können wir nicht umhin, die vielen Probleme wahrzunehmen, die wir bisher lieber ignoriert oder deren Lösung wir auf später verschoben haben, da sie zu schwierige oder radikale Schritte fordern würde. Das Weltproblem spiegelt nur im großen wider, wie der einzelne mit Lebensschwierigkeiten umgeht; gewöhnlich ignoriert man sie so lange wie möglich, hofft, daß sie von selbst vorbeigehen, und vermeidet die direkte Auseinandersetzung mit ihnen und die harte Arbeit, die es bedeutet, sie zu lösen. Sie verschwinden jedoch keineswegs von selbst, sondern tauchen nur in anderer Form wieder auf oder werden immer drängender, ja können, wenn man weiterhin darauf beharrt, sie zu übersehen, die Grundlagen des menschlichen Lebens zerstören.

Vom Blickwinkel der Astrologie aus sind wir in der entscheidenden Übergangsperiode zwischen zwei Zeitaltern, wir erleben den Übergang vom Fische-Zeitalter in das Zeitalter des Wassermanns. Das geschieht nur etwa alle zweitausend Jahre, und niemand von den jetzt Lebenden weiß wirklich, was in solch einer Zeit geschieht. Beim Übergang vom Zeitalter des Steinbockes in das der Fische beispielsweise trat Christus in das Weltgeschehen und in die Geschichte ein. Wir können nicht ermessen, was es für unsere Zeit bedeutet, daß innerhalb der letzten zweihundert Jahre drei neue Planeten, Neptun, Uranus und Pluto, entdeckt wurden, die ganz besonders starke Energien symbolisieren.

Gerade das Auftreten Plutos in diesem Jahrhundert ist ein ganz besonders wichtiges Symbol, ein Bote, der das Ende der

Zeiten und die Geburt des neuen Zyklus ankündigt. Zwei gegensätzliche, aber einander ergänzende Reaktionen des Menschen auf dieses Eindringen Plutos in die sichtbare Welt sind zu beobachten: einerseits der Umgang mit der durch die Atomkernspaltung ausgelösten Kraft und mit dem für den Menschen zerstörerischen radioaktiven Plutonium, andererseits die Entwicklung der Tiefenpsychologie durch die Pionierarbeit C. G. Jungs und seine Erforschung der Unterwelt der menschlichen Psyche, bei der es darum geht, miteinander in Konflikt stehende Faktoren zu integrieren und Heilung zu bewirken.

Damit ist eigentlich die Herausforderung, vor der die Menschheit steht, umrissen. Es sind zwei ganz unterschiedliche Richtungen, zwischen denen man sich entscheiden muß. Die eine Richtung führt nach außen zu Zerstörung durch Unwissen und Mangel an Selbsterkenntnis und der andere Weg nach innen zu Heilung und Einsicht, ein Weg, der dann auch zur Verbesserung der Qualität des kollektiven Lebens führen kann. Es scheint ganz offensichtlich, wie die Entscheidung aussehen müßte, aber es liegt nun einmal in der Natur des Menschen, seinen eigenen Wünschen und Bedürfnissen nachzugehen und die Macht zur Lösung sozialer Aufgaben in die Hände ungeeigneter Menschen zu legen, und so stolpern wir oft blind in selbstverschuldetes Unheil.

Die traditionelle Lebensweise in der westlichen Welt, die sich in den meisten modernen Gesellschaften herausgebildet hat und die auf ausbeuterischem Konsumdenken, Kapitalismus und jüdisch-christlichen Anschauungen basiert, hat offensichtlich ausgedient. Natürlich kann sie noch eine Zeitlang aufrechterhalten werden, vor allem weil sie noch von alten Kräften getragen wird und weil so wenige Menschen eine wirkliche Alternative sehen. Die unterschwellig vorhan-

denen Kräfte ihres Verfalls sind jedoch durch das Auftreten des Gottes Pluto auf der Weltbühne stark aktiviert worden.
Historisch gesehen, erleben Kulturen, Zivilisationen und Gesellschaften ihren Niedergang und Zusammenbruch, wenn die innere Kraft, die sie belebte, sich zurückzieht, um in neuen Formen wiedergeboren zu werden. Es gibt keinen Grund anzunehmen, daß uns dieser Prozeß erspart bleibt, es sei denn, wir hielten an egoistischen Illusionen fest. Die Einstellung, die unser Leben in der westlichen Hemisphäre motiviert, ist für die neue Welt, die schon Gegenwart wird, nicht mehr passend. Wir müssen uns mit der Möglichkeit des gesellschaftlichen Verfalls oder, noch schlimmer, eines Atomkrieges auseinandersetzen, und es bedürfte einer kollektiven Gesinnungsänderung, einer wirklichen gesellschaftlichen Erneuerung, um den unvermeidlichen sozialen Zusammenbruch abzuwenden. Wie schmerzhaft dieser Prozeß wird, hängt von uns ab, und wenn man die Dinge realistisch betrachtet, sieht es so aus, als würden wir es uns keineswegs leichtmachen.
In der ganzen Welt erlebt man den Konflikt zwischen den beharrenden, reaktionären Kräften – häufig repräsentiert durch das politische oder soziale Establishment und traditionelle gesellschaftliche Verhaltensnormen – und jenen, die auf die Schwingungen der evolutionären Veränderung reagieren, einen Zusammenprall von Ideologien und religiösen Überzeugungen. Das Aufkommen fundamentalistischer politischer und religiöser Kräfte, die sich nur an der Vergangenheit orientieren, stellt sich jeder Weiterentwicklung entgegen, hat aber sehr viel sozialen Einfluß, viel mehr als jene Kräfte, die sich schon dem Neuen geöffnet haben. Im kollektiven Bewußtsein herrscht große Angst und Besorgnis um die Zukunft, die wir uns selbst schaffen. Wie können wir es vermeiden, daß eine Tragödie auf uns zukommt?

Wenn ein sensibler Mensch die heutige Welt betrachtet, so sieht er vor allem große Orientierungslosigkeit, die Konfrontation nationaler Gegensätze und sich bekämpfende Gruppen innerhalb der Nationen. Besonders in den Ländern der dritten Welt leiden fast alle Menschen, doch dieses Leiden könnte gelindert werden, wenn sich die Menschen einiger wären oder wenn man mehr Geld für soziale Projekte aufbringen würde, anstatt es in destruktive Kanäle zu lenken. Mit unserem heutigen technologischen Wissen könnte man die Lebensqualität für Millionen Menschen verbessern, vor allem was die grundlegenden zivilisatorischen Errungenschaften wie ausreichende Ernährung, Wohnung, Gesundheitsfürsorge, Kleidung etc. anbelangt. Doch die Welt ist sich nicht einig genug, um dafür zu kämpfen. Selbst in den meisten Ländern, in denen großes Elend herrscht, scheint die Führungsschicht meist mehr daran interessiert zu sein, Waffen zu kaufen und die militärische Macht zu erhöhen, als das eigene Volk zu ernähren.

Durch die Vernetzung der globalen Kommunikationsmedien und durch den Fernsehüberblick, den wir über die Welt haben, können wir den Zustand unserer Welt nicht mehr ignorieren. In diesem Jahrhundert kann kaum mehr jemand in Isolation oder Unwissenheit verharren, dennoch denken die Menschen beschränkt und nicht universell.

Das Licht des Wassermann-Zeitalters wird allmählich in den Geist des Menschen eindringen, und so wird auch immer deutlicher werden, wieviel Dunkelheit es im Menschen und in der Welt gibt. Deshalb sind die Weltprobleme nun auch überdeutlich zu erkennen, und wir sind gezwungen, Wege zu suchen, mit ihnen umzugehen. Durch Pluto ist die Möglichkeit zu einer erneuernden Wiedergeburt gegeben und zur negativen wie auch zur positiven Nutzung der starken Energie, die in die Weltseele einströmt. Alles kommt an die Oberfläche, alte Strukturen, neue Strukturen, unterdrückte Tendenzen, egoistische wie selbstlose Einstellungen, entsprechend dem Prozeß, der in Gang kommt, wenn ein Individuum die Reaktionen seines eigenen Unbewußten aktiviert. Wenn der einzelne, beispielsweise durch Meditation, nach Licht sucht, findet er zunächst nur Dunkelheit und Widerstände in seinem eigenen Inneren. Wir müssen uns immer wieder bewußtmachen, daß das Licht allgegenwärtig ist, selbst wenn wir durch unsere eigene Blindheit nur Dunkelheit sehen.

Pluto ist ein Wegweiser ins Wassermann-Zeitalter, er zeigt den Menschen individuell und kollektiv auf, wie sie zu Heilung und Integration gelangen können. Die archetypische Vision, die für eine Erneuerung der Welt notwendig ist, steigt jetzt ins Weltbewußtsein auf und beginnt, eine geistige Neuorientierung des Menschen in Gang zu setzen, durch die er die dualistische Wahrnehmung verlassen und die Einheit erkennen kann. Diesem Vorgang liegt das Bedürfnis nach einer neuen, realistischen und sinnvollen Definition dessen zugrunde, was der Mensch ist, in welche Beziehung er zu seinen Mitmenschen, zu seiner Welt und zum Universum steht. Es geht um die Frage, welche Aufgabe er im Leben hat.

Ohne ein neues Menschenbild, das rasch genug ins gesellschaftliche Bewußtsein, in Erziehung, Religion und Politik einfließt und kulturell wirksam wird, werden wir bald erleben, daß unsere wissenschaftlichen Kenntnisse uns nur noch tiefer in soziale Schwierigkeiten hineinführen. Das Wissen des Menschen eskaliert so rasch, daß die damit verbundenen Implikationen uns viel zu spät klarwerden und wir sie nicht ins Bewußtsein integrieren können. Selbst Einsteins Relativitätstheorie und seine Erforschung der Quantenphysik sind im Grunde noch nicht auf einer allen zugänglichen intellektuellen Ebene in die Gesellschaft integriert, da diese Erkenntnisse fundamentale soziale Regeln erschüttern und unser bestehendes Weltbild in Frage stellen. Die Genforschung bzw. -manipulation entwickelt sich so rasch weiter, daß sie zu einem großen gesellschaftlichen Problem werden kann. Wir haben beinahe schon die Macht von Göttern, die Fähigkeit, Leben zu zerstören, Arten zu verändern oder mutieren zu lassen und die Umwelt zu manipulieren. Es fehlt uns jedoch an der nötigen Selbsterkenntnis, mit dieser Macht auf sichere und verantwortungsvolle Weise umzugehen; es fehlen uns eine klare Linie und eine umfassende Zukunftsvision, durch die der Fortschritt in einer evolutionär sinnvollen Weise gelebt werden kann.

Die Genetik erforscht die Grundstruktur des menschlichen Zellsystems, und es ist sehr vielsagend, daß sie herausgefunden hat, daß im Ursprung des Lebens Einheit das Wesentliche ist. Das befruchtete Ei ist eine Zelle, das sich dann durch den Prozeß der Mitose immer wieder teilt und so die Milliarden Zellen entstehen läßt, aus denen der menschliche Körper sich zusammensetzt. Jede einzelne Zelle trägt das Grundmuster eines genetischen Codes in sich, der über die Art der späteren Gestalt, ihr Entwicklungsmuster und ihre zukünftige Entwicklung als Erfüllung des ursprünglichen Impulses bestimmt. Dieses genetische Muster ist wie ein Archetypus des Menschen, der in jedem menschlichen Wesen gegenwärtig ist und das gesamte evolutionäre Muster der zukünftigen Entwicklung in sich trägt. Ähnlich wie das menschliche Gehirn, das im Augenblick nur einen sehr geringen Teil seiner Möglichkeiten nutzt, enthält auch der genetische Code viele Muster, die im Menschen bis jetzt noch gar nicht oder nur bei einer weit entwickelten Minderheit im besten Fall teilweise wirksam sind.

Wenn wir zu unserem Ursprung zurückkehren, sehen wir, daß das archetypische Muster des Menschen die Einheit ist, ein Anfangspunkt im Verborgenen, Unbewußten, bestimmt dazu, zum Endpunkt des aktiven Bewußtseins zu führen, eine Entwicklung von Alpha zu Omega. Im existentiellen Sinn ist die Menschheit im Innersten eins, aber in der soziokulturellen Sphäre sind wir gegenwärtig in einer Phase der Trennung und der Vielheit. Diesen Zustand schafft sich die ausschließende Individualität aus der Illusion der Vereinzelung und Abgetrenntheit. Ein Zen-Koan illustriert das mit der folgenden Frage: »Wenn zehntausend auf eins zurückgeführt werden, auf was wird dann eins zurückgeführt?«
Wie wir sahen, erforscht die Wissenschaft Bereiche, in denen genetische Codes und Atomstrukturen auf ihre Ursprünge zurückgeführt werden, aber es wäre notwendig, das Bewußtsein zu ergründen, das der aktive Forscher und Sucher ist. Dieses menschliche Bewußtsein kann die Ureinheit des Lebens aus sich selbst erfahren, die bewußte Einheit der All-Seele, den Omega-Punkt. Und so könnte sich die Menschheit aus dem Zustand der Uneinigkeit und Zersplitterung zu einer neuen, umfassenden »Vielheit in der Einheit« entwickeln, um eine neue Art kollektiven Gemeinschaftsleben zu bilden. Der Einfluß Plutos wird uns helfen, uns von unseren Illusionen zu befreien, und jenen Zustand offenbaren, der allgegenwärtig ist, der uns aber entgeht, weil wir die Dinge von einer falschen Perspektive aus betrachten. Wir müssen erkennen, daß die Wahrheit, die die Biologen über den Mikrokosmos unserer genetischen Grundstruktur herausgefunden haben, die gleiche ist, die man beim Erforschen des eigenen Bewußtseins in der eigenen inneren Tiefe findet: die archetypischen Symbole und Strukturen der uns innewohnenden Einheit. Und diese Erkenntnisse müssen wir anwen-

den, um die neue, universell orientierte, globale Zivilisation zu schaffen.

Im Grunde erleben wir die Auferstehung eines Urbildes, das wieder neu in die Welt treten möchte, ein Wiederaufleben eines zeitenüberdauernden Wissens, das nun in einem viel umfassenderen Rahmen zugänglich werden soll. Da es sich um so ein grundlegendes evolutionäres Urmuster handelt, werden wir auf höchste Menschheitsideale hingewiesen; alle okkulten Bruderschaften widmen sich der Aufgabe, dieses Omega-Ziel zu erreichen, und arbeiten als Vermittler dieser umfassenden und einigenden Weltvision. Aber ist er nicht eine Utopie, dieser alte Traum von einem goldenen Zeitalter, von einem Paradies auf Erden, in dem alles in Überfülle vorhanden ist? Warum sollte man vergeblich nach etwas suchen, das man doch nie finden kann?

Der Mensch hat das Bedürfnis, große Träume zu träumen und Ideen und Überzeugungen zu finden, die seinem Leben Sinn geben, die eine Herausforderung und eine wichtige Aufgabe für ihn sind – und was wäre dazu mehr geeignet als ein Weg, der schon im Urgrund seiner eigenen Existenz angelegt ist? Es mag sein, daß er seine Aufgabe nicht ganz erfüllen kann, aber sicher liegt schon in dem Streben danach die Möglichkeit, daß die Welt große Fortschritte macht.

»Ein Gott, eine Welt, eine Menschheit« – das ist gleichsam eine Urformel, die zusammenfaßt, worum es bei dieser neuen planetarischen Vision geht. Darin liegt gleichsam der Grundstein für den Tempel einer neuen Kultur und Zivilisation, die im Entstehen sind, eine Zeit, in der die Menschheit zu größerer Reife gelangen sollte. Das soll im gegenwärtigen und in den zukünftigen Pluto-Zyklen verwirklicht werden.

Universelle Ideen, die in solch einer Formel zusammengefaßt werden, sind wie lebendige, geistige Samen, sie können

so wirksam werden wie die »magischen Kraftworte«, wenn sie als gemeinsamer mantrischer Ausdruck für die Gefühle und Reaktionen all jener akzeptiert werden, die für diese Vision offen sind. Sie können als beseelte und beseelende Symbole einer Kultur wirken und die Richtung und Form einer zukünftigen Entwicklung, eines noch verborgenen archetypischen Musters, das auf die Zeit seiner objektiven Verwirklichung wartet, angeben. Sie kündigen die Zukunft an, erinnern an das, was in der Gegenwart schon lebt und was in der Vergangenheit nicht erkannt wurde.
In der Zeit seit dem Zweiten Weltkrieg gab es viele Bemühungen, einen neuen Weltstaat zu begründen und die Entwicklung im Sinne der neuen, umfassenden Zukunftsvision voranzutreiben. Der Erfolg war unterschiedlich, aber inzwischen ist es klar, daß wir uns gemeinsam in diese Richtung bewegen müssen oder unserem Untergang entgegengehen. In der heutigen Welt gibt es im Osten wie im Westen eine wachsende Zahl verantwortungsbewußter und sozial eingestellter Menschen, die die dringende Notwendigkeit erkennen, daß völlig neue Wege gegangen werden müssen für Frieden, Freiheit und Fortschritt in der Welt, durch die die Lebensqualität aller Menschen, ungeachtet ihrer Rasse, Farbe und ihres Glaubens, verbessert werden kann. Ob sie nun in Gruppen arbeiten oder nicht, sie alle verkörpern eine seelische und geistige Haltung, die anerkennt, daß es eine Möglichkeit gibt, würdiger und harmonischer zusammenzuleben; und so bemühen sie sich darum, falsche Grenzen, die Menschen und Nationen voneinander trennen, aufzulösen. Die Essenz ihrer gemeinsamen Vision und ihrer intuitiven Erkenntnis ist in dem neuen universellen, transzendenten Ideal enthalten, das als Brücke zwischen verschiedenen Nationen, Lebensweisen und Ideologien dient. Die Vision »Ein

Gott, eine Welt, eine Menschheit« wird uns in das neue Jahrtausend leiten, sie führt über das kommunistische Ideal der universellen Brüderlichkeit und das demokratische Ideal der individuellen Rechte und Freiheiten hinaus zu einer neuen universellen Haltung, die alle trennenden Ideologien hinter sich läßt.

Mit den Worten »Ein Gott« wird die verborgene Quelle des Lebens anerkannt, der sinnvolle Zusammenhang und die planvolle Ordnung des Universums. Es ist der kosmische Geist oder das kosmische Leben, das von allen Weltreligionen anerkannt und »Gott« genannt wird. Es ist nicht der Gott der einzelnen, einander widersprechenden Religionen, sondern das Transzendente, das alle separatistischen und dogmatischen Ansprüche der Religionen, die einzig richtige zu sein, übersteigt, in dem man aber die gemeinsame Seele der Menschheit anerkennt und die Basis der Gemeinsamkeit in der einigenden Erkenntnis der spirituellen Realität des Lebens findet. Dieses verbindende Gottesverständnis läßt Raum für unterschiedliche Interpretationen, wird aber die Macht aller separatistischen Religionen aufheben. Alle formellen religiösen Gruppierungen werden sich wahrscheinlich auflösen und ersetzt werden durch individuelle Zusammenschlüsse, die auf einer persönlichen, inneren Übereinstimmung mit dieser Realität begründet sind und deshalb nicht von äußerlichen Strukturen oder von vermittelnder Priesterschaft abhängen.

»Eine Welt« drückt die bewußte Erkenntnis der Verbundenheit und Interdependenz allen Lebens auf der Erde aus, die schöpferische Fruchtbarkeit der Lebensenergie, die sich im Mineral-, Pflanzen-, Tier- und Menschenreich manifestiert. Es geht um die Einsicht, daß ein ökologisches Bewußtsein und wohlüberlegtes Handeln für das Wohlergehen des

Planeten notwendig sind. Gemeint ist die Einheit der Erde, auf der alles und alle ein gemeinsames Schicksal teilen und die davon abhängt, daß zwischen allen Lebensformen die richtigen Beziehungen bestehen, worauf vor allem der dominierende Mensch achten muß, der die zwiespältige Macht und Fähigkeit hat, in die natürlichen Zusammenhänge der verschiedenen Reiche einzugreifen. Diese Worte drücken auch die Erkenntnis aus, daß die Nationalstaaten und Rassen lernen müssen, in Harmonie miteinander zu leben, und daß die nationalen Grenzen willkürliche Schöpfungen des Menschen sind. Es könnte ein Konzept der internationalen oder planetarischen Bürgerschaft entwickelt werden, nach dem jede nationale, rassische oder kulturelle Gruppe in der Lage ist, einen wertvollen und lebensnotwendigen Beitrag zu leisten, und nach dem die Einheit des Lebens beginnt, die internationalen Entscheidungen zu bestimmen.

Entscheidungen werden bestimmt durch die Werte und Prioritäten der Verantwortlichen. Es muß deshalb dafür gesorgt werden, daß Menschen, die in solche Positionen gelangen, wirkliche Einsicht in das Wesen der menschlichen Beziehungen haben, so daß man ihnen die zeitlich begrenzte Funktion als Wächter über das Wohlergehen des Planeten anvertrauen kann. Der Einsichtige weiß, daß die Ressourcen der Welt uns zum Wohle allen Lebens geschenkt sind und daß alles auf der Erde im Überfluß vorhanden ist, wenn man es klug verwaltet und verteilt. Das Prinzip des gerechten Teilens muß immer mehr zur Anwendung kommen, damit alles, was an Nahrung, Material, Fähigkeiten und Wissen vorhanden ist, unter denen verteilt werden kann, die es brauchen.

Mit der Formel »Eine Menschheit« erkennt man an, daß jeder ein einzigartiges Mitglied der gesamten Menschheitsfamilie ist, individueller Ausdruck der Lebensenergie, und daß jeder seinen wesentlichen Beitrag zu einer möglichen planetarischen Brüderlichkeit leisten kann, die sich in dem gemeinsamen Ziel verbindet, das Leben zu erhalten und seine Qualität für alle zu verbessern. In ihnen drückt sich eine Geisteshaltung aus, die Bedeutung und Wert des Individuums und allen Lebens betont, um jedem einzelnen zu helfen, seine in ihm liegenden Fähigkeiten zu entwickeln, und um den evolutionären Prozeß voranzutreiben. Natürlich gibt es keine Konformität der Menschen, die Vielheit darf nicht unterdrückt werden, sondern muß unterstützt werden, dies jedoch auf einer Basis, auf der jeder klug mit seiner Freiheit umgeht und seinem Wesen und seiner Vernunft gemäß und mit der Umwelt in Einklang denkt, handelt und sich entwickelt. Es ist ein Erziehungsprozeß, der zu einem Bewußtsein der Einheit der Menschen führen soll und der alle selbstgeschaffenen trennenden Grenzen der Vergangenheit und der Gegenwart in bezug auf Rasse, Klasse, Religion, Ideologie, Lebensstil, gesellschaftliche Rolle und Geschlecht überwindet. Wir müssen uns vielleicht daran erinnern, daß solche Grenzen nicht unverrückbar sind. Bisher jedoch tragen wir immer wieder dazu bei, sie aufgrund bestehender Verhaltens- und Wiederholungsmuster stets wieder aufzurichten. Doch wenn wir uns dafür entscheiden, können sie im Lauf der Zeit aufgehoben werden. Es liegt an uns, ob eine neue Welt entsteht: *novus ordo saeclorum*.

Eine Möglichkeit zu radikalen Veränderungen könnte sich ergeben, wenn wir erkennen, daß die sich im alltäglichen Leben ausdrückenden Einstellungen und Wertmaßstäbe jedes einzelnen eine kreative Kraft sind, die das Aussehen der Welt, in der wir leben, bestimmen. Persönliche Entscheidungen, die scheinbar nicht von großer Bedeutung sind, beispielsweise die Entscheidung, ob man Nahrungsmittel oder

Güter aus bestimmten Ländern kauft, kann sich stark auf das Leben der Menschen in diesen Ländern auswirken. Ein Beispiel aus der Gegenwart ist die Entscheidung mancher, keine Produkte aus Südafrika zu kaufen, um damit möglicherweise ökonomischen Druck auf die Regierung auszuüben und sie zu zwingen, die Apartheidsgesetze abzubauen. Die Einsicht in die ökonomische Abhängigkeit aller Länder voneinander führt dazu, daß Menschen sich bewußt entscheiden, wie und wo sie ihr Geld ausgeben, um dadurch positiven Einfluß auf das Schicksal anderer zu nehmen. Das wird im Kollektiv zu einer schöpferischen Kraft, die sich immer stärker auswirken wird, wenn die Energie des gemeinsamen guten Willens in sie einfließt.

Wenn Fanatismus und Egozentrik vorherrschen, wenn rassistische Ideen, Ideologien oder Religionen trennend wirken, schaffen oder erhalten wir Zustände, die von Angst, Haß oder Gewalt und falschen Beziehungen geprägt sind, und vergrößern so das Leiden der Welt noch mehr. Wenn wir aber lernen, konstruktiv zu handeln und umfassend zu denken, und uns an das Prinzip halten, daß das Bestmögliche für die größtmögliche Zahl von Menschen erreicht werden muß, wenn wir die Zusammenhänge im Sinne der Devise »Ein Gott, eine Welt, eine Menschheit« erkennen, dann können wir zum Aufbau einer neuen Welt beitragen.

Es ist ein Zeichen der Zeit, daß schon viele von dieser Vision immer mehr geführt und motiviert werden, und glücklicherweise wächst die Zahl der Initiativen, die daran arbeiten, diese Zukunftsvision zu verwirklichen, und deren Denken und Handeln ansteckend wirkt, so daß immer mehr Menschen guten Willens zusammenwirken. »Ein Gott, eine Welt, eine Menschheit« ist eine archetypische, visionäre Idee, ein Urmuster, das in die physische Realität umgesetzt werden muß und das im Unbewußten schon auf einer alle verbindenden Ebene existiert.

Es gibt viele Möglichkeiten, mit dieser Vision zu arbeiten. Jeder kann das auf seine eigene Art nach seinen persönlichen Fähigkeiten tun, nach dem Gesetz, daß Gedanken Energien freisetzen. Die Menschen können sich geistig verbinden und die geistige Gedankenkraft vieler nutzen, die durch die Kräfte des guten Willens motiviert sind, um diese Vision in das Geistesleben der Menschen zu verweben und so ein inneres Energiereservoir zu schaffen, das dann bei der Verwirklichung der planetarischen Einheit genutzt werden kann. Im Licht dieses klaren Gedankens wirken die individuellen Unterschiede nicht trennend, sondern bereichernd, denn wir alle haben zu dieser gemeinsamen Aufgabe der Menschheit etwas beizutragen. Über alle nationalen Grenzen hinweg können wir mit vereinten Herzen und Gedanken zusammenarbeiten, um eine positivere Zukunft zu schaffen. Der Keim dieser Visionen kann ein lebendiges Wesen werden, ein Leitgedanke für alle, die von ihm berührt werden. Konzentrieren Sie sich in Gedanken darauf, bedenken Sie, was er alles enthält und welche Richtschnur er für Entscheidungen gibt. Meditieren Sie damit, teilen Sie diese einfache Idee mit anderen, und sehen Sie, wie sie Ihren Weg in die Zukunft erhellen kann. Vor allem aber finden Sie Ihren ganz eigenen Zugang dazu, Ihre persönliche Einsicht, werden Sie ein Lichtbringer für die Welt, leben Sie sie in Ihrem alltäglichen Leben, schlagen Sie mit ihr eine Brücke in eine neugestaltete Welt, in der der Phoenix aufersteht.

NACHWORT

Um herauszufinden, wie man einen wirklichen inneren Zugang zu Pluto entdeckt, muß man das Wesen der scheinbaren Gegensätze erkennen, muß diese Welt der dualistischen Erscheinungsformen von der Perspektive des Scheitelpunkts im Dreieck oder des Tao sehen.

Wegen der besonderen Natur Plutos werden viele instinktiv von der Vorstellung zurückschrecken, irgendeine Form von bewußter Beziehung mit dieser Planetenenergie einzugehen, es wäre ihnen am liebsten, wenn sie einen möglichst geringen Einfluß auf sie hätte. Doch durch unsere Beschäftigung mit dem transpersonalen Pluto erkennen wir, daß Vermeidung keine Lösung ist, keine ratsame Einstellung zum Leben und zu den notwendigen inneren Prozessen.

Aus der Tiefe in die Höhe, aus der Dunkelheit ins Licht, aus der Versunkenheit in die objektive Welt, in die innere Welt des universellen Geistes, aus der Animalität zur Göttlichkeit des Menschen kann Pluto einen führen, und wenn man seinen Wegen gefolgt ist, wird man auf irgendeine Weise verwandelt sein.

Für Pluto liegt in allem die Möglichkeit zur Transformation, nichts wird verworfen, nichts ist tabu für die heilende und integrative Arbeit. Darin spiegelt sich die umfassende tantrische Lebenshaltung wider, getragen von einem vorurteilsfreien Geist, der alles annimmt.

Pluto ist der Erlöser und Läuterer der persönlichen wie der planetaren Dunkelheit und Negativität. Er zeigt uns Möglichkeiten, wie wir damit umgehen können, und weist uns den vernünftigsten Weg in unsere Erdenzukunft.

Der Gott der Unterwelt, der nur eines der vielen Gesichter des einen Gottes ist, wird recht unpersönlich mit uns umgehen, dennoch dürfen wir uns an ihn wie an einen Freund wenden, dem es nur um unser Wohlergehen zu tun ist. Die zukünftige Gesundheit und Stärke unserer Spezies und unseres Planeten liegt in unserer Fähigkeit, uns mit dieser Macht anzufreunden, uns mit ihr in der universellen Aufgabe zu vereinen, Licht aus der Dunkelheit zu erschaffen.

Das ist die Aufgabe, die ihren Widerhall im Inneren findet: daß jeder einzelne sein Licht leuchten läßt, daß die ganze Erde leuchtet – zum Wohle aller.

Pluto kann das »dunkle Schicksal« sein, das dem Widerstrebenden eine Veränderung aufzwingt, oder er kann zur lichterfüllten Bestimmung werden und dem Menschen hilfreich zur Seite stehen.

Pluto sieht tief in die Herzen und Gedanken eines jeden einzelnen von uns und fragt uns: »Wofür willst du dich entscheiden...?«